사주 심리학 1

기본편 [개정판]

|낭월 박주현|

삼명

사주심리학 ① 기본편(개정판)

글쓴이 | 낭월 박주현
초판일 | 2007년 3월 10일
3판2쇄 | 2024년 7월 30일

....

펴낸이 | 홍순란
디자인 | 박금휘
펴낸곳 | 삼명
32906
충남 논산시 상월면 상월로 664번길 95호
등록 | 제2011-000001호
전화 | 041-734-2583

http://www.sammyeong.kr

ⓒ 박주현, 2007
ISBN 978-89-94107-19-6 04180
   978-89-956160-3-1 (세트)

....

책값은 뒤표지에 있습니다.
잘못된 책은 바꿔드립니다.
이 책의 전부 또는 일부 내용을 재사용하려면 반드시 사전에
저작권자와 삼명의 서면동의를 받아야 합니다.

森羅萬象皆有心
天地生時旣決定
干支變化六十路
其中常存十星理

삼라만상은 모두 제각기 마음이 있으니
천지간에 태어날 때 이미 정해진 것이다.
간지의 변화로 나타나는 육십 개의 길에서
그중에 항상 존재하는 십성의 이치인저!

■ 시작하는 말씀 ················· 16

제1부 사주심리학 입문

제1장 심리학을 연구한 흔적 ················· 23
  1. 서양의 심리학 ················· 25
    1) 경험에 의한 심리 ················· 25
    2) 경험하지 않은 심리 ················· 27
    3) 미래의 심리학은 생명공학과 연결 ········ 28
  2. 동양의 심리학 ················· 29
    1) 성선설(性善說) ················· 29
    2) 성악설(性惡說) ················· 31
    3) 업연설(業緣說) 혹은 연기설(緣起說) ······ 31
    4) 성리학(性理學) ················· 33
    5) 개인심리학(個人心理學) ················· 34
  3. 정신분석(精神分析) ················· 37
    1) 심리구조의 음양관 ················· 37
      (1) 내향적(內向的)인 성향 ················· 37
      (2) 외향적(外向的)인 성향 ················· 38
  4. 심리학과 명리학의 접목 ················· 40
    1) 집단심리와 격국론(格局論) ················· 40
    2) 개인심리와 일주론(日柱論) ················· 41
    3) 융과 하건충의 만남 ················· 42

5. 《명학신의(命學新義)》중에서 ············· 46
 1) 명리학과 심리학의 연결 ················· 48
  (1) 사상(思想)과 관살(官殺) ············· 48
  (2) 감각(感覺)과 식상(食傷) ············· 49
  (3) 직각(直覺)과 인성(印星) ············· 50
  (4) 지각(知覺)과 재성(財星) ············· 51
  (5) 주체(主體)와 비겁(比劫) ※낭월 소견 ··· 52
6. 신체적인 상황이 심리에 미치는 영향 ······ 54
 1) 유전적(遺傳的)인 영향 ················· 55
 2) 환경적(環境的)인 영향 ················· 55
 3) 경험적(經驗的)인 영향 ················· 56
 4) 질병적(疾病的)인 영향 ················· 57
7. 그 밖의 예상치 못한 변수 ················ 58

제2부 음양오행

제2장 음양(陰陽)의 심리구조(心理構造) ··· 63
1. 미래지향적인 양(陽) ···················· 65
 1) 적극적인 미래지향 ····················· 66
 2) 소극적인 미래지향 ····················· 66
2. 과거집착적인 음(陰) ···················· 67
 1) 침체적인 과거집착 ····················· 68
 2) 완화된 과거집착 ······················· 68

3. 이상적인 음양중화(陰陽中和) ············ 69

제3장 오행(五行)의 심리구조(心理構造) ··· 71
  1. 木의 특성-발전(發展)과 전개(展開) ······ 72
   1) 양목(陽木-甲)의 특성 ················ 72
   2) 음목(陰木-乙)의 특성 ················ 73
  2. 火의 특성-확장(擴張)과 팽창(膨脹) ······ 74
   1) 양화(陽火-丙)의 특성 ················ 74
   2) 음화(陰火-丁)의 특성 ················ 75
  3. 土의 특성-숙성(熟成)과 조절(調節) ······ 76
   1) 양토(陽土-戊)의 특성 ················ 77
   2) 음토(陰土-己)의 특성 ················ 77
  4. 金의 특성-결실(結實)과 정리(整理) ······ 78
   1) 양금(陽金-庚)의 특성 ················ 78
   2) 음금(陰金-辛)의 특성 ················ 79
  5. 水의 특성-저장(貯藏)과 수축(收縮) ··· 80
   1) 양수(陽水-壬)의 특성 ················ 80
   2) 음수(陰水-癸)의 특성 ················ 81

제3부 간지

제4장 金의 본질(本質) ·················· 85
1. 경금(庚金) ················ 88
2. 신금(辛金) ················ 94

제5장 水의 본질(本質) ·················· 100
1. 임수(壬水) ················ 101
2. 계수(癸水) ················ 106

제6장 木의 본질(本質) ·················· 113
1. 갑목(甲木) ················ 114
2. 을목(乙木) ················ 120

제7장 火의 본질(本質) ·················· 126
1. 병화(丙火) ················ 128
2. 정화(丁火) ················ 134

제8장 土의 본질(本質) ·················· 142
1. 무토(戊土) ················ 143
2. 기토(己土) ················ 150

제9장 간합(干合)의 이해 ················· 158

제10장 지지(地支)의 이해 ················· 160
  1. 지장간(支藏干)의 이해 ················· 161
  2. 지장간(支藏干)의 구성(構成) ············ 162
    1) 월률분야(月律分野)에서의 지장간 ········ 162
    2) 인원용사(人元用事)에서의 지장간 ········ 163
  3. 심리분석에서의 지장간 보는 법 ········· 165
    1) 갑목(甲木)의 경우 ···················· 165
    2) 을목(乙木)의 경우 ···················· 166
    3) 병화(丙火)의 경우 ···················· 166
    4) 정화(丁火)의 경우 ···················· 167

제4부 십성

제11장 비겁(比劫)의 심리구조 ············ 171
  1. 비견(比肩) ··························· 174
    1) 구성(構成) ························· 174
    2) 인간관계(人間關係) ················· 174
    3) 사물(事物) ························· 174
    4) 심리상태(心理狀態) ················· 174
    5) 비견의 단독성분(單獨成分) ··········· 175

6) 일지(日支) 비견의 특성(特性) ················ 176
   7) 비견이 많거나 없는 경우 ················ 178
  2. 겁재(劫財) ································ 179
   1) 구성(構成) ······························ 179
   2) 인간관계(人間關係) ···················· 179
   3) 사물(事物) ······························ 180
   4) 심리상태(心理狀態) ···················· 180
   5) 겁재의 단독성분(單獨成分) ·········· 180
   6) 겁재가 많거나 없는 경우 ············ 181

제12장 식상(食傷)의 심리구조 ················ 183
  1. 식신(食神) ································ 184
   1) 구성(構成) ······························ 184
   2) 인간관계(人間關係) ···················· 184
   3) 사물(事物) ······························ 185
   4) 심리상태(心理狀態) ···················· 185
   5) 식신의 단독성분(單獨成分) ·········· 185
   6) 식신이 많거나 없는 경우 ············ 188
  2. 상관(傷官) ································ 190
   1) 구성(構成) ······························ 190
   2) 인간관계(人間關係) ···················· 190
   3) 사물(事物) ······························ 190
   4) 심리상태(心理狀態) ···················· 191
   5) 상관의 단독성분(單獨成分) ·········· 191
   6) 상관이 많거나 없는 경우 ············ 195

제13장 재성(財星)의 심리구조 ·············· 196
  1. 편재(偏財) ························· 197
    1) 구성(構成) ······················ 197
    2) 인간관계(人間關係) ············· 197
    3) 사물(事物) ······················ 198
    4) 심리상태(心理狀態) ············· 199
    5) 편재의 단독성분(單獨成分) ····· 199
    6) 편재가 많거나 없는 경우 ······· 202
  2. 정재(正財) ························· 203
    1) 구성(構成) ······················ 203
    2) 인간관계(人間關係) ············· 203
    3) 사물(事物) ······················ 204
    4) 심리상태(心理狀態) ············· 204
    5) 정재의 단독성분(單獨成分) ····· 204
    6) 정재가 많거나 없는 경우 ······· 207

제14장 관살(官殺)의 심리구조 ·············· 209
  1. 편관(偏官) ························· 210
    1) 구성(構成) ······················ 210
    2) 인간관계(人間關係) ············· 210
    3) 사물(事物) ······················ 210
    4) 심리상태(心理狀態) ············· 211
    5) 편관의 단독성분(單獨成分) ····· 211
    6) 편관이 많거나 없는 경우 ······· 216
  2. 정관(正官) ························· 218

1) 구성(構成) …………………………………… 218
    2) 인간관계(人間關係) ……………………… 218
    3) 사물(事物) ………………………………… 218
    4) 심리상태(心理狀態) ……………………… 219
    5) 정관의 단독성분(單獨成分) ……………… 219
    6) 정관이 많거나 없는 경우 ……………… 222

제15장 인성(印星)의 심리구조 …………… 223
   1. 편인(偏印) ………………………………… 224
    1) 구성(構成) …………………………………… 224
    2) 인간관계(人間關係) ……………………… 224
    3) 사물(事物) ………………………………… 225
    4) 심리상태(心理狀態) ……………………… 225
    5) 편인의 단독성분(單獨成分) ……………… 225
    6) 편인이 많거나 없는 경우 ……………… 228
   2. 정인(正印) ………………………………… 230
    1) 구성(構成) …………………………………… 230
    2) 인간관계(人間關係) ……………………… 230
    3) 사물(事物) ………………………………… 231
    4) 심리상태(心理狀態) ……………………… 231
    5) 정인의 단독성분(單獨成分) ……………… 231
    6) 정인이 많거나 없는 경우 ……………… 234

제5부 육십갑자

제16장 경금(庚金)의 일주(日柱) ············ 239
  1. 경자(庚子) [比肩→傷官] ················· 241
  2. 경인(庚寅) [比肩→偏財+偏官] ············ 243
  3. 경진(庚辰) [比肩→偏印+正財+傷官] ······ 244
  4. 경오(庚午) [比肩→正官] ················· 246
  5. 경신(庚申) [比肩→比肩+食神] ············ 248
  6. 경술(庚戌) [比肩→偏印+劫財+正官] ······ 250

제17장 신금(辛金)의 일주(日柱) ············ 252
  1. 신축(辛丑) [劫財→偏印+食神+比肩] ······ 254
  2. 신묘(辛卯) [劫財→偏財] ················· 256
  3. 신사(辛巳) [劫財→正官+劫財] ············ 258
  4. 신미(辛未) [劫財→偏印+偏官+偏財] ······ 260
  5. 신유(辛酉) [劫財→比肩] ················· 262
  6. 신해(辛亥) [劫財→傷官+正財] ············ 263

제18장 임수(壬水)의 일주(日柱) ············ 265
  1. 임자(壬子) [食神→劫財] ················· 267
  2. 임인(壬寅) [食神→食神+偏財] ············ 269
  3. 임진(壬辰) [食神→偏官+傷官+劫財] ······ 271
  4. 임오(壬午) [食神→正財] ················· 273

5. 임신(壬申) [食神→偏印+比肩] ············ 275
6. 임술(壬戌) [食神→偏官+正印+正財] ······ 277

제19장 계수(癸水)의 일주(日柱) ············ 279
1. 계축(癸丑) [傷官→偏官+比肩+偏印] ······ 281
2. 계묘(癸卯) [傷官→食神] ················ 283
3. 계사(癸巳) [傷官→正財+正印] ············ 285
4. 계미(癸未) [傷官→偏官+偏財+食神] ······ 287
5. 계유(癸酉) [傷官→偏印] ················ 289
6. 계해(癸亥) [傷官→劫財+傷官] ············ 291

제20장 갑목(甲木)의 일주(日柱) ············ 293
1. 갑자(甲子) [偏財→正印] ················ 294
2. 갑인(甲寅) [偏財→比肩+食神] ············ 296
3. 갑진(甲辰) [偏財→偏財+劫財+正印] ······ 298
4. 갑오(甲午) [偏財→傷官] ················ 300
5. 갑신(甲申) [偏財→偏官+偏印] ············ 302
6. 갑술(甲戌) [偏財→偏財+正官+傷官] ······ 304

제21장 을목(乙木)의 일주(日柱) ············ 306
1. 을축(乙丑) [正財→偏財+偏印+偏官] ······ 308
2. 을묘(乙卯) [正財→比肩] ················ 311
3. 을사(乙巳) [正財→傷官+正官] ············ 313
4. 을미(乙未) [正財→偏財+食神+比肩] ······ 315

5. 을유(乙酉) [正財→偏官] 318
   6. 을해(乙亥) [正財→正印+劫財] 320

제22장 병화(丙火)의 일주(日柱) 322
   1. 병자(丙子) [偏官→正官] 325
   2. 병인(丙寅) [偏官→偏印+比肩] 327
   3. 병진(丙辰) [偏官→食神+正印+正官] 329
   4. 병오(丙午) [偏官→劫財] 331
   5. 병신(丙申) [偏官→偏財+偏官] 333
   6. 병술(丙戌) [偏官→食神+正財+劫財] 335

제23장 정화(丁火)의 일주(日柱) 337
   1. 정축(丁丑) [正官→食神+偏官+偏財] 339
   2. 정묘(丁卯) [正官→偏印] 342
   3. 정사(丁巳) [正官→劫財+正財] 344
   4. 정미(丁未) [正官→食神+比肩+偏印] 347
   5. 정유(丁酉) [正官→偏財] 349
   6. 정해(丁亥) [正官→正官+正印] 351

제24장 무토(戊土)의 일주(日柱) 353
   1. 무자(戊子) [偏印→正財] 355
   2. 무인(戊寅) [偏印→偏官+偏印] 358
   3. 무진(戊辰) [偏印→比肩+正官+正財] 360
   4. 무오(戊午) [偏印→正印] 362

5. 무신(戊申) [偏印→食神+偏財] ……………… 364
   6. 무술(戊戌) [偏印→比肩+傷官+正印] …… 366

제25장 기토(己土)의 일주(日柱) ……………… 368
   1. 기축(己丑) [正印→比肩+偏財+食神] …… 371
   2. 기묘(己卯) [正印→偏官] ………………… 374
   3. 기사(己巳) [正印→正印+傷官] ………… 377
   4. 기미(己未) [正印→比肩+偏印+偏官] …… 380
   5. 기유(己酉) [正印→食神] ………………… 385
   6. 기해(己亥) [正印→正財+正官] ………… 387

■ 마치는 말씀 ……………………………… 389

■ 시작하는 말씀

　사주심리학(四柱心理學)에 인연이 되심을 축하드립니다. 이 책은 사람의 심리구조(心理構造)를 태어난 연월일시(年月日時)의 사주팔자(四柱八字)를 통해서 읽어내고자 노력하는 사람을 위한 내용입니다. 세상에는 참으로 많은 종류의 학문(學問)이 있고, 그중에서도 역학(易學)이라고 하는 영역에서 동양철학을 바탕으로 삼고 연구하는 학문들도 한 둘이 아닙니다만 이렇게 자평명리학(子平命理學)을 통한 인간의 심층 내부를 탐색하고자 하는 마음을 일으키셨으니 작은 인연이 아니라고 하겠습니다. 부디 원하시는 만큼 큰 성취가 있으시기를 기원드리겠습니다. 그리고 그 방법은 그리 어려운 것도 아니라는 것을 미리 말씀드립니다. 차근차근 공부를 하는 과정에서 안갯속에서 보이던 사람의 마음이 점차적으로 손에 쥐일 듯이 다가오게 될 수 있음을 말씀드립니다. 필요한 것은 인내심(忍耐心)과 노력(努力)이라고 하겠습니다.

　그동안 자평명리학(子平命理學)의 원리(原理)와 적용(適用)의 방법을 연구하는 것에 매료되어서 적지 않은 시간을 보냈습니다. 선현(先賢)의 지혜로운 가르침을 바탕으로 삼아서 즐거운 오행의 세계를 노닐게 되었습니다.

　그러는 과정에서 자연도 관찰하고, 사람도 관찰하면서 여러 가지의 생각을 해 보게 되었습니다. 그 과정에서 적용이 잘되지 않는 것은 왜 그렇게 되었는지를 연구해 보기도 하고, 또 연유와 결과가 없는 이론은 과감히 수정을 하는 방향으로 노력도 했습니다. 그 과정에서 자평명리학과 무관(無關)한 이론들에 대해서는 '길바닥에 붙어 있는 껌을 제거하는 마음'으로 떼어 내는데 적지 않은 노력을 하기도 했습니다. 또 더러는 호랑이를 잡는 기분으로 조심스럽게 관찰을 하면서 제외시키기도 했습니다. 이러한 결과는 그 간의 연구과정에서 나타난 책들을 보시면 참고가 되실 것으로 봅니다.

　심리분석(心理分析)에 특히 관심을 두었던 것은 이미 10년 전에 출간을 한 졸저《왕초보 사주학(심리편)》부터였다고 하겠습니다. 사실 그 이전부터 나름대로 궁리하고 연구하던 것의 자료를 모아서 정리를 한 책이라고 해야 하겠습니다만, 그로부터 10년의 세월이 흘렀습니다. 그리고 그 사이에 다양한 방면에서 사람의 심성(心性)을 관찰하고 임상을 했던 시간이 적잖이 지났습니다. 이번 개정판에서는 일부 어색한 곳을 정리해서 이해에 도움을 드리도록 했습니다.

　이전의 내용이 나름대로 일리는 있으나 지금 정리를 하면서 생각해 보면 기준을 잡는다는 것이 보기에 따라서 서로 엇갈리는 관점이 된다는 것을 생각하게 됩니다. 이러한 부분의 오차(誤差)에 대해서는 본서(本書)를 중심으로 놓고 살펴주시면 좋겠습니다.

　그리고 최종적으로 마음을 두게 된 것은 바로 '사주에 의한 인간의 심리(心理)를 분석하는 것'입니다. 한 사람이 태어나는 순간에 그 사람의 운명이 정해지는 것은 물론이고, 일생을 살아가면서 고치지 못하는 천성

(天性)도 함께 정해진다는 것은 놀랍다면 놀라운 발견이고, 당연하다면 당연한 결과가 되기도 하겠습니다. 그만큼 사람이 태어나면서 얻게 된 천성은 고쳐지지 않으며, 고치고자 해도 쉬운 일이 아니라는 것을 생각하게 됩니다. 그러한 연유로 해서, '부지런한 사람, 성실한 사람, 부도덕한 사람, 게으른 사람'으로 구분이 가능하며, 이러한 것이 모두 사주 속에서 일목요연(一目瞭然)하게 나타난다는 것을 알게 되었고, 실제로 임상해 가면서 그 사람의 사주를 통해서 그러한 면을 살펴보고 확인을 하면서 얻게 된 자료들을 이렇게 정리하여 함께 나누게 된 것을 기쁘게 생각합니다.

　세상에서 무엇이든 혼자서 되는 것은 없다고 생각을 합니다. 이러한 사주심리학의 이론들이 정리되는데 무엇보다도 큰 공헌(貢獻)을 한 분은 대만(臺灣)에서 이 분야의 심리(心理)를 연구하신 하건충(何建忠) 선생님입니다. 선생님의 저서인 《八字心理推命學(팔자심리추명학)》과 《千古八字秘訣總解(천고팔자비결총해)》는 그야말로 사주심리학의 경전(經典)이 된다고 해도 지나치지 않을 것입니다. 앞으로 더욱 많은 학자들이 이 좋은 책을 바탕으로 연구에 정진을 하신다면 분명히 사주심리학의 이론은 날이 갈수록 발전하여 정식으로 심리학(心理學)의 영역에서 중요한 역할을 하게 될 날이 올 것이라고 확신합니다. 그리고 하건충 선생님의 저서로 인연이 되어서 만나게 된 대만(臺灣)의 진춘익(陳椿益) 선생님의 자상한 경험담이 정리에 많은 도움이 되었는데 진 선생님의 저서인 《팔자명리신해(八字命理新解)》는 삼명에서 번역되어 출판하기도 했습니다.

　진춘익 선생님의 사주심리학에 대한 열정도 무척 대단하셔서 오늘 이 순간에도 깊은 이치를 연구하시느라고 골몰하고 있을 것입니다. 단순히 하나의 십성(十星)을 놓고 얼마나 많은 경우의 상황들을 추론해 내느냐를 놓고 그 실력을 가늠할 수 있다고 한다면 아마도 낭월이 알기에 진 선생님은 세계 최고라고 해도 지나치지 않을 것이라고 생각을 해 봅니다. 낭월의 설명 가운데에는 진 선생님의 깊은 이론도 녹아 있음을 말씀드립니다. 아무래도 낭월은 스승의 복이 많은가 싶습니다. 물론 이러한 인연으로 함께 하게 된 벗님들의 인연에도 깊은 감사를 드립니다.

▶사주심리학의 공부 수준

이 책의 내용을 이해하기 위해서는 중급(中級)의 수준으로도 도움을 받을 수가 있습니다. 다만 희망하는 수준은 고급(高級)이 되었으면 좋겠다는 바람입니다. 학문의 이해는 수준에 따라서 관점이 달라지기 마련입니다. 사주를 적어놓고 심리적인 관찰을 하기 위해서는 기본적인 천간지지(天干地支)의 이치에 대한 원리는 모두 이해를 하고 난 다음이어야겠습니다. 처음 입문자의 실력으로 접하기에는 무척 난해할 가능성이 높기 때문입니다.

기본적인 실력이 갖추어졌다면 이 책의 내용을 이해를 하는데 어려움이 별로 없을 것으로 생각을 합니다만, 혹시라도 기본적인 길흉(吉凶)에 대해서까지 살피기 위해서는 용신의 해석에 대한 능력도 필요합니다. 그러므로 이 공부에 관심이 있다면 기본적인 내용에 용신공부까지 습득을 하신 다음에 인연이 되신다면 조금 더 이해하는데 수월할 것입니다.

이 사주심리학의 공부는 바로 피와 살이 되어서 영양가를 공급하게 될 것을 보장 할 수가 있겠습니다. 이러한 점을 잘 이해하시고 많은 분발을 기원드립니다. 참고로 아래의 서적들에 대해서 이해가 되신다면 크게 어려움이 없을 것으로 기준을 삼아 봅니다. 참고되시기 바랍니다.

【사주심리학을 이해하기 위한 낭월의 저서 안내】

1.《시시콜콜 명리학시리즈 ① 음양》삼명 | 2010년 초판
2.《시시콜콜 명리학시리즈 ② 오행》삼명 | 2011년 초판
3.《시시콜콜 명리학시리즈 ③ 천간》삼명 | 2011년 초판
4.《시시콜콜 명리학시리즈 ④ 지지》삼명 | 2011년 초판
5.《시시콜콜 명리학시리즈 ⑤ 간지》삼명 | 2012년 초판
6.《시시콜콜 명리학시리즈 ⑥ 육갑》삼명 | 2012년 초판
7.《명리학의 심화 ① 용신》삼명 | 2013년 초판

계룡감로에서 낭월 두손모음

제1부
사주심리학 입문

제1장 심리학을 연구한 흔적

낭월의 짐작이 크게 틀리지 않았다면, 사람의 심리를 사주팔자를 통해서 해석을 할 수 있다면 얼마나 좋겠느냐는 생각을 하면서 관심을 갖게 되었을 것으로 짐작을 한다. 그리고 심리학(心理學)이라고 하는 전문분야에 도전을 하기로 하였으니 이 분야의 학자들은 어떤 생각을 하였는지 살펴보는 것도 의미가 있을 것으로 판단이 되므로 간략하게나마 인간의 본성(本性)을 이해하고자 노력하였던 선현(先賢)들의 노고(勞苦)를 생각해 보도록 한다.

관심을 가져볼 부분은 동서양의 심리분야에 대가들로 정평이 난 선생님들의 의견이다. 서양 심리학의 원조라고 한다면 역시 프로이트[1], 융[2], 그리고 아들러[3]가 될 것이다. 이들의 생각을 더듬어 보면서 어떻게 사람

---

1) Freud, Sigmund(1856~1939): 오스트리아 출생. 빈대학교의학부. 1887년 최면 암시요법을 치료에 사용. 1896년 '정신분석'이란 용어를 처음으로 소개. 1936년 영국 학술원 객원 회원으로 선출됨.

2) Jung, Carl Gustav(1875~1961): 스위스의 정신과의사. 프로이트의 정신분석학에 영향을 받아 분석 심리학의 기초를 세웠고, 내향성과 외향성을 구별하는 유형을 분석하였으며, 개인의 무의식과 집단의 무의식적인 고태형(古態型)을 신화나 민화에서 찾았다.

3) Adler, Alfred(1870~1937): 오스트리아의 정신 분석학자. 프로이트의 성

을 이해하고자 했는지에 대해서 살펴본다.

그 이외에도 무수히 많은 학자들이 있었겠지만 전문지식이 부족한 입장에서 만날 수 있는 자료로는 대략 이 정도에서 논할 수밖에 없음을 미안하게 생각한다. 어쩌면 모든 인문과학(人文科學)을 연구하는 학자들이라면 내면(內面)의 심리구조(心理構造)에 대해서 연구를 해 보지 않은 학자가 없을 것으로 생각을 한다. 그리고 그중에서도 섬광(閃光)과 같은 놀라운 예지로 상상도 하지 못할 무의식(無意識)에 대한 영역까지도 접근을 했을 수가 있지 않았을까 싶은 생각도 해 본다.

그리고 낭월도 자평명리학을 근간으로 해서 연구를 하고 있지만 실로 알고자 하는 영역은 인간의 생각이 움직이기 이전에 그러한 변화를 일으키도록 유도하는 실마리는 어디에 있을 것인지에 대해서 알고자 하는 마음이 더욱 크다고 할 수가 있다. 다만 구체적으로 접근을 할 방법이 묘연(渺然)하므로 우선은 주어진 자료 중에서 사주팔자(四柱八字)를 바탕으로 삼고 연구하는 것이 최선이라고 보고 이 분야의 연구에 매달리고 있는 것이다. 여기에 인용한 자료는 그동안 책을 통해서 이해를 한 부분이거나 혹은 인터넷의 검색으로 발견하게 된 내용도 포함이 되어 있으니 이러한 고견을 주신 학자님들께도 감사를 드린다.

욕 중심 학설에 반대하고, '개인심리학'을 창시하였다. 저서는 《개인 심리학의 이론과 연구》 등이 있다.

1. 서양의 심리학

서양의 심리학자 중에는 자신의 존재를 이해하기 위한 노력을 한 사람들이 적지 않았는데, 비교적 기록을 잘 남겨서 많은 자료들이 있는 것은 이 분야에 대한 연구자에게 유용하게 작용을 한다. 이러한 학자들의 노력을 대략적으로나마 살펴본다면, 서양의 심리학자들은 주로 환경적인 영향에서 심리의 구조를 이해하고자 한 흔적들이 많이 나타난다. 즉 어려서의 환경, 예를 들면 5세 이전에 주어진 환경에 따라서 내성적인 사람이 되기도 하고, 외향적인 사람이 되기도 한다는 이야기나, 정신적인 장애를 일으키는 요인을 분석하는 것이 계기가 되기도 한다. 그러므로 환경을 떠나서 생각을 할 수가 없다고 한다면 가족관계의 영향도 크다고 생각하는 것은 당연하겠고, 나아가서는 사회적인 환경에 의해서도 사람의 심리가 구성된다고 관찰을 했던 것으로 보인다. 여러 학자들의 노력을 간단히 요약을 할 수는 없겠지만 이해를 돕기 위해서 정리를 해 본다면 대략 다음 몇 가지로 이해를 할 수 있을 것이다.

1) 경험에 의한 심리

아마도 서양의 심리학자들은 경험을 바탕으로 접근하고자 했던 것으로 보인다. 프로이트를 중심으로 연구를 한 학자들의 견해도 이와 무관하지 않다. 사람의 심리는 경험에 의해서 축적이 되는 것으로 이해를 했고, 때로는 충격적인 경험이 내면으로 숨어들면서 잠재의식(潛在意識)

으로 변해서 나중에 그러한 경험과 유사한 기회가 주어지게 되면 자신도 모르는 상황에서 어떤 돌발적인 심리현상이 나타난다고 이해를 한 것이다. 강박관념(强迫觀念)과 광장공포증(廣場恐怖症)이나 대인기피증(對人忌避症)등의 내용을 살펴보면 경험을 했던 일들이 나중에 재연(再演) 되면서 두려움으로 나타난다는 것이다. 이러한 관찰은 그야말로 관찰자의 관점에서 상당히 타당성이 있어 보이는 것 같다.

　그 예로 프로이트는 광장공포증에 대해서 이야기를 한다. 그는 자신도 모르는 광장공포증이 있다는 것을 알고서 설명을 할 방법이 없어서 난감했을 것이다. 지금의 기억에는 광장에서 공포를 느낀 기억이 없는데 넓은 장소에 있게 되면 공포심이 나타난다는 것이다. 그러한 원인을 도저히 알 수가 없어서 이상하게 생각하고 있었는데, 어느 날 최면술을 통해서 자신의 어린 시절로 돌아가 보니 어느 광장(廣場)에서 어머니를 잃고 두려움으로 떨었던 기억이 났다는 것이다. 이러한 사례로 인해서 사람은 경험을 한 것이 잠재의식에 있다가 비슷한 환경이 주어지면 발생하게 된다는 이야기는 일리가 있는 것이다.

　명리학의 관점으로 이러한 부분에 대한 답을 한다면, 후천적으로 얻어진 경험은 사주로 통해서 알 수가 없다. 왜냐면 사주는 태어나면서 주어진 것이기 때문이다. 다만 광장에서 공포심을 얻게 되는 것은 사주와 연관이 된다고 말을 할 수가 있다. 즉 같은 상황에 아이들 다섯 명을 노출시키고 결과를 지켜본다면 단언하건대 모두가 광장공포증이 생기지는 않을 것이라는 점이다. 어떤 아이는 주변의 신기한 광경을 보면서 즐길 수 있을 것이라는 이야기이다. 이러한 현상을 유발시키는 것은 타고난 사주에서 주어진 심리라고 관찰을 하게 되는 것이다.

2) 경험하지 않은 심리

프로이트의 관점에서 함께 연구를 하다가 관점이 달라서인지 이탈을 한 융은 경험을 한 것도 심리에 영향을 주지만 경험을 하지 않은 것도 영향을 준다는 것을 이야기했다. 즉 태어나서 같은 경험을 해도 결과적으로 심리적인 구조가 달라진다는 것을 발견하면서 그 원인을 찾지 못해서 아마도 고심을 했으리라고 짐작이 된다. 그리고 이러한 관점은 영적(靈的)인 체험도 함께 포함이 되는 것으로 봐야 하겠다. 자신의 죽은 아내와 함께 대화를 나누는 경험을 했다고 하는 이야기가 있는 것을 보면 그는 영적인 영역에 대한 이해도 상당히 깊었을 것이다.

그러한 것을 '집단무의식'이라는 말로 표현을 했는데, 집단무의식은 죽은 조상들의 경험이 자손에게 전해진다고 하는 관점으로 이해를 하면 크게 무리가 없다. 즉 조상들의 경험에 의해서 입력된 기억장치가 유전하여 자손에게 전달이 되기 때문에 자신은 경험을 하지 않았다고 하더라도 조상의 경험을 통해서 자연스럽게 알 수가 있다는 것이다. 적어도 영적인 차원의 어떤 작용이 있다는 것을 밝혔다는 것은 놀라운 발전이라고 할 수가 있다. 그의 연구에 영향을 많이 끼친 자료로는 중국의 선도(仙道) 관련 서적인 《太乙金華宗旨(태을금화종지)》가 있는데, 이러한 기회를 통해서 동양적인 사상에 접근하게 되었을 것으로 추측을 해 본다.

아울러서 융의 연구는 자평명리학에도 도입이 되어서 비교하는 과정을 만나게 되는데, 이것을 시작한 사람은 중국의 수요화제관주(水繞花堤館主)라는 필명을 사용한 반자단(潘子端) 선생이다. 그가 《命學新義(명학신의)》에서 설명을 한 내용을 대만의 하건충(何建忠) 선생이 수용하여 사주심리학의 완성을 본 것이기 때문에 사주심리학에 영감을 준 사람으로 기억을 해도 좋겠다.

3) 미래의 심리학은 생명공학과 연결

현재의 생명공학자들은 심리학을 고전적인 흔적으로 생각하고 실체에 대해서는 인정하지 않는 분위기로 가는 모양이다. 그리고 심리학자들도 뇌의 연구에 촉각을 곤두세우고 있는 것 같다. 뉴런이라고 하는 뇌(腦)조직을 연구하고 분석하여 이곳에서 모든 경험을 기억하고 있다는 것을 알게 되면서 그들은 사람의 심리구조에 대해서도 여기에서 흔적을 찾아보려고 연구하는 것이라는 이야기가 있다.

이러한 관점으로 추적을 하다가 어쩌면 부모로부터 물려받은 기억창고의 뭉텅이를 발견하게 될지도 모를 일이다. 참으로 물질에서 답을 찾고자 하는 마음들이 모여서 뭔가 답을 찾아내려고 연구하고 있으니 좋은 결과가 나타난다면 모니터를 들여다보듯이 시각적(視覺的)으로 심리분석이 가능할 수도 있을 일이다.

다만 낭월의 좁은 소견으로는 유형(有形)의 뉴런에서 무형(無形)의 구조물인 심리의 다양한 변화를 관찰하고 얻어낼 수가 있다는 것은 아무래도 어려울 것이라는 생각이다. 이러한 접근은 아무래도 시간을 낭비하게 될 가능성이 많은 것으로 생각이 된다. 왜냐면 고기 덩어리를 아무리 뒤져봐도 그 속에 영혼은 없을 것이기 때문이다. 방향을 전환하지 않는다면 심리학은 아마도 퇴보하지 않을까 하는 걱정도 된다. 오히려 그들이 동양철학으로 방향을 바꾸는 것이 현명할 수도 있겠다는 생각을 해보기도 한다.

2. 동양의 심리학

이번에는 우리의 삶에 터전이 되어 준 중국과 한국에 대해서 생각을 해 본다. 아무래도 학문적으로 동양정신의 바탕은 중국이라는 것을 부인할 수는 없을 것이다. 그리고 중국의 현자(賢者)들이 깨달은 것을 바탕으로 다시 연구하고 궁리하는 것은 또 지혜로움의 연장이라고 할 수가 있을 것이다.

동양의 철인(哲人)들은 정신과 신체가 하나라고 하는 사상이 크게 발전을 했을 것으로 보인다. 그리고 신체를 연구하는 것은 등급을 낮춰서 대우하고, 정신을 연구하는 것은 등급을 높이 줬던 흔적도 보이는데, 그러한 점을 생각해 본다면 심리학을 연구하는 데 있어서도 개인적인 심리를 연구하기보다는 근원적인 심리학에 대한 접근이 되지 않았을까 싶은 생각을 해 보게 된다.

1) 성선설(性善說)

사람의 근본은 착하다는 것은 맹자(孟子)[4]의 철학이다. 사람은 누구나 사단(四端)이 있어서 '측은지심(惻隱之心-불쌍한 일을 접하면 측은한

---

4) 맹자(孟子, BC 372?~BC 289?): 중국 전국시대의 유교 사상가. 전국시대에 배출된 제자백가(諸子百家)의 한 사람이다. 공자의 유교사상을 그의 손자 자사(子思)의 문하생에게서 배웠다. 도덕정치인 왕도(王道)를 주장하였으나 이는 현실과 동떨어진 이상적인 주장이라고 생각되어 제후에게 채택되지 않았다. 그래서 고향에 은거하여 제자교육에 전념하였다.

마음이 생기는 것), 수오지심(羞惡之心-부끄러운 줄을 아는 것), 사양지심(辭讓之心-욕망을 억제하고 양보하는 것), 시비지심(是非之心-옳고 그른 것을 판단하는 것)'으로 살아가게 되는 것으로 설명을 한다. 그러므로 원래 깨끗했던 사람이 세파(世波)에 오염이 되면 마음을 깨끗하게 해서 다시 원래의 상태로 돌아가야 한다고 주장하는 것이다.

언뜻 생각하면 일리가 있는 말이기는 하다. 그리고 맹자의 생각대로 한다면 사람이 악하게 된 것은 모두 세상의 탓이라고 해야 하겠다. 태어날 적에는 순수했던 사람이 살아가면서 세속의 혼탁함에 물들어서 바람직하지 못한 방향으로 변화되었기 때문이다. 그래서 다시 원상태로 되돌리기 위해서 수양(修養)을 해야 하는 것으로 목표를 삼는 것이다. 이론의 배경에는 자신의 경험이 깃들기 마련이다. 맹자 자신의 경험을 바탕으로 생각한다면 이러한 결론을 내게 된 것을 이해할 수는 있겠다.

맹모삼천(孟母三遷)[5]에서도 알 수가 있듯이 원래는 깨끗하고 천진무구한 소년이 주변의 환경에 따라서 공부도 하고, 장사꾼의 흉내나 상여꾼 흉내도 내는 것을 보면 자신의 생각을 형성하는데 영향을 미치지 않을 수가 없었을 것이다. 그러다 보니 환경이 매우 중요하다는 것을 생각하게 되고, 이러한 사상은 지금도 그대로 전승이 되어 자녀를 최고학군에 보내고자 온갖 노력을 다 쏟는 부모를 양산(量産)해 내고 있는 것이라고 생각을 해도 되겠다.

맹자의 가르침은 공자(孔子)의 뒤를 이어서 계승 발전하는 형태가 되는데, 이 두 사람의 업적은 유교(儒敎)라는 학문의 틀을 탄생시켰다.

---

[5] 맹모삼천(孟母三遷): 맹자의 어머니가 처음에 공동묘지 부근에 집을 얻어 살았는데, 맹자가 이웃 아이들과 사람이 죽어서 땅에 묻히고 또는 땅에 엎드려 대성통곡하거나 제사지내는 흉내를 내면서 노는 것을 보고 자식을 기를 곳이 못 된다고 시장 옆으로 이사를 하였다. 그런데 이번에는 맹자가 아이들과 장사하는 흉내를 내면서 놀았다. 그래서 다시 글방 부근으로 이사하였더니 마침내 맹자가 책 읽고 글 배우는 일에 열중하며 어른을 공경하는 태도를 보였다고 한다.

2) 성악설(性惡說)

사람의 본성이 본래 악하다고 한 사람은 순자(荀子)[6]이다. 아마도 맹자의 생각에 반기(反旗)를 들기 위해서 이러한 말을 했을 것이라고 생각이 된다. 처음부터 사람이 원래 악하다고 생각했을 수는 없었을 것이기 때문이다. 사람이 선하다고 해서 그런 줄로 알고 배웠는데 실제로 사람은 근본 바탕이 악하다는 것을 알고 나서는 맹자의 생각에 반대를 하게 된 것이 아닐까 싶은 생각이다. 순자는 맹자에 밀려서 크게 연구되지는 않은 것으로 보인다. 유교의 위력으로 무장을 한 대세에 밀려서 그의 이야기도 뒤로 밀린 감이 없지 않다.

낭월이 생각하기에, 맹자는 본성(本性)을 논하고, 순자는 본능(本能)을 논한 것이 아니었을까 싶기도 하다. 본능은 이기적이기 때문에 선하지 않고, 본성은 무사(無私)이기 때문에 악하지 않은 것이라고 관찰을 했을 것으로 짐작을 해 보는데, 결론은 모두 한쪽으로 치우쳤다는 것을 피할 수는 없지 않을까 싶다. 사실 사람의 심성은 선하지도 않고, 악하지도 않으며, 선하기도 하고 악하기도 한 것이기 때문이다.

3) 업연설(業緣說) 혹은 연기설(緣起說)

사람의 심성은 전생(前生)에 지은 업연에 의해서 결정 나는 것이므로 전생의 행위가 중요하다고 보고 이번 생에서 문제가 되는 부분은 개선을 하고, 선한 부분에 대해서는 다시 고양(高揚)을 시키는 것이 좋다고 생각하는 형태로 설명을 하게 된다. 이것은 태어나면서 결정이 되는 것이 아

---

[6] 순자(荀子): BC 298?~BC 238?. 성은 순(荀), 이름은 황(況)이며, 조(趙)나라 사람이다. 순경(荀卿) 손경자(孫卿子) 등으로 존칭된다. 《史記(사기)》에 전하는 그의 전기는 정확성이 없으나, 50세(일설에는 15세) 무렵에 제(齊)나라에 유학(遊學)하고, 진(秦)나라와 조나라에 유세(遊說)하였다. 제나라의 왕건(王建:재위 BC 264~BC 221)때 다시 제나라로 돌아가 직하(稷下)의 학사(學士) 중 최장로(最長老)로 존경받았다.

니고, 유전자(遺傳子)와는 무관하게 자신의 전생 행위에 의해서 어떤 습관이 기록되면서 이것이 그대로 재연되어서 나타나는 현상이라고 이해를 하게 된다.

연기설(緣起說)이란 모든 것은 인연에 의해서 생겨나고 인연에 의해서 소멸된다는 논리이다. 12가지로 구분을 하여 설명이 진행되는데 또한 업연(業緣)에 얽혀서 필연적(必然的)으로 이끌려 가는 것을 말하고, 여기에 영향을 받는 주체는 본성(本性)이나 자아(自我)라고 하는 자신의 심리(心理)가 되는 것이다. 그러므로 사주의 심리구조와 전생의 업연설을 연결시킨다면 설명할 방법이 많이 나오게 되는데 이러한 것을 인용하는 경전(經典)으로는《삼세인과경(三世因果經)》이 있다. 예컨대 이번 삶에서 빈천한 것은 전생에 보시를 행하지 않은 까닭이고, 부유한 것은 전생에 공덕을 많이 닦았기 때문이라는 상대적(相對的)인 인과관계의 논리로 전개되는 이야기를 모은 글이다.

모든 인연은 누가 그렇게 되도록 강요한 것이 아니라 스스로 만들어서 그렇게 된 것이라고 보는 것이 불교의 관점이다. 그래서 인과응보(因果應報)라는 말이 나왔으니 이는 누구를 탓할 것이 아니라 모두가 자신으로 인해서 비롯된 결과라고 보는데 이로 인해서 유교학자들로부터 공론(空論)이라고 하는 비난도 받았다. 어쩌면 너무 전생의 탓으로 돌리는 감도 있으므로 전생에 대해서 믿기 어려운 관점에서 본다면 그야말로 의미가 없는 논리라고 할 수 있는 것이기도 하다. 아울러서 자평명리학에서는 태어난 이후에 대해서만 논한다는 점을 감안한다면 전생의 업연에 대해서는 논외(論外)로 해야 할 부분이다.

4) 성리학(性理學)

조선시대의 대표학문으로 활발했던 성리학은 주자(朱子)를 필두로 전개된 유학(儒學)의 철학이라고 할 수가 있다. 이것은 조선의 학자들 간에 화두가 되었던 것이라고 해도 되겠는데, 처음에는 잘 나가다가 나중에는 당파싸움의 씨앗이 되기도 했으므로 원래의 순수한 정신이 현실을 만나서 갈등을 빚었다고도 하겠다. 특히 거유(巨儒)인 퇴계(退溪)[7]선생의 이기이원설(理氣二元說)이나, 율곡(栗谷)[8]선생의 이기일원설(理氣一元說)이 서로 팽팽하게 토론되었다.

다만 이러한 이론들이 자칫 공론에 가깝지 않을까 싶은 것은 그러한 이야기들이 느낌으로 전달되지 않는 까닭이기도 하겠고, 실제로 이러한 것을 사람의 심리라고 이해를 하기에는 너무 추상적이고 원론적인 이야기가 아닌가 싶기도 하다. 그래서 개인의 심리를 연구하는 관점에서 아무런 도움이 되지 못할 것으로 보여서, 그야말로 도덕(道德)에 대한 논리는 될지라도 현실성이 없어 보이는 것으로 인해 계승발전이 어려웠던 것은 아닌가 싶다.

이기일원론적 입장에서는 이(理)가 기(氣)보다 먼저 존재하며 이가 기를 낳는다고 하는 이기이원론(理氣二元論)적 주장을 거부한다. 명나라 때의 학자 나흠순(羅欽順)[9]은 이기일원론(理氣一元論)적 입장을 강화

---

7) 퇴계(退溪): 조선 시대의 유학자(1501~1570). 자는 경호(景浩). 호는 도옹(陶翁) 퇴계(退溪). 벼슬은 예조 판서, 양관 대제학을 지냈다. 정주(程朱)의 성리학 체계를 집대성하여 이기이원론(理氣二元論), 사칠론(四七論)을 주장하였다. 작품으로는 시조 〈도산십이곡(陶山十二曲)〉, 저서 《퇴계전서(退溪全書)》 등이 있다.

8) 율곡(栗谷): 조선 중기의 문신 학자(1536~1584). 자는 숙헌(叔獻). 호는 율곡(栗谷) 석담(石潭) 우재(愚齋). 호조, 이조, 병조 판서, 우찬성을 지냈다. 서경덕의 학설을 이어받아 주기론을 발전시켜 이황의 주리적(主理的) 이기이원론과 대립하였다. 저서에 《율곡전서(栗谷全書)》, 《성학집요(聖學輯要)》, 《경연일기(經筵日記)》가 있다.

9) 나흠순(羅欽順): 중국 명나라의 정치가 학자(1465~1547). 자는 윤승(允升). 호는 정암(整菴). 처음에는 불교를 배웠으나, 뒤에 주자학으로 돌아갔다. 격물치지를 주장하며 왕양명과 대립하였다. 저서로는 《곤지기(困知記)》, 《정암존고(整菴存稿)》 등이 있다.

하였다. 조선의 성리학에서는 이기일원론의 입장이 일부 수용되었다. 서경덕(徐敬德)[10]은 '기(氣)의 밖에 이(理)가 없으며 이는 기를 주재하는 것'이라 하여 이기일원론적 입장을 취하였다. 율곡은 기본적으로는 이기이원론을 계승하면서도 '이와 기는 혼연 하여 사이가 없고 서로 떨어지지 않으므로 다른 물건이라 할 수 없다.'라고 함으로써 이기일원론적 입장에 비중을 두었다.

이러한 관점은 신체에서 정신을 찾고자 하는 현대의 서양심리학 영역과 유사하다고 하겠다. 신체와 정신이 따로 있는 것이 아니라는 관점으로 본다면 일원론이 매우 타당해 보인다고 하겠고, 융과 같은 관점으로 본다면 정신과 신체는 각각 별개로 존재하는 것이라고 볼 수 있기 때문이다. 다만 개인적인 심리를 논하는 단계로 나아가기에는 거리가 먼 것으로 봐야 하겠고, 그야말로 원론적(原論的)인 구성을 하고 있음을 생각해 볼 적에 구체적으로 각 개인에게 적용을 시키는 것으로는 적합하지 않음을 생각하게 된다. 즉 이론적으로만 존재하고 개인적으로는 적용을 시킬 방법이 없기 때문이다.

5) 개인심리학(個人心理學)

이제 개인적인 심리학에 대해서 살펴보는데, 이것은 그야말로 자평명리학에서 추구하는 개개인의 본질을 연구하는 것이라고 할 수가 있겠다. 즉 각각의 사람이 태어나는 그 출생 순간, 천지(天地)에 운행하는 기운의 영향을 받아서 일생을 살아가는 과정에서 성공과 실패는 물론이고, 그의 심층 내부에 존재하는 마음도 여기에 나타나게 된다고 하는 것을 연구하

---

[10] 서경덕(徐敬德): 조선 중종 때의 학자(1489~1546). 자는 가구(可久). 호는 복재(復齋) 화담(花潭). 이기론의 본질을 연구하여 이기일원설을 체계화하였으며, 수학 역학도 깊이 연구하였다. 저서로는 《화담집(花潭集)》이 있다.

는 분야라고 할 수가 있겠다. 성정(性情)에 대해서 논하는 것은 성(性)은 이성(理性)으로, 정(情)은 감정(感情)으로 이해가 되는데, 이러한 것을 연구하게 되었던 것은 자평명리학으로 개인적인 운명(運命)을 연구해 오는 과정 속에서 심리에 관심이 많았던 학자들의 노력으로 더욱 발전을 해 왔다고 할 수가 있겠다.

앞으로 이러한 개인심리학에 대해서 연구를 하게 될 것이며, 그 추적하는 단서는 해당 본인이 태어난 연월일시(年月日時)로 관찰을 하게 된다. 어렸을 때 환경이나 부모의 영향에 대해서는 고려를 하지 않고 그야말로 태어나면서 주어진 심리(心理)의 본질(本質)에 대해서 연구하는 것이며, 여기에 대해서는 앞으로 계속 공부를 해야 할 것이므로 긴 설명을 생략한다. 적어도 동양에서도 개인심리학에 대한 연구가 있어 왔다는 것을 생각하는 것이 중요하다고 하겠다. 이것은 서양의 개인심리학과는 또 다른 관점에서 더욱 뛰어난 관찰이 되었다고 하겠고, 특정한 사람을 보면서 연구하는 관점을 과학이라고 한다면 출생시각을 살펴서 해석하는 것은 초과학(超科學)이라고 해야 하지 않을까 싶은 생각을 해 본다.

자평명리학에서의 심리분석은 이성적(理性的)인 부분과 감정적(感情的)인 부분을 모두 다루게 된다. 이것의 기준은 음양(陰陽)으로 구분을 하게 되는데 가령 음양이 같으면 감정적이 되고, 다르면 이성적이 된다는 것이 가장 기본적인 대입이다. 그러니까 사람에 따라서 본질적으로 이성적인 부분이 발달한 사람이 있고, 감정적인 부분이 발달한 사람이 있다는 것으로 구분을 하게 되는 것이다. 한 사람의 심리구조에는 이성과 감정이 함께 존재하고 있지만, 그중에서도 어느 분야가 더욱 발달하여 작용을 하는 것인가에 대해서 구분을 하고 연구하여 적용을 할 수가 있다는 것이다.

이러한 연구도 또한 동양철학의 한 부분으로 자리를 차지하게 되는데,

이는 음양오행의 이치에 바탕을 두고 있기 때문이며, 그야말로 지혜로운 선현의 핵심을 모아둔 것이라고 봐도 되지 않겠는가 싶다. 물론 앞으로 더욱 정밀하게 연구하여 보다 구체적인 삶의 나침반이 되도록 해야 하는 것은 자평명리학을 연구하는 학자들의 몫이라고 본다.

3. 정신분석(精神分析)

'정신분석'이라는 말은 서양에서 나왔는데, 자평명리학에서는 십성을 분석하는 이치로 연결을 시키게 된다. 여러 가지로 분석을 하는 기준은 많이 있으나 그중에서 하건충(何建忠), 반자단(潘子端) 선생이 적용시켰던 외향과 내향의 분석과 네 가지의 분류를 이용한 8종의 분석법을 이용하도록 한다.

1) 심리구조의 음양관

융의 심리구조에 대한 분석에서 아직까지도 큰 공로(功勞)로 인정을 받고 있는 것은, 심리구조를 내향성(內向性)과 외향성(外向性)으로 나누어 분석하였다는 점이다. 그리고 이것을 다른 말로 한다면 심리의 음양(陰陽)이라고 봐도 무관할 것이다.

(1) 내향적(內向的)인 성향

내향적인 성향이 되면 망설이고, 반성적이며, 혼자 있기를 좋아하는 소극적 성질을 갖는 것이라고 하였다. 이러한 것을 음양으로 본다면 음적(陰的)인 것으로 보면 매우 적절하다고 하겠으니 음의 성분인 을정기신계(乙丁己辛癸)로 태어난 사람의 성향이라고 볼 수 있다는 것으로 이해하게 된다.

(2) 외향적(外向的)인 성향

바깥으로 잘 드러내고, 솔직하며, 주어진 상황에 쉽게 적응하고, 쉽게 사람과 사물에 애착을 느끼고, 근심 걱정을 잘 잊어버리고, 무모할 정도의 자신감으로 미지(未知)의 상황에 뛰어드는 것이라고 하는 것은 또한 음양의 관점으로는 양적(陽的)이라고 하는 것에 그대로 부합이 되니 양의 성분인 갑병무경임(甲丙戊庚壬)으로 태어난 사람의 성향으로 이해하게 된다.

이와 같은 음양의 분류에 의해서 외향적인 사람과 내향적인 사람으로 구분이 가능하게 되었는데, 이러한 현상이 정신질환(精神疾患)을 일으키게 된다면 또한 각기 다른 현상으로 발전하게 된다. 내향적인 사람은 정신분열증(精神分裂症)의 방향으로 진행을 하고, 외향적인 사람은 히스테리[운동마비, 경련, 실성(失性)]의 방향으로 진행을 하게 된다는 것도 발견되었다. 다른 견해로 외향적인 사람이 갖는 우울증(憂鬱症)인데, 이것을 방어하기 위해서 나타나는 현상이 또한 히스테리라는 것이다.

그만큼 외향적인 사람들은 우울증이라고 하는 것을 피하고 싶어 한다는 것을 의미하기도 하는데, 프로이트의 견해로 본다면, 우울증은 원래 밖에 있는 대상에게 애정을 표현하고자 하는 것이 변하여 자신의 내면을 공격하는 현상이라고 해석한다.

반면에 외향적인 사람이 잘 걸리는 우울증과 대비해서 내면적인 사람이 잘 걸리는 것을 분열증(分裂症)이라고도 한다. 이것은 정서적으로 고립된 상태에 대한 방어를 목적으로 나타나는 현상이라는 것이다. 이것이 극단적으로 나타나게 되면 정신분열증이라고 하는 말을 사용하게 된다. 원래 내향적인 사람은 자신이 애정표현을 잘하지 못하여 내면적으로 갈등을 하는 과정에서 고통이 누적되어서 나타난다고 본다.

후에 중국학(中國學) 학자인 리하르트 빌헬름[11])이 융에게 도교의 경전인 《太乙金華宗旨(태을금화종지)-당, 여동빈 지음》를 전달했는데, 융은 이 책에서 자신이 거쳐온 심리적 과정과 환자들에게서 발견한 심리적 과정에 유사한 점을 발견하게 되면서 연금술에 대해서도 관심을 갖고 연구를 하게 되었다. 이러한 과정을 보면 동양적인 정신세계에 대해서도 많은 이해가 있었다고 봐야 하겠는데, 초월(超越)이나 초탈(超脫)과 같은 의미에 대해서도 깊은 이해가 있었으며 불가사의한 심리의 영역이 있다는 것을 생각한 것으로 봐서 불교적(佛敎的)인 영향도 받지 않았을까 싶은 생각이 든다.

그리고 이러한 성분을 바탕에 두고서 다시 네 종류의 유형을 분류하게 된다고 하였는데, 요즘에는 이러한 분류가 비판을 받기도 하지만 자평명리학의 관점에서 본다면 매우 타당성이 높은 것으로 봐서 오히려 연구를 깊이 해야 할 부분이라고 생각되므로 한 번 살펴보도록 한다.

이 부분에 대한 설명은 하건충(何建忠) 선생이 밝히기도 했지만, 수요화제관주(水繞花堤館主)의 저서 《命學新義(명학신의)》의 수화집(水火集)에서 거론하고 있는 설명이 가장 간결하면서도 상세하여 이 부분을 참고하여 설명해 드리도록 한다.

---

11) Richard Wilhelm(1873~1930): 독일의 철학자이다. 그의 아들인 헬무트 빌헬름(Hellmut Wilhelm)과 함께 동양철학에 대해서 깊은 관심을 갖고 연구했으며, 그는 중국에서 머물면서 중국식 이름인 위례현(衛禮賢)으로 활동했으며 저서로는 《太乙金華宗旨(태을금화종지)》를 독일어로 번역한 《황금꽃의 비밀-소나무》이 유명하다. 융에게 많은 영향을 미쳤다.

4. 심리학과 명리학의 접목

이제 본격적으로 자평명리학에서 바라보는 심리구조(心理構造)를 이해하는 공부를 하게 되는데, 그냥 덮어놓고 이해를 해도 무방하겠지만 기왕이면 서양의 심리학에서 특히 융의 논리로 정리가 된 여덟 가지의 특성에 대한 이해를 먼저 해 보도록 한다. 그리고 나아가서 집단의 심리와 개인의 심리에 대해서도 이해를 해 보고 진행하는 것이 전체적인 윤곽을 잡는데 도움이 될 것으로 본다.

1) 집단심리와 격국론(格局論)

집단심리라고 하는 것은 융의 분석에서 나온 말로 생각이 되는데, 사람이 인식하지 못한 영역에 대해서도 그 사람의 가문(家門)을 인연한 집단적인 현상으로 이해가 된다는 의미이고, 이것을 유전자(遺傳子)적인 의미로 관찰을 해도 되지 않을까 싶다. 즉 부모의 경험을 자손들이 물려받게 됨으로 해서 '밀양 박씨'나 '김해 김씨'의 가계(家系)에서만 나타나는 특징을 알 수 있다는 의미로 이해를 하면 되겠다. 이러한 현상은 자평명리학에서는 그룹화를 시켜서 모든 글자가 월지(月支)의 영향을 받게 된다는 것으로 이해를 하면 서로 연관이 되겠는데, 다소 고전적(古典的)인 맛이 남아 있는 격국론(格局論)을 그 대상으로 삼을 수가 있을 것으로 본다.

월지(月支)는 사주에서 계절이 드러나는 곳이고 월지를 중심으로 삼는 것이 격국론(格局論)이다. 이러한 관점으로 볼 적에 한 사람의 사주를 논하는 과정에서는 월지의 십성에 따라 분류하는 격국(格局)의 형태, 즉 십정격(十正格)으로 대변되는 의미가 되겠다. 격국을 연구하는 경우에는 이와 같은 의미에 비중을 두고 다루는데, 기본적인 유형에 따라서 일정한 규격화가 가능할 것으로 본다. 그리고 자평명리학을 연구하는 학자들 간에도 유형별로 정리하기를 좋아하는 경우에는 월지의 격국을 위주로 삼아서 한 사람의 삶을 조명하기도 한다. 이러한 형태를 본다면 집단심리라는 용어에 부합이 가능하지 않겠느냐는 생각을 할 수가 있겠다.

2) 개인심리와 일주론(日柱論)

개인심리는 그야말로 철저한 개인의 타고난 특성을 논하게 된다. 자평명리학에서는 일주(日柱)가 그 대표가 되는데, 일간(日干)을 그 사람의 주체로 보게 되는 시점에서부터 이미 이러한 결론은 필연적으로 정해졌다고 해도 되겠다. 앞으로 사주심리학에 대해서 공부를 하게 되면 점차로 일주의 의미가 얼마나 중요한 것인지를 이해하게 될 것이며, 그렇게 되면 개인심리는 일주에서 파생되어 나간다는 것으로 확실한 결론을 맺을 수가 있을 것으로 본다.

개인의 특성에는 기본형(基本形)이 60가지가 된다. 육십갑자(六十甲子)이니 당연하고, 이것이 기본적인 형태라고 생각하면 된다. 그러니까 이러한 일주(日柱)를 기준으로 주변을 관찰하면서 확장시켜 나가는 것인데 이러한 것을 다음과 같이 정리할 수가 있다.

    일주(日柱)=60가지 경우의 심리형태
    위의 경우+월간(月干)=600가지 경우의 심리형태
    위의 경우+시간(時干)=6,000가지 경우의 심리형태

위의 경우+월지(月支)=72,000가지 경우의 심리형태
위의 경우+시지(時支)=864,000가지 경우의 심리형태
위의 경우+연간(年干)=8,640,000가지 경우의 심리형태
위의 경우+연지(年支)=103,680,000가지 경우의 심리형태

여기에다가 다시 대운(大運-5년)을 대입하려면 다시 곱해야 하고, 세분하게 되면 연운(年運-1년)으로도 곱해야 한다. 이러한 것을 일일이 곱하여 나타내는 숫자는 매우 크겠지만 그러한 것으로 우월성을 나타낼 필요는 없다고 하겠다.

그렇지만 심심풀이 삼아 나누어서 확인해 보면, 이렇게 어마어마한 수치가 된다. 이것은 한 사람의 사주로 나타낼 수 있는 사람의 심리구조를 종합한 결과인데, 1억 가지 이상의 다양한 사람의 형태를 읽을 수가 있다는 것은 일찍이 듣도 보도 못한 수치일 것이다. 보통 서양의 심리학자들이 분류하는 몇 십 가지 정도로는 비교를 거부하는 대단한 변화의 심리형태라고 이해를 할 수가 있을 것이고 사실은 이 정도의 변화는 되어야 사람을 이해하는데 뭔가 조금 도움이 된다고 할 것이 아닌가 싶은 생각을 해 보게 된다. 물론 이러한 변화를 기본적인 원리를 이해하게 됨으로 해서 종합할 수가 있다는 것은 아무리 할인을 해서 생각해도 너무나 신나는 일임은 두 말을 할 필요가 없다. 그리고 이러한 연구가 가능하도록 기초적인 길을 닦아 둔 선생님에 대해서 살펴보고 마음으로나마 선지자(先知者)의 노력에 감사를 드리는 것도 후학의 도리라고 하겠다.

3) 융과 하건충의 만남

하건충(何建忠) 선생은 대만의 명리학자(命理學者)이다. 그리고 융(Carl Gustav Jung)은 서양의 심리학자를 대표하는 인물 중에 수위(首

位)를 차지하는 심리학자(心理學者)이다. 이 두 사람이 머리를 맞대고 작품을 만들었다고 하면 물론 허풍이고, 실은 한 사람의 심리학자가 분석한 것을 바탕으로 삼고, 명석한 명리학자가 연결을 해서 설명한 노력이 더욱 빛난다고 해야 하겠다.

그리고 여기에는 숨어 있는 또 한 사람의 공로자(功勞者)가 있다는 것을 잊으면 안 된다. 그는 반자단(潘子端) 선생이다. 필명(筆名)을 수요화제관주(水繞花堤館主)라고 하여 저서(著書)《命學新義(명학신의)》를 남겼다. 그러나 자료만 봐서는 반 선생이 어디에서 무엇을 하였던 사람인지는 알 바가 없다.

다행히 나중에서야 알게 되었지만 반자단 선생의 이름은 반서조(潘序祖)이며 자단은 선생의 자(字)이다. 또 다른 필명으로는 여차(予且)라는 이름을 사용했는데 중국의 안휘성에서 1902년에 태어났고, 1990년에 세상을 떠난 것을 알게 되었다. 아울러서 명학신의는 30대 초반에 쓴 글이고 주요 저서는 개화기에 쓴 현대문학으로《女校長(여교장)》,《尋燕記(심연기)》등 다수가 있다고 한다.

한의학에도 관심을 두고 연구하였기 때문에 적천수의 질병장에 거론되고 있는 여러 이야기들에 대해서도 '정신이 몽롱하다.'라는 표현을 할 정도로 쓸모없는 이론들이라는 것을 간파했다는 것을 알고 나서는 적천수신주의 내용들에 대해서 더욱 신뢰감을 갖게 되었다. 이러한 선생의 글을 접한 하건충 선생도 상상컨대 가뭄에 단비를 만난 만큼이나 속이 시원했을 것이라는 짐작을 해 본다.

명학신의에 대한 내용을 보면 얼마나 자평명리학의 깊은 이치에 정통(精通)하고 객관적이고 논리적인 관찰을 하였는지에 대해서는 이해가 되고도 남는다. 간결한 문장으로 봐서는 나이가 많이 들어서 집필을 하지 않았을까 싶은 생각도 들었는데 30대 초반에 쓴 글이라니 새삼 놀랍다. 아래 사진은 하건충 선생님의 책과 일부 내용이다.

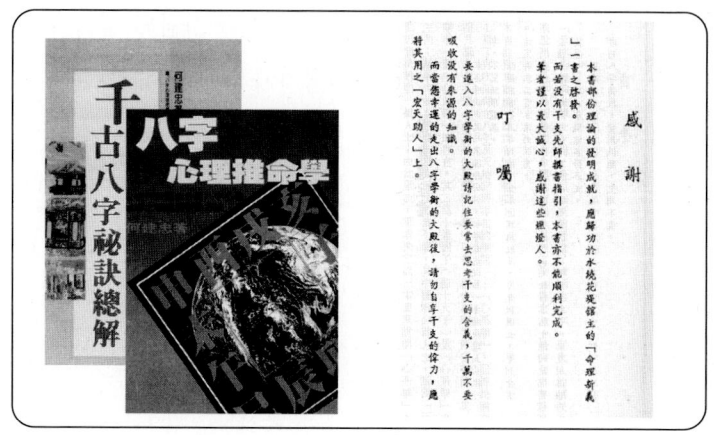

감사에 대한 부분을 해석해 보면 다음과 같은 내용이다.

感謝。
本書部份理論的發明成就, 應歸功於水繞花堤館主的
命學新義」一書之啓發。
而若沒有干支先師撰書指引, 本書亦不能順利完成。
筆者謹以最大誠心, 感謝這些燃燈人。

감사드립니다.
본 책자에서 이론적인 발명으로 얻은 부분의 성취는 응당 그 공로를 수요화제관주의《命學新義(명학신의)》에서 가르침을 받아서 깨닫게 된 것이므로 선생님께 돌려야 합니다.
만약 간지에 통달한 선사께서 이 책을 지어서 인도함이 없었다고 한다면 본 책도 순조롭게 완성하기는 불가능했을 것입니다.
필자는 삼가 최대의 성심으로 밝은 진리를 밝혀 주신 스승님께 감사의 말씀을 드립니다.

수요화제관주 선생이 융의 심리분석 8가지를 자평명리학(子平命理學)의 십성(十星)과 연결을 시켜서 설명을 하여 그 효시(嚆矢)가 된 것이 대단하다고 하겠고, 이것을 놓치지 않고 다시 정리를 하여 마침내 사주심리학으로 완성을 보도록 초석(礎石)을 마련한 하건충 선생의 노력이 더욱 돋보인다고 하겠다.

　하건충 선생의 책에 밝힌 감사드린다는 내용은 명학신의에 대한 감사이니 수요화제관주(水繞花堤館主)께 하는 말씀이고, 부탁한다는 말은 이러한 연유로 쓰이게 된 본(本) 책을 보는 독자가 더욱 큰 깨달음을 얻어서 중생을 널리 이롭게 해 달라는 부탁이다. 그럼《命學新義(명학신의)》의 일부분을 살펴보도록 한다.

5. 《명학신의(命學新義)》 중에서

[명학신의(命學新義)의 수화집(水花集)에서 발췌함]
 융의 출현이 최대의 공헌을 한 바가 셋이 있으니 그 하나는 집단무의식이고, 그 둘은 외향(外向)과 내향(內向)의 성격이며, 그 셋은 심리의 형태를 정형(定型)한 것이다. 이러한 것을 학문적으로 밝힌 것뿐만 아니라 역사(歷史), 민속학(民俗學), 신화(神話), 혹은 꿈에 대한 분석 등 여러 문제들을 모두 해결하였으며, 또 의학(醫學), 범죄학(犯罪學), 교육학(敎育學) 분야에 대해서도 극히 큰 공헌을 했다.
 '무의식(無意識-不自覺)'이라는 말은 융이 창조한 것이 아니지만 앞에 '집단(集團-集合)'이라는 두 글자를 첨가함으로써 무의식이라는 성질을 나타내 보인 것이다. 무의식이라는 말은 의식이라는 말에서 나오게 되었으니 우리가 일반적으로 말하는 행동은 자각적(自覺的)이므로 느끼고 알 수가 있는데, 이러한 것 외에 오히려 알 수가 없는 것이 있으니 이것이 '무의식(無意識)'이라는 의미를 취하게 된 것이다.
 이 알 수 없는 사건(事件)이나 목적물(目的物)은 영원(永遠)토록 알 수 없는 것만도 아니다. 마치 짙은 구름이 달을 가릴 때에 그 속에 물이 숨어 있는 것과 같아서 비록 잠시 동안은 볼 수 없을지라도 결국은 어느 날인가는 볼 수 있는 것과 같다. 이 무의식이 심층에 존재하고 있다는 것이 융의 판단이라고 하겠으니, 이는 현재의 사물뿐만 아니라 과거의 사물일 수도 있으므로 이로 말미암아 선조(先祖)의 정신이 유전되어서 후

손이 얻게 되는 것이다.

이러한 것을 '집단무의식(集團無意識)'이라고 하거니와 이러한 이야기는 우리의 상황에서 점을 치는 것과 같은 뜻이 되기도 한다. 사람이 미혹함으로 인해서 점(占-卜)을 치는데 점은 일종의 방법으로써 근원에 내장되어 있는 무의식을 끌어내는 것이라고 할 수가 있는 것이다.

융은 사람에게는 각자 무의식의 영역이 있는데 자기 스스로 그 보물이 감춰진 것을 발굴하지 못하고 오히려 꿈이나 다른 물질로부터 자극을 받으면 우연히 하나둘씩 나타난다고 한다. 또 그는 인류의 성격은 내향적(內向的)인 것과 외향적(外向的)인 것의 두 종류를 벗어나지 않는다고 했으며, 이것을 다시 세분하게 되면 사상(思想), 감각(感覺), 직각(直覺), 지각(知覺)의 네 종류로 구분을 할 수가 있다고 했다. 그리고 네 종류를 각기 외향과 내향으로 구분을 하게 되면 8종류로 나눌 수 있는데 이것은 중국의 철학과 서로 같은 것이다.

무의식층은 중국철학에서 말하는 태극(太極)의 사상이고, 내향과 외향은 양의(兩儀)가 되며, 이것을 네 가지로 나누면 또한 사상(思想)과 팔괘(八卦)로 구분이 되는 것과 서로 같은 것이다. 이러한 사상은 중국에서 수천 년의 오랜 역사로 전해지는 것인데 유럽에서는 도리어 최신의 학설로 나타낸 것이라는 점을 참고로 설명한다. 이와 같은 내용을 바탕으로 표를 이용하여 나타내면 다음과 같은 구성이 된다.

융의 성격유형 분석과 주역사상의 비교			
太極	無 意 識		
陰陽	내향적 (--)		외향적 (—)	
四象	思想(==)	直覺(==)	感覺(=)	知覺(==)

1) 명리학과 심리학의 연결

자평명리학(子平命理學)에는 재(財)·관(官)·인(印)·식(食)이 있고, 정신분석학(精神分析學)에는 사상(思想)·감각(感覺)·직각(直覺)·지각(知覺)이 있어서, 재·관·인·식을 정편(正偏)으로 나누게 되듯이 사상·감각·직각·지각도 또한 내외(內外)로 나누게 되는 것이다. 이것을 구체적으로 풀이하면 다음과 같다.

(1) 사상(思想)과 관살(官殺)

사상파(思想派)라고 하는 형태를 살펴보게 되면, 먼저 생각하고 사고(思考)한 다음 행동을 하는 형태라고 하게 된다. 말과 행동에서 모두 명확한 견해를 나타내며 때로는 고집이 있어 다른 사람에게 복종하지 않으며, 자신의 생활방식만 규칙으로 만들 뿐만 아니라 남과 경쟁을 하기도 한다. 여기에 외향적인 사람은 다른 사람과 함께 합작하는 것을 좋아하며 직업으로는 행정공무원(行政公務員), 법률가(法律家), 기술전문가의 적성이다. 내향적인 사람은 독자적으로 어느 한 부분을 담당하고 사업의 성취를 위해서 노력하며, 학술계에서 권위를 얻기도 하고 예술계의 거두(巨頭)가 되기도 한다.

우리는 십성 중에서 관살(官殺)의 성질을 공정하고 이타적이라고 말하며, 정관(正官)이 많으면 합작(合作)을 하고, 편관(偏官)이 많으면 독립적으로 자존심을 중시한다고 하는데, 관격(官格)이 반듯하면 반드시 청순(淸純)한 사상(思想)으로 그 행위를 통제하여 많은 사람들이 행복하도록 하는 점은 관살이 서로 같다. 같지 않은 부분은 정관이 많으면 합작을 하는 것과, 편관은 독자적으로 한 부분을 담당하게 된다는 것뿐이다. 그러므로 관격은 정신분석학(精神分析學)의 사상(思想)이 된다.

(2) 감각(感覺)과 식상(食傷)

　감각파(感覺派)의 형태를 살펴보게 되면, 이지적(理智的)인 부분은 부족하고 감정적(感情的)인 부분이 풍부하다. 사상파가 세상을 살아가는 것은 '된다, 안된다'로 구분을 하는 반면에 감각파가 세상을 살아가는 방법은 '즐겁다, 즐겁지 않다'가 전제로 나타나게 된다. 그러므로 감각파는 세상을 살아가는 것이 지혜롭지 못하고 자기 멋대로 처신하는데, 용모는 보통사람에 비해서 뛰어나며 감정적으로 거침없이 행동하고 시와 글도 잘 짓는다. 때로는 사람됨이 어느 한 곳으로 몰두하기도 하는데 문학가 괴테와 음악가 바그너 그리고 시인 휘트먼과 같은 사람들이 그러하다.

　식상(食傷)은 빼어난 기운을 발설(發泄)하는 성분이니, 타고난 재능을 발휘하게 되어 칼끝처럼 드러나게 되는데, 다만 이러한 것을 자신만 알고 남은 알지 못하니 결과적으로 재주가 높음으로 남들이 싫어하고 꺼리게 되는 결과가 되기도 한다. 그리고 식상에는 구별(區別)이 있는데 상관(傷官)은 합작(合作)을 중시하고 식신(食神)은 자존심(自尊心)을 중시한다. 자존(自尊)은 내향적이 되어서 침묵(沈默)하는 성분이며, 합작은 외향적이 되어서 발휘하는 것을 주관한다. 식신은 침묵하지만 정밀하게 한 방면으로 파고들어서 전문가가 되므로 스스로 오만하게 될 수 있으며, 상관은 발휘하는 것을 중시하므로 만약 아는 것이 많지 않으면 세상에서 활동하면서 능력을 발휘하기가 부족하다.

　한 가지 기술을 전문적(專門的)으로 갖고 있는 사람은 자기 분야 이외의 일은 신경 쓰지 않으므로 깊이 창조(創造)에 몰두할 수 있지만, 여러 가지의 기술을 익히는 자는 얕을 수밖에 없으므로, 식신(食神)은 깊고 또 순수(純粹)하며 상관은 얕고 조잡(粗雜)하다. 식상(食傷)으로 구별을 하는 것이 곧 감각파(感覺派)의 내향과 외향에 해당하니 외향의 감각파(感覺派)를 정신분석학에서는 여자로 예를 들어 '외향적인 감각파의 여자가 그 남편을 선택함에 신중하지 않고 사치와 허영을 중시하여 겨우 복식(服飾)이나 사교계(社交界)의 명성을 얻기 위해 비록 이러한 것을 제공하는 대상이 악(惡)한 사람이라 하더라도 수용하고, 천박하고 뜬 구름과 같은 화려함도 순식간에 천만 번 변화한다.'라고 말한다. 이른바 외향적 감각파는 사주에서의 상관에 해당되며, 경(經)에 말하기를 '여인의 사주에 상관이 있으면 복이 참되지 않다.'라고 하였으니 이러한 뜻이다. 그리고 식신은 상관의 열등함과 같지 않다. 내향적 감각파의 여성에 대해서 말하는 것을 보게 되면, '조용하고 침묵하지만 자존심이 높고 오만(傲慢)하며, 말과 웃음이 적으며, 세속적인 조류에 대해서도 어떤 의견도 내어 놓기를 원하지 않는다.'라고 하였다.

(3) 직각(直覺)과 인성(印星)

직각파(直覺派)는 영적(靈的)인 부분에 편중(偏重)되어 있는 성분이다. 이러한 형태는 신비적(神秘的)이거나 혹은 예언적(豫言的)인 의미가 된다. 또한 일종의 내면세계(內面世界)를 갖고 있으며 때로는 다른 사람의 은밀한 비밀, 혹은 먼 곳에 있는 사물에 대해서도 예측이 가능하다. 그리고 사람의 마음을 헤아려 읽어 낼 수도 있으므로 초월적(超越的)인 사상도 발달하게 된다. 그래서 이러한 성분을 가진 사람은 종교 성향이나 예언가, 혹은 도교(道敎) 수행자의 경향을 띠기도 한다.

명리서적[淵海子平(연해자평) 등]에서도 '승도(僧道)의 사주는 인성(印星)이 천덕(天德-신살의 일종)을 만난 경우이다.'라고 말한 것도 인성의 성분이 있으면 내면의 세계를 볼 수가 있기 때문이다. 인성을 정편(正偏)으로 나누는 것은 직각파(直覺派)에서의 내향과 외향으로 나누는 것과 같다. 외향적인 직각파는 사회상의 새로운 운동에 참가하기를 좋아하지만, 장차 성숙하게 되면 문득 또 감각적으로 재미가 없어서 다시 새롭게 진일보한 새로운 운동의 방향을 찾아가게 된다.

인성(印星)이 사주에 많으면 선지자(先知者)나 선각자(先覺者)가 되어 선두에서 진격의 나팔은 잘 불지만 실제로 행동하는 힘은 결핍되어 있다. 관성(官星)이 있다면 겸해서 실행하는 능력도 있게 되는데, 관인(官印)이 서로 상생을 한다면 능히 알고 행동하는 것이 가능한 사주가 되어 이 사회에서 분투하여 승리를 쉽게 얻는다.

편인(偏印)은 또 효신(梟神)이라고도 한다. 내향적인 직각파의 정신분석학으로 본다면 니체가 대표적인 인물이 된다. 니체는 독일의 사상가 중에서도 괴짜라고 하겠는데, 그는 초인적인 철학을 주장하고, 사람들을 떠나서 혼자 거처하며, 사람들의 일체 행위와 그들의 도덕에 대한 관념을 깔봤다. 이러한 사람들은 늘 자신이 살아가는 세상을 용납하는 것이 쉽지 않은데, 다시 식신(食神)을 만난다면 경쟁에서 자신의 이득을 취하고자 하니 생존(生存)하는 길이 끊기게 된다. 그러므로 명리서(命理書)에 말하기를 '식신이 편인을 만났을 때 가난하지 않으면 요절(夭折)한다.'라고 했던 것이다.

(4) 지각(知覺)과 재성(財星)

지각파(知覺派)에 해당하는 성분의 사람들은 오감(五感)에 해당하는 색(色), 성(聲), 향(香), 미(味), 촉(觸)을 중시(重視)하고 또 새로운 자극을 찾아 추구(追求)하니 이것은 명리학에서 말하는 재격(財格)의 특성이다. 이러한 성향의 사람들은 일을 할 적에도 남녀의 성욕(性慾)이나 일의 흥미에 대해서 직각파(直覺派)와 더불어 서로 양극단(兩極端)의 현상을 보인다. 직각파는 세상을 바라다보는 것에는 취미가 없고, 개인적인 인생의 즐거움을 충만하게 하는 것에 관심을 둔다. 직각파는 성욕에 대해서도 추악(醜惡)하다고 생각하여 성욕을 억압하는 형태가 되어서

도리어 병이 되기 쉽다.

외향적인 지각파는 사회에서 상업(商業)을 경영하는 분야가 가장 마땅하며 이로 인해서 재물을 중시하게 되고, 또 사람의 견해에 대해서도 심각할 것이 없다. 이는 명리학에서의 정재격(正財格)과 같은 성분이 된다. 만약 내향적인 지각파라면 내면(內面)에 하나의 세상이 있는데 직각파(直覺派)와 같지는 않다. 이것은 견해가 이미 심각하지 않다는 것이고 또 정신세계에 대해서는 경시(輕視)하고 오히려 물질적인 세계를 중시하기 때문이다. 이러한 것은 명리학에서의 편재격(偏財格)과 서로 같은 의미이다.

이상의 팔격(八格)은, 겨우 각각의 본질적인 것만 말을 했을 뿐이다. 격에 의지해서 용신(用神)을 취한다면, 각각의 글자[神]마다 나름대로의 세력이 있을 것이다. 강약(强弱)이나 순역(順逆), 다과(多寡)가 같지 않기 때문이다. 사주를 볼 적에 각각의 글자들이 갖고 있는 성정(性情)의 특징이 있으니 그 기운과 세력을 의지하여 강약의 소식을 보게 되면 스스로 영험하지 않을 리가 없는 것이다.

(5) 주체(主體)와 비겁(比劫) [※낭월 소견]

여기까지 살펴보면서 과연 논리적으로 타당성이 높다고 하는 것을 느낄 수 있는 내용이며, 깊은 사색이 함께 이뤄졌음을 헤아리는 것도 어렵지 않을 것이다. 다만 자평법(子平法)에는 십성(十星)이 있으므로 여기에 빠진 성분인 비겁(比劫)에 대해서 언급을 추가하고자 한다.

사실 심리를 분석하는 과정에서 8가지의 유형에 대한 해석을 십성(十星)으로 본다면 비견(比肩)과 겁재(劫財)가 논의될 자리가 없다는 것을 알 수 있다. 그리고 어째서 그러한 현상이 생기게 되었는지를 관찰해 보게 되는데, 여기에 대해서 낭월의 소견으로는 다음과 같은 가능성을 제기해 본다. 그 이유로 관찰자(觀察者)의 태도가 빠져 있는 것이 아닌가 싶은 점이다. 즉 서양심리학을 연구하면서 관찰을 하는 주체가 뒤에서 관찰만 하고 실제로 현장에 개입하지 않는다는 것이다. 그야말로 실험실에서 연구에 몰두하는 사람의 그림을 생각해 볼 수가 있는 장면이기도 하다.

사물을 바라다보는 주체자(主體者)는 연구를 하느라고 자신의 존재를 잊게 되어 있으니 실제로 융과 같은 학자들이 관찰을 하는 과정에서 이러한 결과에 도달하지 않았을까 하는 생각을 해 본 것이다. 이것은 마치 동양의학(東洋醫學)에서 뇌에 대한 연구를 하는 것이 다른 장기에 비해서 상대적으로 미흡한 것이 아니냐는 의문을 제기하는 것과도 서로 통한다고 하겠다. 즉 자신의 생각을 제외시키고 관찰을 하게 되었다는 이야기가 되는데, 동양에서는 의학을 연구하는 과정에서 주체자가 제외되었다고 한다면 서양에서는 심리학을 연구하는 과정에서 주체자가 제외되었다는 의미로 해석을 해 볼 수가 있겠다. 이상과 같은 내용을 표로 정리하면 다음과 같이 된다.

정신분석학								
思想派		直覺派		感覺派		知覺派		없음
外向	內向	外向	內向	外向	內向	外向	內向	外向	內向
자평명리학								
官殺		印星		食傷		財星		比劫
正官	偏官	正印	偏印	傷官	食神	正財	偏財	劫財	比肩

6. 신체적인 상황이 심리에 미치는 영향

서양심리학(西洋心理學)에서의 이해에 대한 부분과 수요화제관주(水繞花堤館主)의 견해를 앞에서 살펴봤다. 어느 정도의 이해가 되었다면 그것으로 충분하다고 보고, 이번에는 신체적(身體的)인 상황이 심리(心理)에 미치는 영향에 대해서 생각을 해 보도록 한다. 물론 신체와 정신(精神)이 서로 분리될 수가 없다고 하는 것이 확실하다고 하면, 아마도 신체의 상황에 따라서 정신적인 영향이 달라지는 것은 당연하다고 하겠다. 즉 건강이 불량한 사람이라고 한다면 매사에 자신감(自信感)이 없고 쉽게 피로해질 것이므로 포기를 잘하게 될 가능성이 있으니까 이러한 것을 연결해서 판단하게 된다면 인내심(忍耐心)이 없는 것으로 해석이 될 것이다. 그러한 것을 사주의 작용으로만 관찰한다는 것은 무리가 될 수도 있으므로 신체적인 영향에 대해서 판단을 해 보고 만약의 경우를 참고하면 좋을 것이다.

사주(四柱)는 출생하는 순간에 결정되므로 출생 이전의 신체적인 상황과 출생 이후에 전개되는 변화의 상황이 고려되지 않는 것은 어쩌면 당연하다고 해야 할 것이다. 이러한 점을 사전에 감안하지 않는다면 또한 오류를 범하게 될 가능성을 생각해야 할 것이다. 적어도 본론으로 들어가기 이전에 이러한 주변의 변수를 미리 파악하고 있다면 상황을 인식하는 과정에서의 혼란을 최소화 할 수 있을 것으로 생각이 된다.

1) 유전적(遺傳的)인 영향

유전의 영향이라고 하는 것은 그야말로 개개인의 사주가 발생하기 이전에 형성된 혈통(血統)의 상황이라고 봐야 하겠다. 즉 수렵민족의 혈통을 타고났다면 그들은 기질적으로 사냥에 대해서 호감을 보일 수 있는 것으로 판단을 해야 할 것이니 이러한 것은 융이 말하는 이른바 '집단무의식'이 작용하는 영역이라고 해석을 할 수 있을 것이다. 그리고 농경민족의 혈통이라고 한다면 또한 그러한 면이 유전적으로 전해지는 과정에서 경험이 축적되어 몸의 조건도 달라지는 '갈라파고스의 동물'들을 보면서 적지 않은 영향을 미치게 된다는 것을 어렵지 않게 생각해 낼 수 있을 것이다.

이것은 같은 사주를 타고났더라도 가문의 혈통에 따라서 약간의 차이가 발생할 수가 있지 않겠느냐는 하나의 가능성을 생각하는 것으로 충분하다고 하겠고, 어쩌면 가문의 특징적인 현상이 여기에서 나타날 수가 있을 것이라는 생각도 든다. 다만 사주를 통해서 이러한 것까지 읽기에는 부담이 될 것이라는 점을 참고한다면 임상을 하는 과정에서 도움이 될 것이다.

2) 환경적(環境的)인 영향

환경이라고 하는 것은 성장하는 환경을 말하는 것이다. 그러니까 같은 사주와 혈통을 타고났다고 하더라도 도심(都心)에서 태어난 사람과, 해안(海岸)이나 산촌(山村)에서 태어난 사람이 경험하는 환경적(環境的)인 차이는 무척 달라질 것이라고 하는 것을 생각하게 된다. 이러한 것이 심리적인 부분에 많은 영향을 미치게 될 것이라는 점을 생각하는 것 또한 당연하다고 하겠다.

여기에 대해서 서양심리학에서는 '5세 이전의 성격형성'으로 관찰을 하고 있는데, 사실 5세 이전이라고 하지만 이것은 다분히 사주적(四柱的)인 해석을 해야 할 부분을 함께 포함하고 있다는 점은 이해가 되고도 남는다. 그리고 사주의 관점에서는 반대로 어려서의 경험이 중요하다고 관찰을 해야 하므로 이러한 것은 상호 보완적으로 고려를 한다면 더욱 명료한 결과가 나타날 가능성이 충분히 있을 것으로 본다. 왜냐면 상담을 하면서 최초의 기억을 물어보면 그러한 기억은 대체로 5세 전후로 남겨진 것이고, 그러한 것이 장차 성인이 되어서도 식성(食性)이나 공포감 등에 적지 않은 영향을 미치고 있는 것으로 생각이 되는 까닭이다.

3) 경험적(經驗的)인 영향

경험에 의한 심리적인 구조의 변화는 앞에서 설명을 해드린 환경의 영향과 서로 통하는 면이 있다고 하는 점을 전제로 한다. 다만 구체적으로 구분을 한다면 환경적인 조건이 같다고 하더라도 개인적인 경험에 의해서 심리적인 부분은 변화를 할 가능성이 높다는 것을 참고한다고 이해하면 되겠다. 즉 같은 도심에서 태어났다고 하더라도 스스로 겪는 경험에 따라서 세상을 느끼는 정도는 또 사뭇 다를 것이다. 물론 이러한 변수의 가능성에 대한 포인트는 사주에서 나타날 수도 있겠지만, 아무리 적은 가능성이라고 할지라도 변수가 있다면 참고를 하는 것이 심리학을 연구하는 관점에서는 해롭지 않을 것이라고 여기고 이러한 변수의 가능성에 대해서 의견을 드리는 것이다.

아마도 이 분야는 정신의 기억장치에 저장되었다가 다음의 생명(生命)에게 전달이 되지 않을까 싶기도 하다. 이러한 것이 다시 재연되었을 적에 우리는 '전생(前生)의 기억(記憶)'이라는 말로 수용하고자 하는 부분이라고도 하겠다. 그러니까 이번 생에 얻은 사주팔자에 나타나고 있는 심리적인 영향은 전생의 기억장치에서 가져온 것일 수도 있겠다는 확대해석도 가능한 부분이다. 그러므로 같은 사주로 태어난 사람이라도 개인적으로 환경이 모두 같다고 할 수는 없으므로 그러한 차이에 의한 심리적인 영향의 변수가 가능할 것이라는 의미로 이해를 한다.

4) 질병적(疾病的)인 영향

건강과 연관해서 나타나는 것도 일종의 환경적인 요인이나 경험적인 요인의 범주로 관찰할 수가 있을 것이지만 특별히 질병과 연관해서 살피는 것은, 원래 몸과 마음이 둘이 아니므로 육체적으로 질병이 발생하게 된다면 그 사람의 정신력에도 지대(至大)한 영향을 미칠 수가 있을 것이기 때문에 여기에 대해서 별도로 의미를 부여하는 것이 타당할 것으로 생각한다.

이러한 것을 정리하게 되면, '신체(身體)가 건강(健康)해야 정신(精神)이 건전(健全)하다.'라는 말로 표현을 할 수가 있겠다. 즉 신체가 병이 들면 자신감도 약해진다고 할 수 있는 것은 사주와 별도로 작용하는 것이 분명하다고 하겠다. 즉 나이를 먹어서 약해지는 것도 일종의 질병으로 관찰을 할 수가 있겠는데, 힘차게 밀고 나가는 성격도 나이를 먹게 되면 자신감이 없어지면서, '내가 십 년만 젊었더라도 넌 한주먹거리인데…….'라는 말을 하는 것이다. 즉 지나간 세월을 아쉬워하는 것은 마음과 무관하게 몸이 말을 듣지 않는 것으로 관찰할 수 있음을 이해하면 되겠다.

7. 그 밖의 예상치 못한 변수

앞에서 설명한 여러 가지 경우의 작용으로 인해서 사주팔자에서 나타날 암시를 변화시킬 수 있겠지만, 그 외에 여러 경우를 일일이 모두 다 열거하기는 어려울 것이다. 그러니까 이러한 변수의 가능성 외에도 미처 생각하지 못한 변화는 언제라도 나타날 가능성이 있다고 하는 점을 생각하는 것이 좋을 것이다. 즉 유연한 마음으로 관찰하고 사주의 해석으로 판단을 하더라도 그 이면에는 항상 자신의 개인적인 변수와 주변의 조건에 의해서 차이가 나는 부분이 나타날 수 있다고 본다면, 가장 합리적인 결론을 내릴 수 있을 것이다.

비록 이와 같은 변수들에 대해서 언급은 했지만, 실제로 사주에서 나타나는 해석만으로 답을 삼아도 거의 대부분이 만족하는 것으로 확인하고 있으므로, 이론적인 가능성으로 본다면 여러 경우가 있겠지만 실제로 구체적인 대입을 하게 되면 예상치 못한 변수에 대한 비중은 매우 낮을 것이라는 생각을 하고 있다.

그러므로 한 번 정도의 생각을 해 보는 것으로도 충분하고 이후부터는 그대로 사주에 의한 사람의 심리분석으로 들어가도록 한다. 주변의 변수에 대해서 두려워한 나머지 사주공부에 대한 흥미를 잃는다면 이것이야말로 침소봉대(針小棒大)하여 스스로 두려움을 일으킨 셈이 되기 때문이다. 이 공부를 잘 소화시킨 다음에 앞으로 실제로 임상을 해가면서 경험을 쌓게 된다면 상당한 영역까지 정확한 관찰을 할 수 있다는 것을 깨닫게 될 것이다.

  중요한 것은 미리부터 틀리지 않을까를 걱정할 일이 아니고, 보다 정밀하게 연구해서 사람의 심리구조를 모두 이해하고자 하는 의지력(意志力)이 필요하다고 하겠다. 이러한 것만 있으면 앞에서 언급을 한 모든 부분에 대해서도 일소(一笑)에 붙이고, 자유롭고 활발한 인간의 심리구조를 분석하면서 방문자와의 정겨운 대화를 통해서 자신의 학문에 대한 노력의 결실을 맛보게 될 것이기 때문이다.

  그리고 한 분야의 전문적인 노력에 의해서 결과적으로 얻어지는 것은 상상을 초월하기도 한다. 예를 들면, 사주를 통한 분석을 잘하여 심리구조와 길흉화복(吉凶禍福)에 대해서도 자유로운 해석이 가능할 정도가 되면, 나중에는 그 사람이 찾아와서 질문을 던지는 시간을 점괘(占卦)로 만들어 분석하면 상당히 구체적인 영역까지도 관찰할 수 있다. 이러한 정도의 실력이 되기 위해서는 적어도 십여 년의 세월을 요구할 수는 있지만 노력을 한 사람에게는 이러한 보너스의 기회도 주어져 점점 자평명리학의 세계로 빠져들게 될 것임을 단언할 수 있다.

  이러한 마음의 준비가 되었다면 비로소 사주심리학에 대한 입문을 했다고 하겠으니 잘 살펴서 앞으로 내 것으로 만들어야 할 내용들을 가벼운 마음으로 접하지 말고 신중하게 살피고, 홀로 조용한 공간에서 심사숙고를 한다면 깊은 자연의 은밀한 부분조차도 관찰이 가능할 것이다. 이러한 소득은 스스로 노력을 한 자의 몫이므로 누가 강제로 전해 줄 수가 있는 것이 아니라는 것을 생각하면서 더욱 분발하고 힘써 연구하기를 권한다.

제 2 부
음양오행

제2장 음양(陰陽)의 심리구조(心理構造)

　동양(東洋)의 철학(哲學)은 모두가 그 바탕을 음양오행(陰陽五行)에 두고 있다. 그중에서도 오행설(五行說)은 아주 오랫동안 이어져오면서 연구되고 발전되어 왔으며, 앞으로도 계속해서 발전해 나갈 것이라고 생각된다. 아울러 무슨 학문을 하더라도 동양철학 분야라고 한다면 이것을 제외하고는 논(論)할 수 없다는 것을 알게 될 것이다. 그래서 이번에는 음양(陰陽)과 오행(五行)의 원리에 대해서 관찰을 하면서 이들의 마음까지도 이해를 해 보도록 한다.

　학자들의 연구에 의하면, 음양(陰陽)과 오행(五行)이 따로 존재하다가 어느 시점에서 하나로 합치게 되었다는 말이 있다. 요즘 말로 한다면 'M&M'이라고 할 수가 있겠는데, 이렇게 성공적인 이론의 합체(合體)도 그리 흔하지 않을 것이다. 그리고 이 성공적인 결합으로 인해서 인간의 사고력은 비약적으로 발전하게 되었을 것이다.

　가만히 생각해 보면 세상의 삼라만상(森羅萬象)은 음양(陰陽) 아닌 것이 없다. 어쩌다 자웅동체(雌雄同體)도 있기는 하지만 그것은 음양이 하나로 되어 있다는 이야기로 보면 될 일이다. 이와 같은 자연의 현상을 보면서 가장 밑바닥에는 음양(陰陽)이 존재하는 것으로 인식을 하고, 맨 위에도 또한 음양으로 구성되어 있다는 것을 생각한다면 음양은 잠시도 자연과 분리될 수가 없다는 것을 생각하지 않을 수 없겠다. 세상은 음양으로 시작해서 음양으로 끝난다고 해도 될 법하다.

그리고 불교에서 사용하는 말로는 '불이(不二)'라는 말이 있는데, 이것 또한 알고 보면 음양의 불교화(佛敎化)된 말에 지나지 않음을 알 수가 있다. 해석을 한다면 '하나는 아니로되 그렇다고 둘이라고 할 수도 없는 것'이기 때문이다. 즉 음양도 하나는 분명 아니지만 그렇다고 둘이라고 나눠서 대입을 할 수도 없는 것이기 때문이다. 그래서 이러한 내용을 생각하노라면 자연의 관찰법(觀察法)은 서로 달랐다고 하더라도 결론은 같지 않겠느냐는 생각을 해 보게 되기도 한다.

서양종교에서 말하는 '삼위일체(三位一體)'라고 하는 것도 글자의 의미를 생각해 보면 또한 음양의 이치에서 한 치도 벗어나지 않고 있다는 것을 알 수가 있다. 3이라고 하는 숫자는 '음양중(陰陽中)'의 다른 말에 지나지 않는다는 것도 알 수 있기 때문이다. 이러한 관점으로 세상의 모든 철학을 이해한다면 단순한 음양관(陰陽觀)이라고 하더라도 이것은 어디에서나 통용이 되는 자연의 절대적(絕對的)인 진리(眞理)라고 할 수가 있겠다.

이제 이러한 관점으로 음양을 분리해서 설명하도록 한다. 물론 분리를 한다고는 하지만 실은 분리될 수가 없는 존재라는 것을 이해하시기 바란다. 분리를 할 수는 없지만 분리하지 않을 수도 없는 것은 '문자를 의지하지는 않지만 문자를 떠나서도 말을 할 수가 없다.'라는 방식으로 이해를 해도 무방하다.

1. 미래지향적인 양(陽)

　양(陽)은 음(陰)과 대비해서 논한다면 미래지향적(未來指向的)인 성분이라고 관찰을 하게 된다. 그러므로 사람도 양(陽)의 성분에 해당하는 경우에는 미래지향적인 방향으로 의식을 둔다고 이해를 하면 되고, 실제로도 그러한 경향으로 나타나고 있음을 늘 목격하게 된다. 그리고 여기에는 보다 적극적인 미래지향과 다소 소극적인 미래지향으로 나눠서 관찰을 할 수가 있다. 그리고 이성적(理性的)인 성분과 감정적(感情的)인 성분으로 구분을 한다면 양에 해당하는 것은 감정적인 경향을 띤다고도 하겠다. 즉 저질러 놓고 본다는 식이다. 이러한 성향은 아마도 남성적(男性的)이라는 말로도 대신할 수가 있을 것이다.

　평소에 미래에 대해서만 생각하는 사람이 있다면 그 사람의 사주에는 양(陽)의 기운이 많을 가능성이 높다. 즉 양의 기운이 강한 사람은 자신의 의식구조에서도 과거에 대한 비중은 별로 두지 않고, 앞으로의 일에 대해서 관심이 많으므로 비교적 지난날의 고통(苦痛)이나 상처를 빨리 극복하고 새로운 마음으로 미래의 희망을 추구하는 자세가 되므로 이러한 사람은 보통 명랑(明朗)하다고 느낄 수가 있다.

　이러한 것은 천성적(天性的)으로 갖춰지는 것이므로 스스로 노력을 해서 얻어지는 것과는 다르다. 그러므로 자녀의 행동이 너무 소극적이고 진취적(進取的)인 면이 보이지 않는다고 판단을 한 보호자가 성격을 개조시키기 위해서 노력을 할 수는 있겠지만 기본적으로 태어난 본질의 성향까지 바꿀 수는 없다고 하겠으니, 이러한 것을 숙명적(宿命的)이라고 할 수도 있겠지만 사실은 본질(本質)이라고 봐야 할 것이다. 그 아이의 사주에서는 본질적으로 양(陽)의 기운이 부족하기 때문에 소극적인 현상이 생기는 것이므로 그러한 것을 인정해야 할 것인데, 이것을 부정하고 변화를 시키겠다고 무리를 하게 되면 그야말로 돌이킬 수가 없는 지경으로 몰아가서 자살(自殺)이나, 세상으로부터 도피(逃避)를 하는 현상까지도 발생시킬 수가 있음을 생각해야 할 것이다.

1) 적극적인 미래지향

이와 같은 성분은 양중지양(陽中之陽)으로 관찰을 할 수가 있겠는데, 이러한 성분은 이미 지나간 부분에 대해 크게 고민하지 않는 경향을 나타내고 있으며, 앞으로의 진행 방향에 대해서 관심을 두게 되므로 미래지향적이라고 보는 것이다. 이러한 성분들은 음양으로 논하게 되면 모두 양의 성분에 해당하는 것으로 구분되는 것이다. 또한 체용(體用)으로 본다면 양체(陽體)에 양용(陽用)이라고 할 수가 있겠다. 여기에 오행(五行)으로 대입을 한다면 火에 해당하는 성분이라고도 본다.

2) 소극적인 미래지향

양은 양인데 음적(陰的)인 요소가 포함된 경우를 두고 하는 말이다. 즉 양중지음(陽中之陰)이라고 말을 할 수가 있는 것으로 적극적이기는 하지만 그래도 다소 완화된 성향을 나타내는데 비록 양의 성분을 갖고는 있지만 이성적(理性的)이라고 할 수도 있겠다. 체용(體用)으로 본다면 양체(陽體)에 음용(陰用)이라고 보면 되겠다. 여기에 오행의 관점으로 본다면 木에 해당하는 것으로 본다.

2. 과거집착적인 음(陰)

음(陰)은 양에 비해서 과거집착적(過去執着的)인 성향을 띤다. 그래서 앞으로 나아가는 것을 두려워하고 뒤로 물러나서 되돌아보는 면이 강하게 나타나기도 한다. 양의 적극성(積極性)에 비해서 소극적(消極的)으로 나타나는 것으로 관찰을 할 수 있을 것이다. 그러므로 늘 반추(反芻)하고 뒤돌아보는 면이 많으므로 이성적(理性的)으로 생각하고 행동하기 때문에 실수가 적고 확실한 면이 있으며, 반대로 진취적이지 못하다는 평을 받을 수도 있으니 대세의 흐름에 뒤지는 현상이 발생하기도 한다. 비록 그렇다고는 해도 서두르지 않고 생각하고 시도한다는 마음으로 여유를 갖는 성분이다. 이러한 성향은 여성적(女性的)이라고 말을 할 수가 있겠다.

주변에 있는 사람 중에서 음적(陰的)인 방향으로 생각이 발달되어 있는 경우에는 세심(細心)하게 생각하고 살피는 성향이다. 말을 할 적에도 이런 사람에게는 조심해서 말하지 않으면 쉽게 상처를 입히게 된다. 그리고 한 번 입은 상처는 치유하는 데에도 오랜 시간과 많은 노력이 필요하게 되기도 한다. 과거의 한 순간에 입은 폭행(暴行)으로 인해서 마음에 상처를 입은 여아(女兒)가 일생 동안 그 생각의 틀에서 벗어나지 못하고 불행한 자신을 만들어 갈 수도 있다.

그렇지만 어떤 여성은 이러한 경험으로 고통을 받았더라도 결국은 그러한 그늘을 벗어나 남들에게 당당하게 자신의 경험을 이야기하고 다른 사람에게 도움이 되는 역할을 하고 있는 것을 보면서, 비록 그녀의 사주에서는 고난이 예견되었겠지만, 언제까지나 그곳에 머물러 있어 봐야 자신의 삶에 도움이 되지 않는다는 것을 판단하고 미래지향적인 방향으로 의식을 전환시켰으니 기본바탕은 여성이지만 그 내부에서는 남성적인 기질이 있었다고 하겠다.

1) 침체적인 과거집착

그야말로 과거집착의 본보기이다. 이보다 더 소극적일 수는 없다고 해야 할 성분이다. 그래서 생동감(生動感)이 결여되었다고 해야 할 정도라고 하겠으니 그야말로 앞으로 나아갈 의사가 없는 것으로 봐도 될 정도이다. 이러한 면을 갖고 있는 것은 음중지음(陰中之陰)이라고 하며, 순음(純陰)이라고 하기도 한다. 체용(體用)으로 구분을 한다면, 음체(陰體)에 음용(陰用)이라고 할 수 있으며 지나치게 과거에 집착함으로 인해서 진취성이 부족하다고 해석을 할 수도 있으니, 오행(五行)으로 대입을 하게 되면 水로 관찰을 하게 된다.

2) 완화된 과거집착

소극적인 면에서는 같다고 하겠는데, 그래도 뭔가 앞을 생각하고자 하는 노력은 한다고 이해를 하면 된다. 움직이고자 하는 마음이 아예 없는 것과, 생각이라도 하고 있는 것과의 차이라고 할 수가 있을 것이다. 이러한 성분은 음중지양(陰中之陽)이라고 할 수가 있겠다. 이러한 형태는 음체(陰體)이지만 양용(陽用)으로 작용을 하는 것으로 보겠는데, 기회가 온다면 앞으로 나아가겠다는 생각이 있는 것으로 보고, 오행으로 본다면 金과 같은 것으로 관찰을 하게 된다.

3. 이상적인 음양중화(陰陽中和)

현실(現實)과 이상(理想)에서의 변화를 겪어 가는 것 또한 삶을 꾸려 가는 과정이라고 할 수도 있을 것이다. 음이나 양으로 치우치게 되면 어느 것이라도 행복(幸福)을 바라다볼 수가 없다. 앞으로만 나아가게 되면 과욕(過慾)으로 인해서 인생의 길이 험난할 것이고, 그렇다고 너무 뒤로만 빠지면 삶의 경쟁에서 패배자가 되어서 도태(淘汰)되는 길 밖에 없는 것이다. 그러므로 어느 방향으로든 치우치지 않아야 한다고 하겠고, 이것이 바로 이상적(理想的)인 세계가 될 것이다. 이러한 세계를 찾고자 하여 많은 사람들이 길을 나섰으며 그중에서 나름대로 길을 찾은 사람은 중용(中庸), 중도(中道), 무극(無極)이라는 말로 그 경지를 논한다. 그리고 이러한 것을 모두 묶어서 말한다면 중화(中和)라고 할 수가 있을 것이다. 중화란 '치우치지 않은 생각으로 화합하는 형태'라고 이해를 해 본다.

그런데 인생살이에서 이와 같이 이상적인 중화를 이루고 살아가는 사람이 과연 얼마나 되겠는가를 생각해 본다면 일반적인 보통의 사람들에게는 그야말로 이성적(理性的)으로만 가능하고 현실적(現實的)으로는 어렵기만 한, 사상누각(沙上樓閣)이라고 해야 할지도 모른다. 그렇다고는 하더라도 최상의 행복을 논하는 과정에서는 반드시 빠지지 않고 끼어드는 용어이기도 하므로 이것을 삶의 목표로 삼고 노력하는 마음으로 수용을 해도 좋을 것이다. 이러한 경지를 얻어 누리는 사람을 일러서 '음양화평지인(陰陽和平之人)'이라고도 하니 음양을 바탕으로 오행을 연구하는 자평명리학자도 여기에 해당한다면 더욱 좋지 않겠는가 싶다. 현실은 현실이고 꿈은 꿈이지만 이러한 꿈을 꿔보는 것이 무익하지만은 않을 것이라고 여긴다.

음양(陰陽)은 상대성(相對性)의 성분이 서로 대립되는 존재이면서도 또한 그 대립에서 중화를 찾아 화해하는 것이 본질이라고 할 수 있을 것이다. 그리고 음양은 세상 만물의 가장 근간(根幹)이 되는 성분이기도 하다. 음양을 분리하게 되면 천 갈래 만 갈래로 나눠지겠지만 이것을 모으고 또 종합을 하게 되면 결국은 음양으로 귀결이 된다는 것을 생각해 보면, 음양에 대해서 깊이 생각하면 할수록 생각을 하는 폭이 넓어진다고 하겠으니 좁은 분야를 연구함으로 인해서 사색(思索)의 공간이 넓어지는 것이 신비롭다고 하겠다.

자평명리학을 공부하노라면 결국은 음양의 균형에 관심이 모아진다는 것을 알게 되는 것은 학문에 대해서 정진을 한 학자의 몫이 아닌가 싶은 생각도 든다. 이해를 돕기 위해서 표로 정리를 한다.

음양구분표					
	陽		中	陰	
形態	陽中之陽	陽中之陰	陰陽中和	陰中之陽	陰中之陰
性向	매우적극	다소적극	균형	다소소극	매우소극
男女	强男	柔男	中性	柔女	强女
五行	火	木	土	金	水

제3장 오행(五行)의 심리구조(心理構造)

　오행(五行)을 이해한다는 것은 음양(陰陽)의 분화(分化)된 상황을 좀 더 구체적으로 파악하게 된다는 것과 같은 것으로 보면 된다. 그렇게 처음에는 하나에서 출발을 하여 점차로 확장되어 가는 과정을 걸으면서 자연의 표면적인 모습에서부터 점차로 내면적인 영역까지도 이해를 해 가는 것과 같은 의미이다. 그리고 다시 오행(五行)에서 음양(陰陽)으로 나뉘는 과정을 거치면서 구체적인 본론(本論)인 십성(十星)으로 접근을 해 가는 과정이다.

　이러한 관계를 살피다 보면 사실 '음양(陰陽)과 오행(五行)이 원래 따로였다.'라는 말이 사실일까 싶기도 하다. 왜냐면 음양이 오행이고 오행이 음양인데 구태여 구분을 해서 존재할 필요가 있었을까 싶은 생각이 들어서이다. 사실 음양의 확장(擴張)이 오행이고, 오행의 축소(縮小)가 음양이라는 것으로 이해를 해도 아무런 문제가 없다고 한다면 둘은 같은 뿌리에서 파생된 의미의 변화(變化)라고 보는 것이 타당할 것으로 본다. 이제부터 오행을 음양으로 분류하여 이해를 하게 되는 심리구조에 대해서 보다 구체적으로 이해를 하는 시간을 갖도록 한다.

1. 木의 특성 - 발전(發展)과 전개(展開)

木을 이해하기 위해서 나무를 관찰하게 되면 비교적 용이하다. 木을 이해하는 방법으로는 평지(平地)에 새싹이 머리를 내미는 것처럼 이해를 하고, 마라톤 선수가 출발 선상에서 막 출발 신호를 받은 것과 같다. 무엇이거나 시작을 하는 마음으로 설렘을 갖고 출발을 하는 것이다. 이것이 木의 특성이라고 해석을 하게 된다. 그러므로 木으로 태어난 사람은 이와 같은 출발선에서 뭔가 좋은 일이 생길 것만 같은 기대심리를 갖고 세상을 향해서 머리를 내미는 것과 같은 느낌이 든다.

1) 양목(陽木-甲)의 특성

앞에서 음양(陰陽)에 대한 이해를 했으므로 이제 木에 대한 설명을 하면서는 음양으로 나눠서 이해를 하도록 하자. 배운 것은 바로 활용을 하는 것이 배운 것을 잊지 않는 가장 좋은 방법임에 틀림이 없기 때문이다. 그리고 이렇게 효과적으로 응용하고 대입하려는 것도 양목(陽木)의 특성이라고 지나는 길에 훈수를 두기도 한다.

양목(陽木)의 심리는 얼른 골인 지점에 도달하고자 하는 마음이다. 목적지를 설정했으면 무슨 일이 있더라도 그 목적지를 향해서 접근을 하고자 하는 마음뿐이라고 해석을 할 수도 있다. 그러므로 중간에서 장애가 발생하게 되면 좌절도 함께 하는 현상이 나타나게 된다. 순탄하게 나아갈 것이라고 생각을 했던 마음에 상처를 입게 되는 것이다. 그러므로 木의 표면적인 구조는 앞으로만 내달리는 어린아이와 같은 모습을 하고 있다. 이것을 천간(天干)에서는 갑목(甲木)이라고 부른다. 갑목은 항상 선두를 희망하고, 앞으로 향해서 돌진하는 진군(進軍)의 나팔소리와 같은 느낌을 갖게 된다.

서두르는 마음이고 멈추지 않으려는 마음이며 엉덩이가 땅에 닿지 않는 상태이기도 하여 조바심으로 뭉쳐진 성분이기도 하다. 이러한 양목(陽木)의 특성은 시시각각(時時刻刻)으로 변화를 추구하여 항상 새로운 모습의 변화를 발견하게 되며 제자리에 머물러 있다는 것은 생각을 할 수 없을 정도로 끊임없이 움직인다. 이것은 마치 시계의 침과 같은 모양이기도 하다. 시계의 침이 뒤로 갈 수는 없는 일이다. 오로지 앞으로만 나아가는 시계의 바늘은 木의 성분을 닮아 있다고 하겠다.

2) 음목(陰木-乙)의 특성

음목(陰木)의 심리는 앞으로 가면서 결실을 생각한다. 표면적인 木은 전진만 하고, 내면적인 木은 전진을 하면서 꺾어지지 않도록 힘을 쌓는 방향으로 준비를 하는 것으로 이해를 하면 된다. 즉 표면적인 木이 가느다란 나무의 새싹을 생각한다면 내면적인 木은 그 싹에 힘을 붙여서 비바람에서도 꺾이지 않고 계속해서 전진을 하도록, 혹은 성장을 하도록 준비하는 것이라고 말을 할 수가 있다.

비록 나무의 싹이 연약하더라도 음목이 뒤에서 받쳐주게 되면 점점 단단해져서는 굵은 아름드리나무로 성장을 할 수가 있는 것이니 이러한 것은 나무의 내면적인 심리에 의해서 가능하다고 해석을 하게 된다. 이것을 천간(天干)에서는 을목(乙木)이라고 부른다. 이러한 기본적인 천간의 의미는 앞으로도 계속 반복적으로 이해를 하게 된다.

2. 火의 특성 - 확장(擴張)과 팽창(膨脹)

火를 이해하는 도구로는 불이 가장 쉽게 이용된다. 물론 글자가 불화(火)이기도 하지만 만물의 움직이는 모양을 살펴보면 과연 닮은 것이 맞겠다는 생각이 든다. 불은 사방으로 확장되어 가는 성분이다. 모닥불을 피워놓으면 그 불빛과 열기가 사방으로 번져가는 것과 같다고 이해를 해도 무방하다. 이러한 심리는 팽창(膨脹)의 형태를 띠기도 한다. 그리고 한 방향이 아니고 다양한 방향으로 전개되기 때문에 산만하다는 의미도 포함이 된다. 이와 같은 것이 火의 특성이다.

이렇게 물질에서 火의 특성을 읽어 낸 다음에는 정신계에서는 그러한 작용을 하는 것이 무엇인지를 찾아내는 것이 공부를 하는 과정이라고 하겠다. 즉 정신적으로 본다면 성급한 마음이나 난폭한 심리구조를 놓고 火에 해당하는 것으로 관찰을 하는 것이다. 그리고 공명정대(公明正大)한 성분이나 밝고 분명한 것도 또한 火의 영역으로 연결을 지을 수가 있다. 이러한 관점으로 火를 이해하도록 한다.

1) 양화(陽火-丙)의 특성

火가 표면적인 현상으로 나타나는 것은 광선(光線)과 같은 것으로 보게 된다. 광선은 그 빛이 무수한 방향으로 직진하게 되는데, 이와 같이 강제적으로 쏘는 듯한 느낌을 갖게 되는 성분이다. 그러므로 火의 표면적인 형태는 직선적인 표현력을 갖게 되는 성분이기도 하여 주변에서는 화끈하다는 사람도 있고, 사리판단을 깊게 하지 않고 시건방지다는 평판을 얻을 수도 있다. 다만 솔직하다고 하는 면을 그 특징으로 삼을 수는 있는데, 이러한 성분을 천간(天干)에서는 병화(丙火)라고 부른다.

병화(丙火)에 해당하는 사람의 마음속에도 이와 같은 성분이 들어 있다고 이해를 하면 된다. 그래서 항상 큰 목소리, 혹은 쉰 목소리로 고함을 치는 사람을 발견하게 되면 양화(陽火)의 성향이라고 생각하면 되는 것이다. 여름날에 바닷가에서나 사막에서 폭염(暴炎)을 만나 살갗이 벗겨지는 경우를 당한다면 이때에도 양화의 특성이 나타난 현상이라고 이해를 하면 된다. 이렇게 삼라만상(森羅萬象)에는 음양오행(陰陽五行)의 이치가 항상 깃들어 있다.

2) 음화(陰火-丁)의 특성

火가 내면적으로 작용하게 되면 열기(熱氣)로 나타난다. 빛이 뻗어 나가는 곳에 열 기운이 뒤따른다고 말을 할 수도 있다. 그리고 빛이 직선(直線)인 반면에 열(熱)은 곡선(曲線)을 나타내기도 한다. 이것은 빛이 나아가는 것과 다르게 열로 그 빛을 보완하고자 하는 면으로 해석을 할 수도 있다. 그리고 빛에는 열이 있고, 열에는 빛이 있으니 서로 떼어놓을 수가 없는 것으로 火의 음양(陰陽)을 이해를 하면 되는데, 이것을 천간(天干)에서는 정화(丁火)라고 부른다.

음화(陰火)는 지구의 내부에서 지열(地熱)로 이글거리는 것이고, 양화(陽火)는 지구의 밖에서 빛을 발산시키고 있는 태양이 된다고 이해를 해도 된다. 이 둘이 서로 보완을 함으로 해서 지구에 생명이 존재하게 된다. 음화가 죽으면 차가운 달이 될 것이고, 양화가 죽으면 암흑의 별이 되므로 만물이 존재하기 어려울 것이다.

3. 土의 특성-숙성(熟成)과 조절(調節)

앞에서 火를 이해하는데 지구의 열기를 생각했지만, 土를 이해하는 방법으로도 지구(地球)는 훌륭한 모델이 된다. 지구를 다른 말로는 '땅덩어리'라고도 부르는데, 이것을 土의 구조로 봐도 무리가 없기 때문이다. 흙은 숙성의 단계를 의미한다. 그리고 숙성은 확장으로만 가지는 않는다. 확장이 부족한 것은 확장을 하고, 확장이 다 이뤄진 것은 숙성을 시킨다. 이러한 것은 마치 울퉁불퉁한 지면(地面)이 세월이 흘러가면서 높은 데는 낮아지고, 낮은 데는 돋워져서 결국은 둥글둥글하게 된다는 것으로 이해를 하면 된다.

土는 오행(五行)의 중간(中間)에서, 정확히는 사행(四行)의 중간에서 조절해 주는 특별한 성분으로 이해를 해야 한다. 처음에는 다른 木火金水와 같은 관점으로 土를 바라다보기 시작하지만 세월이 흘러서 공부가 깊어지면 깊어질수록 점점 土는 특별하다는 생각을 하게 된다. 그리고 土에는 다른 木火金水의 성분을 모두 감싸고 보호하면서 관제(管制)하는 성분도 포함되어 있는 것으로 느껴지기도 한다. 여하튼 土는 그렇게 관제하고 통제하고 조절시켜 주는 역할을 하게 된다는 것을 이해할 때쯤이면 이미 상당한 수준에 도달하게 될 것이다. 土는 앞으로도 자평명리학을 공부하는 과정에서 계속 힘들게 하거나 혹은 환희의 기쁨을 주게 될 성분이라고 이해를 해도 무방하며 좀 더 연구를 깊이 해야 할 성분이기도 하다.

1) 양토(陽土-戊)의 특성

土의 표면적인 현상은 지상(地上)이라고 관찰을 하게 된다. 땅 위에서 어디까지를 土의 표면이라고 볼 것이냐고 한다면 땅의 영향이 미치는 곳까지로 한정(限定)을 하게 된다. 즉 그것은 대기권(大氣圈)으로 보면 된다는 의미이다. 그만큼 땅의 표면적인 부분은 대기(大氣)이며 만물이 살아서 활동하는 공간(空間)이기도 하다. 그리고 지구(地球)의 중력(重力)이라고 하는 부분으로 이해를 해도 된다. 가장 공평하고 둥글둥글한 모양을 취하고 있으며 이러한 것은 원래 土의 모습이기도 하다. 다만 무형(無形)이라고 하겠는데 土의 표면적인 현상은 무형의 형체(形體)를 하고 있다고 이해를 하면 된다. 이러한 것을 천간(天干)으로는 무토(戊土)라고 한다.

2) 음토(陰土-己)의 특성

土의 내면적인 현상은 지하(地下)로 구분을 하게 된다. 지하는 땅이라고 할 수도 있으며 그야말로 토양(土壤)의 의미로 이해를 하게 된다. 즉 만물은 土의 내면적인 성분인 토양에 뿌리를 내리고, 土의 표면적인 성분인 대기(大氣)에서 생명활동을 열심히 하는 것으로 이해를 하면 된다. 즉 土의 내면적인 성분은 만물의 뿌리를 잡아 주는 것이다. 동물은 식물과 달라서 뿌리를 땅에 묻지 않는다. 그 대신에 발을 땅에 딛고 살고 있으므로 또한 의미하는 바는 같은 것으로 이해를 해도 무방하다. 비록 하늘을 무대로 살아가는 날짐승이라도 아무리 날개의 힘이 강하다고 땅에 내려오지 않고서는 살아갈 수 없는 것이기 때문이다. 이러한 성분을 천간(天干)에서는 기토(己土)라고 부른다.

4. 金의 특성 - 결실(結實)과 정리(整理)

金에 대한 특성을 이해하는 데에는 금속(金屬)을 응용하는 것이 일반적인 관찰법이며, 이러한 관찰이 대체로 무난한 대입이 되기도 한다. 그렇지만 일반적인 대입법에 너무 집착을 하게 되면 그 너머에 있는 곳까지 관찰하는 데에는 또 많은 시간이 흐르게 될 수도 있다는 점을 주의해서 살펴야 할 것이다.

삼라만상(森羅萬象)은 기승전결(起承轉結)의 형태를 취하고 있는데, 식물은 종자(種子)를 결실로 삼고, 동물은 자손(子孫)을 결실로 삼는다. 그리고 결실이 없으면 삶이 쓸쓸하고, 자손이 많으면 삶이 풍요롭게 느껴지는 것도 결실의 유무와 관계가 있다고 해석을 할 수가 있다. 그러므로 꽃만 피고 결실이 되지 않는다면 삶의 의미가 없어진다고 할 수가 있을 것이니, 결실이 되는 것은 하나의 결속(結束)으로 마무리를 삼게 된다. 그러므로 계절로는 가을이 되며, 가을을 결실(結實)로 이해를 하게 되면 金의 작용에 대해서 많은 도움이 될 것이다.

1) 양금(陽金-庚)의 특성

표면적으로 나타나는 金은 냉기(冷氣)로 분류를 할 수 있다. 결실을 재촉하는 것으로 보는 것이다. 초가을에 싸늘한 기운이 느껴진다면 이것을 金의 표면적인 현상으로 관찰을 하게 된다. 그렇게 냉기를 불러일으키게 되면 만물은 결실을 재촉 받는 셈이고, 그래서 서둘러 동면(冬眠)으로 들어가거나, 성장을 중지하고 결실을 맺게 되는 열매로 변화하게 되는 것이니 이렇게 표면적인 金의 역할이 없다면 마냥 성장만 하다가 어느 날 갑자기 서리를 맞고 모두 죽어버리는 현상이 생기거나 얼어붙어 버리는 결과를 가져오게 될 것이다. 이러한 것을 천간(天干)으로는 경금(庚金)이라고 한다.

2) 음금(陰金-辛)의 특성

음금(陰金)에 대해서 말하게 되면 그야말로 칼날이라고 하게 된다. 즉 만물을 직접 죽이는 것으로 말하게 되고, 이러한 것은 서리와 눈을 말할 수도 있다. 그대로 광물질의 칼날이나 바위와 암석으로도 대신 할 수가 있다. 또한 음금(陰金)의 심리적인 세계를 들여다보게 되면, 냉혹(冷酷)하고 무정(無情)하여 만물에게 죽음을 명하는 것과 같고, 이것은 생명에 해당하는 을목(乙木)을 죽여 버리는 결과가 된다고 해석을 한다. 천간(天干)으로는 신금(辛金)이라고 하게 된다.

그리고 음금(陰金)은 보통 말하는 물질적인 金이 되기도 한다. 어떤 책에서는 양금(陽金)을 바위로 하고, 음금을 보석으로 구분하기도 하는데, 사실 질(質)로 본다면 바위나 보석이 서로 같은 것이므로 구분할 필요가 없는 성분이라는 것은 조금만 생각해 보면 알 일이다. 그래서 이 모두를 음금으로 놓고 대입하는 것이 이치에 타당하므로 金의 질은 음금으로 모두 묶어 관찰을 하고, 金의 기(氣)는 양금으로 묶어서 대입을 하는 것이 가장 적합하다고 보면 된다. 물론 앞으로 보다 자세한 이야기를 하게 되므로 기본적인 의미만 잘 파악하고 넘어가면 된다.

5. 水의 특성 - 저장(貯藏)과 수축(收縮)

水에 대한 이해를 하는 데에는 물의 형태로 이해를 하면 어렵지 않다. 기본적인 성향은 저장을 하는 것으로 金의 작용에 의해서 결실이 된 것을 水가 다시 보관하고 있는 것으로 이해를 하면 된다. 이것은 다음에 생명의 싹을 틔우게 되는 과정에서 매우 중요한 단계이다. 水의 과정은 이와 같이 종말(終末)과 시작(始作)의 중간에 있으며, 다른 오행과 마찬가지로 양면성(兩面性)을 가지고 있다.

水는 오행(五行)의 과정에서 맨 끝에 자리를 하게 되는 것은 통과다리의 역할을 하는 것을 의미하며, 水의 과정을 거치지 않고서는 다음 단계로 넘어갈 수가 없다는 의미이기도 하다. 계절로 대입을 하게 되면 겨울을 넘기지 않고서는 봄이 오지 않는다고 이해를 할 수도 있고, 추운 과정을 거쳐야만 비로소 향기로운 꽃을 피운다고도 할 수 있다. 즉 암흑의 시기를 지나야만 찬란한 시기가 다가온다는 말이기도 하다.

1) 양수(陽水-壬)의 특성

표면적으로 나타나는 양수(陽水)는 공기(空氣)라고 이해를 하게 된다. 기체(氣體)라고도 부른다. 그리고 바닷속에서도 수의 표면적인 특성이 작용하게 되어서 해류(海流)가 발생하는데, 이것도 기체의 흐름과 매우 닮아있다. 이러한 기체는 대기권에서 활동을 하게 되며 대기권을 벗어날 수는 없다. 그래서 土의 표면적인 현상에 해당하는 대기권(大氣圈) 내에서 작용을 하는 것으로 이해하게 된다. 습도(濕度)라고도 볼 수가 있다. 또한 그 본체가 물이기 때문에 만물이 성장하는데 없어서는 안 되는 중요한 역할을 하고 있으니, 표면적인 水의 작용이 없다면 메마른 삼라만상은 성장을 중지하는 수밖에 없다고 보게 되는 까닭이다. 천간(天干)으로는 임수(壬水)라고 관찰을 하게 된다.

2) 음수(陰水-癸)의 특성

내면적인 음수(陰水)는 물이라고 보게 되며 수분(水分)으로 분류를 하게 된다. 물은 만물을 정화시키고 한 자리에 모이게 하는 역할도 하게 된다. 그리고 항상 아래로만 흐르는 성분인데 실은 아래로 흐르는 것이 아니고, 모이는 성분이라고 관찰을 해야 한다. 왜냐면 아래가 더 이상 없는 형태[가령 그릇에 들어간 경우]가 되면 그대로 머무르기 때문이다. 음수에 대한 관찰은 그냥 쉽게 물이라고 보면 타당하다. 천간(天干)에서는 계수(癸水)로 분류를 한다.

이와 같은 관점으로 오행(五行)에서 각각 음양(陰陽)으로 작용하는 성분을 이해하면 된다. 그리고 이러한 것을 바탕으로 다음 단계로 진입하게 되면 큰 어려움이 없이 지속적으로 발전을 하게 될 것이며, 정리를 할 겸 해서 오행의 관점으로 사물을 분류하는 것도 오행을 이해하는데 도움이 될 것으로 판단이 된다. 다음의 표를 보면서 잘 이해를 하게 되면 또한 응용을 할 곳이 적지 않음을 차차 알게 되므로 외우지는 말고 이해를 하도록 힘써 보기 바란다.

오행분류표(五行分類表)					
五行	木	火	土	金	水
天干	甲·乙	丙·丁	戊·己	庚·辛	壬·癸
地支	寅·卯	巳·午	辰·戌·丑·未	申·酉	亥·子
五色	靑	赤	黃	白	黑
五臟	肝	心	脾	肺	腎
六腑	膽	小腸·三焦	胃	大腸	膀胱
方向	東	南	中央	西	北
季節	春	夏	四季	秋	冬
氣候	溫	熱	濕	燥	寒
人體	神經系	體溫	筋肉	骨格	體液
五感	觸覺	視覺	味覺	嗅覺	聽覺
容顏	眼	舌	口	鼻	耳
五慾	食慾	性慾	財物慾	名譽慾	睡眠慾
五常	仁	禮	信	義	智
營養	有機質	脂肪質	炭水化物-糖質	無機質	蛋白質
心理	進取	發散	融和	安定	閉鎖

이상과 같이 오행의 형태에 대해서 이해를 해 보았다. 이러한 것은 매우 중요한 관점이므로 쉽게 생각하고 넘어갈 것이 아니라 궁리하고 연구하여 점차로 확대하게 되면 무궁무진(無窮無盡)한 변화를 얻을 수가 있다. 앞으로 시간이 되는대로 더욱 깊은 오행명상(五行冥想)에 잠겨 볼 것을 권한다. 이러한 시간이 길어지면서 안갯속에 잠겨 있는 자연의 모습들이 속속들이 나타난다고 할 수 있기 때문이다. 노력을 한 만큼의 결실이 들어오는 것은 자연의 이치이며 이러한 과정을 거치지 않는다면 학습(學習)의 효과는 없다고 봐야 될 것이고, 학습의 효과가 없다면 공부를 하면서도 즐거움을 얻지 못할 것이니, 즐겁고 신명나는 오행의 연구를 하시기 바란다.

제 3 부
간지

제4장 金의 본질(本質)

앞에서 오행(五行)의 구성을 이해하고, 다시 오행의 표면적인 현상과 내면적인 현상에 대해서도 관찰을 했다. 그리고 표면적인 현상은 양(陽)으로 분류를 하고, 내면적인 현상은 음(陰)으로 분류할 수도 있다. 이러한 것을 정리하게 되면 열 가지의 경우가 나타나게 되는데 이것이 사주심리학(四柱心理學)에서 매우 중요하게 다룰 천간(天干)의 원리(原理)가 되는 것이며, 이러한 것을 바탕으로 삼아서 다시 확장을 해나가는 방법을 취하게 된다.

그러므로 천간(天干)에 대한 이해는 매우 중요하다. 다른 말로 하게 되면 '오행(五行)의 음양(陰陽)'이라고 하게 되는데, 오행의 음양이라고 말을 하는 것이 무척 번거롭기 때문에 별칭(別稱)으로 천간의 명칭이 주어진 것이며 이것은 완전히 서로 같은 것이다. 그리고 천간의 이름을 앞에서도 언급했으니 이제부터는 본격적으로 그 구성의 본질에 대한 관찰을 하게 될 것이며, 여기에 대해서는 적천수(滴天髓)에서 언급하고 있는 내용을 함께 살펴보기로 한다. 참고로 천간을 설명하는 순서를 보면, 보통은 갑목(甲木)부터 설명이 시작되는데, 여기에서는 경금(庚金)부터 설명을 하고자 한다.

그렇기 때문에 천간(天干)의 순서에 대해서 다소 의아할 수도 있겠다. 여기에는 그만한 이유가 있으니 나중에 뒤로 가면서 자연히 알게 될 것이지만 간단히 설명을 한다면 경금(庚金)을 주체(主體)로 삼고, 출발을 하기 때문이다. 그렇다면 갑목(甲木)은 무엇인가라고 질문하고 싶을 수도 있겠는데, 이러한 부분의 의문은 십성(十星)에서 자세히 설명을 하게 되므로 여기에서는 생략한다. 천간의 기본형이라고 할 수가 있는 표를 살펴보도록 한다.

天干과 형체(形體)의 이해			
陽干	본질적인 작용	陰干	본질적인 작용
庚金	고체 · 주체 · 고집	辛金	흑체 · 경쟁 · 질투
壬水	기체 · 궁리 · 변화	癸水	액체 · 활발 · 사교
甲木	동물 · 통제 · 성급	乙木	식물 · 현실 · 치밀
丙火	신령 · 억압 · 난폭	丁火	심령 · 합리 · 원칙
戊土	생원 · 공허 · 고독	己土	식원 · 자애 · 수용

앞의 오행편(五行篇)에서는 金의 표면적인 특성과 내면적인 특성에 대해서 살펴봤는데, 여기에서는 그 본질적(本質的)인 것에 대해서 관찰을 하게 된다. 상당히 내면 깊숙하게 관찰을 하게 되므로 아마도 다소 어렵다는 생각을 할 수도 있을 것이다. 그러한 경우에는 반복적으로 살피면서 이해를 하도록 권해 드린다. 공부한 정도에 따라서 간단하게 이해할 수 없는 부분이 적지 않거나, 다소 생소한 느낌이 들 수 있다는 것을 참고하면서 연구하시기 바란다.

金의 본질에는 양금(陽金)인 경(庚)의 본질이 있고, 음금(陰金)인 신(辛)의 본질이 있다. 이러한 것으로 나눠서 이해를 하노라면 자연스럽게 오행의 변화가 어떻게 진행되고 있는가를 이해하게 될 것으로 본다. 그리고 반복적으로 계속해서 나오는 것은 어차피 이 분야의 학문이 음양오행학(陰陽五行學)으로 불릴 정도로 그 비중이 큰 것이며 원류(原流)이므로, 이러한 것에는 신경을 쓰지 말고 오행의 음양에 대한 깊이를 더해가는 것이 중요하다.

【서양심리학과의 차이】

융이 분석한 서양심리학에서 8가지로 분류하는 공식에 金의 의미로 해석할 수 있는 이론은 등장하지 않는다. 그 이유에 대해서는 여러 가지로 생각해 볼 수가 있겠으나 낭월의 소견으로는 객관적으로 관찰자에 대한 입장은 생각하지 않고 관찰되는 대상에 대해서만 생각을 하다 보니 아무래도 주체는 관찰되지 않았을 것이다. 왜냐하면 동(動)하는 것은 발견이 쉽고 포착이 잘되어 연구하기에 용이(容易)하지만, 정(靜)하는 것은 보이지 않아 감지가 잘되지 않는 고로 연구하기에도 어려움이 많았을 것이기 때문이다. 그런 과정에서 주체성(主體性)에 해당하는 이 부분은 자연스럽게 뒤로 밀려서 나타나지 않았을 것으로 이해를 해 본다.

다만 동양의 철학자(哲學者)는 동정(動靜)을 함께 살피는 것이 익숙하여 움직이기 전단계의 영역도 능히 파악할 수 있기 때문에 비로소 金의 성분이 읽혀지게 되어 심리적으로도 주체성(主體性)이라는 것으로 한 자리를 차지하게 되었을 것이다.

1. 경금(庚金)

경금(庚金)은 金의 기운 즉 금기(金氣)가 된다. 다른 말로는 살기(殺氣)라고 할 수도 있다. 숙살(肅殺)의 기운이 강하기 때문에 만물의 생명력을 거둬들이는 작용을 한다. 사람은 가을의 냉풍(冷風)을 맞게 되면 입술이 터지고, 삼라만상은 휴식(休息)을 준비하거나 그대로 죽어버리는데, 이것도 숙살지기(肅殺之氣)인 경금의 작용이라고 보게 된다. 죽인다는 것은 성장억제의 작용이라고 하겠는데, 이러한 金의 기운을 받게 되면 생명의 리듬이 발생한다고 하겠고, 이것은 밤이 되면 잠이 오는 것과도 연결을 시킬 수가 있다. 다만 여름밤에는 경금의 기운이 너무 부족하기 때문에 열대야가 되어서 잠이 오지 않는 것도 같은 의미로 대입을 해 볼 수가 있다.

【하건충설(何建忠說)】
본질(本質)이 응집되어 있음을 의미한다. 고정적(固定的)인 형태이지만 전체적으로는 가변적(可變的)이니 이것은 고체(固體)이다.

[해석]
경금(庚金)을 고체로 보는 것은 고집(固執)과 주체(主體)의 성분을 놓고 관찰할 수가 있다. 그러면서도 가변적이라고 하는 것은 돌덩어리나 바위를 말하는 것만은 아니라는 것을 암시하고 있는 것으로 보인다. 고

체라고 하는 것을 단단한 물질로만 이해를 할 것이 아니라, 자신의 독립성(獨立性)인 주체(主體)를 고집하는 것으로 봐도 될 것이다. 그러니까 고집체(固執體)라고 이해를 하면 타당할 것이며 결국은 십성(十星)에서의 비견(比肩)으로 연결이 되고 나면 이러한 의미는 더욱 뚜렷하게 나타난다. 다시 말하면 '의식적인 고체'가 되는 셈이다. 그러므로 물질적인 고체로 보는 것은 타당하지 않은 것으로 관찰을 해 본다.

【滴天髓 - 庚金論】

경금대살(庚金帶殺)하니 강건위최(剛健爲最)하며,
득수이청(得水而淸)이요 득화이예(得火而銳)니라.
토윤즉생(土潤則生)이요 토건즉취(土乾則脆)하며,
능영갑형(能贏甲兄)하고 수어을매(輸於乙妹)니라.

[뜻풀이]

숙살(肅殺)의 기운을 갖고 있는 경금(庚金)은
무엇보다 강건하여 으뜸이 된다.
물을 얻어 완고한 기운을 설기하니 맑아지고,
불을 얻어 제화(制化)를 받으면 날카로워진다.
윤택한 土를 만나면 생성(生成)하나,
메마르고 건조한 土를 만나면 부스러진다.
갑목(甲木) 형은 능히 견제하고 통제하나
을목(乙木) 누이는 합을 하여 정을 준다.

[상세풀이]

'숙살(肅殺)'은 경금(庚金)의 본색으로 보게 된다. 그것은 쌀쌀한 가을의 기운으로 만물의 생장(生長)을 억제하는 작용으로 나타나게 됨을 생각하는 것도 무방하다. 이것이 경금의 성분이다. 여기에는 바위라거나 도끼라고 하는 구체적인 의미는 남아있지 않는 것으로 봐도 되겠다. 그래서 경금은 금기(金氣)라고 말을 하게 되며, 그러한 기운을 갖고 있는 것으로 봐서 한기(寒氣)로도 해석을 한다. 다만 한기와 냉기(冷氣)가 비슷하다고 본다면 '성장을 억제하는 한기'로 단서를 달아도 되겠다.

'강건함이 으뜸이 되는 것'은 한 여름의 폭염(暴炎)을 견디고서 자신의 세계를 구축하고 있기 때문에 경금(庚金)의 최고는 강건함이라고 보는 것이다. 그래서 가을철의 위력을 그대로 전달받았다고 보면 되겠다. 유백온(劉伯溫) 선생은 전장을 누비던 사나이이다. 그도 계절이 허용하지 않으면 수십만의 군사도 어떻게 해 볼 수 없음을 생각해 본 적이 있을 것이다. 즉, 가을이 깊어 가면 경금의 기운이 지표(地表)를 덮으면서 군졸들도 그 마음이 따스한 안방으로 향하게 되어 있는데, 그러한 군사들을 몰아서 싸움에 이기기를 바란다는 것이 얼마나 어리석은 것인지를 너무도 잘 깨달았을 것이다. 그래서 상대적으로 이와 같은 경금에 대한 기분을 갖고 있었을 것으로 해석을 해 보게 된다.

'물을 얻어 맑아지는 것'은 아무리 강건한 경금(庚金)이라고 하더라도, 금생수의 흐름을 타게 되면 경금은 멈추지 않고 이어지게 되어서 임수(壬水)의 기운으로 변화가 가능하다. 임수는 비록 수기(水氣)로 냉기(冷氣)에 해당하지만 다시 갑목(甲木)을 생조하는 기운을 만들어 내기도 하므로, 맑아진다는 것은 숙살의 기운이 생성(生成)의 에너지로 변화를 하는 것으로 봐도 되겠다.

'불을 얻어 날카로워지는 것'은 언뜻 생각을 하면 광산에서 얻은 철을 용광로에 넣어서 칼이나 창으로 만들어 내는 느낌이 들기도 한다. 그런데 이것을 심리적으로 살피게 되면 강인한 경금(庚金)이 편관(偏官)인 병화(丙火)의 단련을 받아서 더욱 강해진다는 것으로 이해를 하면 된다. 즉 열기가 더하면 그럴수록 한기도 그에 따라서 더해진다고 이해를 해봐도 되겠다. 그리고 압축의 형태로 진행되는 것으로도 이해할 수 있으므로 불을 얻으면 강한 성분이 더욱 날카롭게 된다고 대입을 한다.

다음에는 물질적(物質的)인 관점으로 관찰을 해보자. 우선 '윤토하면 생성한다.'라는 말은 생조(生助)를 받아서 강해진다고 봐도 무난하겠다. 다만 숙살의 기운이 윤택한 토양을 만나면 마치 가을에 파종한 밀과 보리가 발아하여 성장하는 것으로 이해하면 어떨까 싶다. 늦가을에 파종한 밀과 보리가 金의 냉한 기운을 받아서 생하게 되는데, 여기에는 윤토(潤土)가 반드시 필요하게 된다. 가을이라고 하더라도 너무 건조하게 되면, 그렇지 않아도 건조한 계절의 경금(庚金) 기운이 더욱 강화되어서 밀과 보리는 싹을 틔울 수 없게 되어버리기 때문이다.

그렇게 되면 '토건즉취(土乾則脆)'에서도 그대로 연결이 된다. 土가 말라버리면 경금(庚金)의 기운이 더욱 건조하게 된다는 것으로 본다. 물론 이러한 기운에서는 밀과 보리가 자라지 못하고 약해지고 말라가는 것으로 봐도 되겠으니 주체인 경금이 마르고 갈라진다면 그 나머지도 같은 운명체가 되는 것이다. 아마도 이와 같은 관찰을 하게 되면 가을에도 농사를 할 수 있는 자연의 이치를 논했어도 무리가 되지 않을 것으로 판단이 된다.

'능영갑형(能贏甲兄)'에서의 영(贏)은 《滴天髓徵義(적천수징의)》나 《滴天髓闡微(적천수천미)》에서는 짊어질 영(贏)으로 되어 있는데 이것은 해체(解體)의 의미가 되고, 이길 영(贏)은 이긴다는 의미가 되므로 이길 영(贏)이 맞는 것으로 봐야 하겠는데, 다만 보기에 따라서는 갑(甲)의 발전적인 기운을 풀어버린다는 의미로 원전에 충실한 것도 좋다고 보겠다. 《命學新義(명학신의)》의 「滴天髓新註(적천수신주)」에는 영(贏)으로 되어 있는데 이러한 것은 조판(組版)과정에서 발생한 오식(誤植)일 것으로 보인다. 갑형이 갑목(甲木)인 것은 분명한데, 왜 갑형을 메다 팽개친단 말인가? 그냥 금극목(金剋木)으로 이해를 하기에는 너무 당연한 이야기를 소중한 자리에 넣어두지 않았나 싶어서 고개를 갸웃거리게 된다. 그래서 다시 심사숙고(深思熟考)를 해 본 결과, 목기(木氣)의 추진력(推進力)을 차단시킨다는 의미로 이해를 해야 하겠음을 생각하게 된다. 즉 달리는 자동차를 경금(庚金)이 막아버리면 차에 타고 있는 사람들은 모두 나가떨어지게 된다. 그것을 방지하기 위해서 안전띠가 있기도 하지만 그와 같은 관성의 법칙은 의연(依然)히 존재하는 것이라고 본다면 갑목을 이기게 되는 이치로 이해를 해 보게 된다.

 '을목(乙木)을 만나면 정을 준다.'라는 말은 기본적으로 금극목(金剋木)은 다 같은 말이므로 결과도 같아야 하는데, 하나는 정을 주고 하나는 두들겨 패는 것은 가을의 나무에게는 경금(庚金)이 정을 줘서 단단하게 만들어 준다는 것을 생각하게 된다.

 즉 목기(木氣)는 그대로 죽어버리게 되므로 확실하게 끝이 나는데, 목질(木質)은 어떨까를 생각해 보면 되겠다. 목질은 경금(庚金)의 기운을 받아서 더욱 단단해지고 오래도록 버티고 있을 힘을 기르게 되니 이를 정을 준다고 비유한 것은 너무 시적(詩的)이고 멋진 표현이라고 생각이 된다. 그냥 '을경합(乙庚合)이니까 그렇지.'라는 생각으로는 깊은 변화를 관찰할 수가 없는 것이다. 당연하게 보면 간단한 이치의 규칙도 깊이 있게 관찰을 하게 되면 또 다른 연결고리를 읽을 수가 있는 것이다.

【심리적인 해석 - 주체(主體)와 독립(獨立)】

 경금(庚金)의 심리적인 구조는 주체와 독립적인 것으로 대입을 한다. 주체는 남의 의견을 받아들이지 않는다고도 보지만, 받아들이는 것 또한 주체라고 해석을 할 수 있다. 즉 자신의 판단으로 수용이 되면 접수를 하고, 그렇지 않으면 거부를 하는 것으로 주체의 의미를 생각하게 된다. 이러한 면모를 갖고 있는 것이 경금이므로 남의 말에 흔들리지 않는 독립적(獨立的)인 성분이 되는 것이다.

 경금(庚金)은 스스로 모든 판단의 중심에 서 있기 때문에 남의 의견에 무조건 따르는 것은 있을 수가 없다. 이러한 주체성은 좋게 작용을 하면 독립성이 되어서 독보적으로 성공을 가져올 수가 있지만, 이것이 부정적으로 작용을 하게 되면 옹고집에 고집불통이 되어서 아무도 상대하지 않으려고 하므로 세상에서 적응하지 못할 수도 있다. 이러한 성분을 십성(十星)에서는 '비견(比肩)'이라고 한다.

2. 신금(辛金)

　신금(辛金)은 金의 질(質)로 본다. 그래서 광물질(鑛物質)의 성분을 닮았는데 이러한 성분의 광물질을 연마하고 제련하면 훌륭한 연장이 되기도 한다. 도검(刀劍)을 이러한 결과물로 본다. 또한 금질(金質)이 단단하게 뭉치면 강력한 힘을 발휘하게 되기도 한다. 보통 말하는 음금(陰金)을 보석(寶石)이라고 하는 것은 타당한 말이다. 단지 보석만을 귀하고 값진 것으로 이해를 하는 것이 문제이다. 즉 보석이라는 것을 물질적인 金인 광물질로 이해를 하는 것이 타당하다.

【하건충설(何建忠說)】
　본질(本質)이 응집되어 있음을 의미한다. 전체적으로 집결하는 것으로 변화가 불가능하다. 이것이 바로 흑체(黑體-초저온의 물질로 원자의 핵으로 융합하여 태허공(太虛空) 중에서 검은 동굴이 되어 광선을 흡수하니 육안으로 관찰이 불가능함)이다.

[해석]
　신금(辛金)을 흑체 즉 블랙홀이라고 본 하건충 선생의 견해도 대단하지만 계속 관찰을 하다 보면, 새로운 관찰로 연결되는 실마리가 있다는 것을 발견하게 된다. 병화(丙火)의 부분을 보게 되면 여기에 대한 힌트가 나타난다. 병화는 신금을 만나면 두려워한다고 되어 있다. 여기에서 다시 관찰을 해 보게 된다. 왜 신금을 만나면 병화가 두려움을 갖게 될까? 그 이유는 병화를 빛으로 보게 되면 결론이 나게 된다. 신금은 흑체가 되므로 이 흑체가 모든 빛을 흡수하게 된다는 의미이다. 그리고 그것은 빛을 흡수(吸收)하여 빛을 없게 만든다는 이야기이다. 병화의 빛을 없애버리는 것이 신금이므로 신금을 만나게 되면 병화는 두려움에 떨게 되는 것이다.

【滴天髓 - 辛金論】

신금연약(辛金軟弱)하며 온윤이청(溫潤而淸)이라.
외토지첩(畏土之疊)하고 요수지영(樂水之盈)이니라.
능부사직(能扶社稷)하고 능구생령(能救生靈)하며,
열즉희모(熱則喜母)요 한즉희정(寒則喜丁)이니라.

[뜻풀이]

신금(辛金)은 연약한 성분이나
온기로 따뜻하게 해 주면 맑아진다.
土가 쌓이는 것은 두려워하나,
水가 많은 것은 오히려 좋아한다.
임금을 도와서 사직을 능히 구하고,
위태로운 지경에 처한 백성도 구한다.
더울 적에는 어머니를 좋아하고,
추운 날이면 정화(丁火)를 반긴다.

[상세풀이]

'신금(辛金)은 연약(軟弱)하다.' 라고 했는데 왜 그럴까? 金의 질(質)

이라고 한다면 견고하고 강하기로 인식이 되어 있는 우리의 습관적인 생각에 도전적인 글이 아닌가 싶기도 하여 의아하다. 그래서 생긴 오해(誤解)가 '신금(辛金)은 24K 순금이기 때문에 연약하다.'라는 논리라고 생각이 된다. 과연 그런지는 다시 생각을 해 봐야 하겠는데, 보석이든 아니든 광물질의 성분에서 본다면 자신의 주장으로 움직이는 성분 중에서는 가장 약하다고 해야 하지 않겠느냐는 생각을 해 보게 된다. 그것은 수동적으로 환경의 변화에 따라서 적응을 하게 될 뿐이라는 의미도 된다.

가령 을목(乙木)은 성장하는 주체가 있어 보이고, 정화(丁火)는 뜨거운 열이니 또한 주체가 있어 보이는데, 광물질(鑛物質)에 해당하는 신금(辛金)은 아무런 주체가 보이지 않는다고 관찰을 해 보는 것도 좋겠다. 그래서 주체적이지 못한 것처럼 보인다는 것으로 연약(軟弱)의 글자를 선택한 것이 아닌가 싶은 해석을 하게 되는 것이다.

'따스하거나 윤택하면 맑아진다.'라는 것은, 온(溫)을 열기로 단련시켜 준다는 것을 의미한다. 광물질은 정화(丁火)의 열을 만나서 단련이 되면 종류별로 제련이 되는 과정을 거치게 된다. 이것은 인위적으로 제철소에서만 가능하다고 생각을 하지 않아도 된다. 왜냐면 그러한 생각을 하게 되면 다시 조작의 함정에 빠질 수 있기 때문이다.

그냥 자연 상태에서 그렇게 되는 것을 관찰하는 것이 중요하겠다. 사실 지질학(地質學)을 보게 되면 신금(辛金)에 해당하는 광물질은 특수한 종류별로 층을 이루고 있음을 살피게 된다. 그중에는 금맥(金脈)도 있고, 은맥(銀脈)도 있으며 청석(靑石)도 있고, 다이아몬드맥도 있으니 이러한 것이야말로 열을 받아서 종류별로 청(淸)하게 된 것이라고 해석을 해 보게 되는 것이다.

'윤(潤)'은 물로 씻는 것을 말할 수도 있겠다. 깊은 계곡의 둥글게 마모된 암반(岩盤)을 생각해도 좋고, 강변(江邊)의 동글동글한 암석을 생각해도 좋다. 이러한 것으로도 거친 신금(辛金)의 성분이 정리가 되어 맑아지는 것으로 관찰을 할 수가 있는 것이다. 그러니까 신금을 변화시킬 수가 있는 것은 불과 물이다. 그래서 '온윤(溫潤)하면 맑아진다.'라고 하는 것이다.

'土가 쌓이는 것을 두려워한다.'라는 말은 일반적인 해석대로 土에 묻히게 될까 봐 두렵다고 해도 무방하겠다. '물이 많은 것을 좋아한다.'라고 하는 것은 보석을 빛나게 하기 때문이라고 해석을 해도 무방할까 싶기도 하나, 광석에는 土의 생조가 많이 필요는 없다고 하는 의미로 土가 많음을 싫어한다고 봐야 하겠고, 그렇게 형성된 광물질은 물이 많아서 세련(洗鍊)되는 것이 좋다고 하게 된다. 여하튼 신금(辛金)에서 '보석, 다이아몬드'라고 하는 고정관념은 접어 두는 것이 좋겠다.

'사직(社稷)을 능히 구한다.'라는 말은 임금의 조상을 말하는 것인데, 신금(辛金)의 임금은 병화(丙火)가 되는 것이고, 병화의 성분이 무엇이든지 불태우는 것으로 작용을 하게 된다면 그러한 열기를 잡아 주고 다스려 주는 것은 신금의 특기라고 해야 하겠다. 병화를 다스릴 수가 있는 것은 신금이외에는 없다고 봐야 하겠기 때문이다. 그렇다면 신금에게는 왜 약하게 될까? 다음에 나오는 병화편에서 '봉신반겁(逢辛反怯)'을 살펴보셔도 무방하다.

여하튼 병화(丙火)가 아무리 극을 해도 신금(辛金)은 까딱도 않는다. 갑목(甲木)은 분열하고, 을목(乙木)은 말라 버리고, 무토(戊土)는 갈라 터지고, 기토(己土)는 가뭄 들고, 경금(庚金)은 소멸되는데, 어찌 된 일인지 신금만은 끄떡도 않는다. 아무리 빛을 쏟아부어도 전혀 미동도 하지 않는다. 그래서 병화는 결국 포기를 하게 되고 신금이 간(諫)하는 말을 듣지 않을 수가 없게 되는 것이다. 신금은 정화(丁火)가 녹여버릴 수 있기 때문에 정화는 두려워할 수가 있다.

그러나 병화(丙火)에 대해서는 그렇지 않다는 해석을 해 보게 된다. 목숨을 두려워하지 않고 임금에게 간청하는 것은 용봉과 비간을 닮았다고 할 수가 있다. 목숨을 내어놓고 왕에게 충간(忠諫)을 한 신하들의 대명사(代名詞)이다. 용봉(龍奉)은 하(夏)나라 걸왕(桀王)의 신하이고, 비간(比干)은 은(殷)나라 주왕(紂王)의 숙부인데, 다들 왕의 폭정(暴政)을 간하다가 죽임을 당하여 충절(忠節)로 추모하는 사람들이 많은데, 이러한 성분이야말로 신금(辛金)의 대표적인 인물로 봐야 하겠다.

'생령(生靈)을 능히 구한다.'의 생령은 백성으로 보게 되는데, 백성은 자신의 재성(財星)인 木이 되는데, 병화(丙火)를 통제하여 木이 불타는 것을 방지한다는 것의 공덕(功德)을 구분해서 사직과 생령으로 나누어 놓은 것이라고 봐도 되겠다. 위로는 왕의 사직도 되고 아래로는 자신의 백성도 되는 것을 이롭게 한다고 하겠으니 신금(辛金)이 木을 죽이는 관점으로 되어 있지 않고, 木을 살려 주는 관점으로 설명되어 있는 것에 주안점을 두고 눈여겨봐야 한다는 점을 생각하게 된다.

가령 금극목(金剋木)을 논한다면 木을 위해서 이렇게 애를 쓴다는 표현은 참으로 어색하기만 하겠는데, 그러한 것을 모를 유백온 선생이 아니건만 이와 같은 글자로 신금(辛金)을 설명하고 있으니 무슨 연유인지 다시 봐야 할 것이다. 그 결과로 나타난 것이 이와 같은 병화(丙火)와 신금과 木의 관계에 대해서 설명을 하고자 한 것이라고 관찰을 하게 되는 것이다. 木을 죽이는 것은 경금(庚金)이지 신금이 아니라는 것도 차제에 생각을 해야 하겠고, 도끼로 나무를 쪼개서 불쏘시개를 해야 한다는 '벽갑인정설(劈甲引丁說)'은 논리적으로 다소 무리가 있어 보이는 것 같다.

'더울 적에는 어머니를 좋아한다.'라는 말은 음토를 필요로 한다는 뜻이지만 반드시 그럴 필요는 없다. 그냥 토양(土壤)이면 좋다고 하겠으니 토양에는 모두 습기가 있기 때문이다. 다만 습기가 있는 토양이면 더욱 좋다고 하는 것은 무방하겠다. 그리고 '추울 적에는 정화(丁火)를 반긴다.'라는 말은 병화(丙火)의 경우에는 빛에 불과하기 때문에 金의 차가움을 해결하기에 부족하다고 봐서 정화가 비록 자신을 극하는 존재이면서도 추울 적에는 약이 되는 의미로 해석을 하는 것도 무방하다. 그리고 광물질은 열을 만나야 뭔가 변화가 일어난다고 해도 되는 말이다. 병신합(丙辛合)으로 물이 되어서 불가능하다고 보는 것보다는 이와 같은 관점으로 살펴보는 것이 좋겠다.

【심리적인 해석 - 경쟁(競爭)과 투지(鬪志)】

신금(辛金)의 심리적인 구조는 경쟁과 투지로 대입을 한다. 경쟁은 타인과의 비교에서 자신이 우위를 차지하려는 심리구조가 되고, 투지는 그러한 목적을 이루기 위해서 적극적인 행동을 취하는 것이다. 그리고 내성적(內省的)인 면으로 작용을 하게 되어 속으로 이와 같은 마음이 생기는 것으로 관찰을 한다. 이러한 것은 다른 말로 한다면 '경쟁적(競爭的) 주체성(主體性)'이라고 할 수가 있다.

신금(辛金)은 그 대상이 남과 자신의 비교에 있기 때문에 상대적이라고 할 수가 있다. 그러므로 경쟁의 대상이 없을 경우에는 오히려 경금(庚金)의 특성과도 비슷한 현상을 띠게 되는데, 일단 경쟁자가 나타나게 되면 판이하게 다른 특성으로 작용을 하게 되므로 이러한 점에서 경금과 비교가 된다. 그리고 이 세상은 문만 열면 모두가 경쟁대상자가 되므로 신금의 특성은 그대로 잘 드러나게 된다고 하겠고, 이것이 남성적이 되면 경쟁성이 되지만, 여성화(女性化)가 된다면 질투(嫉妬)와 투기(妬忌)와 같은 형태로도 나타나게 된다. 이러한 성분을 십성(十星)에서는 '겁재(劫財)'라고 한다.

제5장 水의 본질(本質)

水에는 양수(陽水)인 임수(壬水)가 있으니 이것은 水의 표면적인 작용이라고도 할 수가 있다. 그리고 음수(陰水)는 계수(癸水)가 되는데 이것은 水의 내면적인 작용이라고 해석을 하게 된다. 아울러서 양수는 水의 기(氣)로, 음수는 水의 질(質)로 대입을 한다.

【서양심리학과의 비교】
水는 서양심리학의 분류로 대입을 하게 되면 감각파(感覺派)에 해당하게 되는데, 그중에서도 양수(陽水)는 외향적(外向的)인 성분, 음수(陰水)는 내성적(內性的)인 성분으로 구분을 할 수가 있다. 이러한 것은 이미 완벽하게 이뤄진 것으로 언제라도 조건만 주어지게 되면 바로 움직이고자 하는 100m 달리기의 경주를 위한 출발점에 서 있는 것과 같은 상태라고 할 수가 있다. 이러한 상황에 있으므로 의식은 온통 앞으로만 향해서 나아가고자 하는 것이며 뒤는 돌아보지 않는 것으로 이해를 하게 된다. 마치 어린아이는 수용이 되지 않고 발산만 잘되는 것과 같은 형태이다.

1. 임수(壬水)

　임수(壬水)는 水의 기(氣)에 해당하여 수기(水氣)라고 한다. 그리고 냉기(冷氣)라고도 하게 된다. 흡수력(吸收力)이 강해서 물과 함께 세상을 흘러 다니면서 오염된 물질이나 죽은 물질을 모두 빨아들이는 작용을 하여 자연을 정화시키는 역할도 한다.

【하건충설(何建忠說)】
　본질이 모여드는 성분을 가리키며, 유동적(流動的)이고, 전체적인 모양은 변동적(變動的)이고, 확산적(擴散的)이며 기체(氣體)이다.

[해석]
　기체(氣體)를 이전에는 단순하게 공기(空氣)라고 하는 정도로 이해를 했을 수도 있겠다. 다만 지금은 그렇지 않은 것으로 밝혀지고 있는데, 공기 중에는 여러 기체가 많이 섞여 있는 것으로 관찰이 되기 때문이다. 여기에서 말하는 임수(壬水)의 기체도 그중에 어느 것이 되거나 아니면 기체를 전부 통틀어서 말하는 것이 될 것으로 이해를 한다. 우선 기체 중의 일부를 임수의 영역으로 말한다면, 그 성분은 아마도 수소(水素)가 될 것이다.
　수소는 물의 원소(元素)이고 임수(壬水)라고 하는 물수(水)를 만족시킬 것이기 때문이다. 그렇다면 여기에서는 기체라고 할 것이 아니고, 수소(水素)라고 해야 하겠는데, 그렇게 되면 계속해서 의문이 꼬리를 물게 된다. 질소(窒素)와 산소(酸素)는 또 어떻게 할 것이냐고 하는 생각이 꼬리를 물고 일어날 것이기 때문이다. 그래서 이러한 대입은 타당하지 않은 것으로 보인다. 그래서 다시 생각을 고치게 되면 공기의 원소들을 전부 모아서 기체라고 해야 할 것이라는 결론을 유추한다.

다시 정리를 하면, 공기를 기체라고 하고 임수(壬水)는 공기와 같은 것으로 봐야 하겠다. 그리고 이 공기는 무토(戊土)의 장에서 논하게 될 인력(引力)의 범위 안에서 활동하고 있다는 것을 생각하게 된다. 그리고 기체가 활동하는 것은 나중에 십성(十星)을 이해하게 되면 다양한 궁리(窮理)를 모색하는 방향으로 응용이 된다는 것도 알게 될 것이다. 그래서 임수는 구석구석 스며들지 않는 곳이 없으면서 인력의 지배 안에서 水의 양(陽)에 대한 역할을 하고 있는 것으로 관찰을 하게 된다.

【滴天髓 - 壬水論】

임수통하(壬水通河)하고 능설금기(能洩金氣)하니,
강중지덕(剛中之德)이며 주류불체(周流不滯)니라.
통근투계(通根透癸)하면 충천분지(冲天奔地)하고,
화즉유정(化則有情)이요 종즉상제(從則相濟)니라.

[뜻풀이]

임수(壬水)는 은하계(銀河系)에 통하고,
능히 金의 기운을 설한다.
강한 성분이면서도 유통시키는 덕을 품고,
두루두루 흘러서 막힘이 없다.
지지에 통근하고 계수(癸水)가 투출(透出)되니,

하늘과 땅을 휩쓸고 다닌다.
조화(造化)를 이루면 유정(有情)하고,
흐름을 따르게 되면 함께 이루는 공(功)이 된다.

[상세풀이]

'임수(壬水)는 은하계와 통한다.'라는 말은 해석하기에 따라서 황하(黃河)라고 할 수도 있다. 그리고 임수의 공기(空氣)로 보게 되면 능히 우주까지 연결이 되어 지구를 감싸고 있다고 봐도 아무런 문제가 없겠다. 지표를 벗어날수록 임수가 작용하는 구역이 되기 때문에 그 냉기가 어디까지라도 통한다는 것은 타당성이 있어 보인다. 그래서 은하계와 통한다고 해석하는 것이다.

'능히 금기를 설한다.'라는 말은 金의 한기(寒氣)를 받아서 냉기(冷氣)가 강화되기 때문이다. 사실 한기와 냉기는 간발의 차이일 수도 있으니 금기운의 성분과 흡사하다고 이해를 해도 무방하다. 금기(金氣)는 경금(庚金)을 말하는데, 경금의 숙살지기를 이어받아서 만물이 얼어붙는 냉기(冷氣)로 작용하게 되는 것이 임수(壬水)이다. 바위에서 물이 나온다고 하는 관점으로도 이해를 할 수가 있지만 이것을 올바른 대입이라고 하기는 어렵다. 그래서 정확한 원리를 추구하게 되면 경금과 임수는 물질적(物質的)인 차원이라기보다는 기질적(氣質的)으로 봐야 한다는 것으로 방향을 잡게 된다.

'주류불체(周流不滯)'는 두루두루 흘러서 막힘이 없음을 의미한다. 만약 임수(壬水)를 물로 본다면 조그만 둑을 만나도 멈춰야 하고, 산을 만나서는 도저히 앞으로 나아갈 방법이 없다는 것을 너무나 잘 알고 있는 우리가 이렇게 하는 말은 좀 어색할 것임을 생각하게 된다. 그렇지만 수기(水氣)라는 말로 대입을 하게 되면 수기는 어디에나 있으니 막힘이 없게 된다. 이것은 土로도 막을 수가 없으며 火로도 막을 수가 없는 수기의 특성이라고 하게 된다. 이 정도는 되어야 주류불체라고 하겠으니 어디에든 임수의 기운이 있음으로 해서 계수(癸水)가 그 기운을 따라서 분포되는 것으로 본다.

'통근(通根)하는 곳'은 지지의 해자(亥子)가 되겠고, '투계(透癸)'는 천간(天干)에 계수(癸水)가 있음을 말하는 것이니 사주에서의 상황을 비유하고 있는 것으로 보게 된다. 즉 수기(水氣)가 강력한데 물까지 있는 경우이다. 그렇게 되면 충천분지(沖天奔地)는 하늘을 치고 땅을 휩쓴다는 의미로서 수기의 세력이 이렇게 대단하다는 의미가 된다.

그런데 '정화(丁火)의 열기(熱氣)를 만나서 조화(造化)를 이루게 되면 유정(有情)하다'라고 하는 것은 만물이 비로소 여기에서 소생하기 때문이다. 혹 정임(丁壬)이 합화(合化)한다는 관점으로 이해를 하는 것은 또 오류를 발생시킬 위험이 있으니 이렇게 대입하지 않고, 열과 냉기가 서로 합을 이뤄서 만물을 생조하는 작용을 하는 것으로 이해를 하면 된다. 만약 물의 계수(癸水)와 열의 정화가 만나게 된다면 아무래도 유정하기는 매우 어렵다고 봐야 하겠고, 빛을 의미하는 병화(丙火)도 임수(壬水)를 만나게 되면 조화를 이루기보다는 빛이 차단되어 버리는 것으로 대입을 한다. 즉 임수는 병화의 빛을 흩어버리는 작용을 하는 것으로 봐도 된다. 다만 정화의 열을 만나야만 냉혹한 임수가 부드럽게 되어서 만물을 생조하는 씨앗으로 변화를 할 수 있음을 생각하게 된다.

그렇다면 '종(從)'은 무엇을 의미하는 것인가? 종한다는 말은 언뜻 종격(從格)을 떠올리기 쉬우나 여기에서의 의미를 살펴보면 임수(壬水)를 물로 봤을 적에 여름에 열기를 받아서 수증기로 변하는 것은 정화(丁火)를 따르는 것이고, 대기권을 벗어나지 않고 다시 차가워져서 빗물이나 이슬이 되는 것은 무토(戊土)의 중력에 의해 땅에 떨어지는 것으로

火土를 따른다는 의미로 그냥 '따른 즉'으로 이해를 하면 될 것이다. '상제(相濟)'라고 하는 것은 서로를 함께 가지런히 한다고 하겠으니 여전히 水火의 소식이라고 봐야 하겠다. 그러니까 열기(熱氣)가 많으면 그 열기인 정화(丁火)를 따르게 되어서[從] 공중에서 습기(濕氣)를 유지시켜주게 되니, 金은 부서지지 않고, 土는 갈라 터지지 않으며, 木은 말라죽지 않게 되니 모두가 구제를 받게 된다는 것으로 이해를 해 보는 것이 옳을 것이다.

【심리적인 해석 – 연구(研究)와 궁리(窮理)】

임수(壬水)의 심리적인 구조는 연구하는 성분과 궁리하는 성분으로 대입을 하게 된다. 그리고 이러한 것은 매우 적극적(積極的)인 형태가 되는데, 한 가지 방향으로 연구를 시작하게 되면 그 나머지는 모두 의미가 없어지는 결과가 되기도 한다. 즉 연구에 몰두하게 되면, 가정에 무슨 일이 생기는지도 모르고 연구실 밖에 전쟁이 일어나는지도 모른 채 연구에 몰두하고 궁리에 빠져들게 되는 것이다.

연구는 구체적인 정리가 되고 궁리는 추상적인 공상을 전개시키는 것이라고 할 수가 있겠는데, 이렇게 많은 궁리를 하는 가운데 그럴싸한 것을 발견하게 되면 달려들어서 연구하게 되는 것이다. 그리고 일단 시작이 되면 다른 것은 의미가 없어지고 오로지 연구하는 목표로만 매진을 하게 되는 것도 특성이 된다. 그러다가 방향을 잘 잡아서 목적지에 도달하게 되면 새로운 발명을 하게 되고, 방향을 잘못 잡으면 헛된 시간을 낭비하게 되지만 그것을 실패라고 생각하지 않고 시행착오라고 생각하면서 다시 방향을 잡고 이어나가는 것이다. 이러한 성분을 십성(十星)에서는 '식신(食神)'이라고 하게 된다.

2. 계수(癸水)

계수(癸水)는 그야말로 물이다. 수질(水質)이라고 해도 같은 의미이다. 순수한 성분의 물은 만물의 생명에 대한 원천이라고 하게 된다. 그리고 정화(淨化)하는 능력도 있다. 계수는 수질이기 때문에 공중을 날아다닐 수가 없다. 그러한 경우에는 양수(陽水)인 임수(壬水)의 도움을 받아야 한다. 양수는 다시 정화(丁火)의 열(熱)기구를 타야 하는데, 이것을 보면 천간(天干)의 오묘한 조화는 변화가 무궁무진하다고 하겠다.

【하건충설(何建忠說)】
본질(本質)은 모여 있는 것으로 유동적(流動的)이지만 전체적으로 보게 되면 모여서 응결(凝結)하는 성분이니 이것은 액체(液體)이다.

[해석]
계수(癸水)가 액체(液體)가 되면 기체(氣體)와 액체는 같은 뿌리인 水에서 발생된 것으로 관찰을 하게 된다. 그리고 계수는 응결하는 성분으로 뭉치게 되니까 결국은 얼음과 같은 형태라고 할 수 있는데, 여기에 임수(壬水)인 양수(陽水)로 인해서 유동적으로 분해를 하여 부드럽게 하는 것으로 해석을 하게 된다. 사실 물속의 성분에는 수소와 산소가 함께 있는 것으로, 여기에서의 산소도 임수가 계수(癸水)와 함께 작용을 하고 있는 것으로 해석을 하게 된다. 물에는 이미 기체가 포함되어 있음을 의

미하는 것이기도 하다.

【滴天髓 - 癸水論】

계수지약(癸水至弱)이나 달어천진(達於天津)하고,
득룡이윤(得龍而潤)하면 공화사신(功化斯神)이니라.
불수화토(不愁火土)요 불론경신(不論庚辛)이며,
합무견화(合戊見火)하면 화상사진(化象斯眞)이니라.

[뜻풀이]

계수(癸水)는 약한 중에도 약한 성분이나,
천진에 도달하는 끈기가 있다.
용을 만나 비를 내리게 되면 윤택해지니
그 공이야말로 과연 신이라고 할 만하다.
火土가 많아도 근심하지 않으며,
경신금(庚辛金)에 대해서는 논하지 않는다.
무토(戊土)와 합하여 다시 火를 보게 되면,
조화를 이루게 되어 형상이 진실(眞實)하다.

[상세풀이]

'계수(癸水)가 약하다.'라는 말은 음중지음(陰中之陰)이라는 의미일 뿐이다. 실제로 약하다는 말로 이해를 하게 되면 세력이나 힘의 차원에서 관찰을 할 수밖에 없기 때문에 또한 오해가 발생한다. 여하튼 음중에서도 최고로 음적(陰的)인 성분이다. 그래서 자꾸 응고(凝固)하는 성분이고, 이미 응고의 극에 달해 있는 상태로 관찰을 하게 된다. 더 이상은 응고될 수 없는 최저(最低)의 상태에 처해 있는 것으로 이해를 하면 적당하다. 그리고 극(極)은 극(極)으로 통한다는 것을 살피는 것은 연구를 하는 학자의 눈에만 보이게 된다. 응축(凝縮)의 끝에는 더 이상의 응축이 없으므로 발산(發散)의 기미(幾微)까지 내재하고 있다고 관찰을 할 수가 있을 것이다.

'응축하고 있음'과 '응축이 완료되었음'의 차이를 이해하면 된다. 그런데 이러한 성분이 '천진까지 도달한다.'라는 말은 또 어떤 의미일까? 그야말로 하나하나를 뜯어보면 그 묘한 맛에 즐거움을 느끼게 된다. 여기에서 천진(天津)은 동네이름일 까닭은 없다고 해야 하겠다. 그렇다면 이것을 다시 풀어서 '하늘로 통하는 나루터'라는 말로 관찰을 해야 하겠는데, 그러한 곳이 과연 어디일까를 생각하다가 오묘한 관점을 얻게 되었다.

하늘은 남자이기도 하다. 그렇다면 남자를 만나는 나루터라는 생각을 하다가 남녀의 음양교합에 도달하게 된다. 그렇다면 남자를 만나는 곳, 즉 하늘을 만나는 곳은 자궁(子宮)이다. 그렇다면 자궁이 천진(天津)이 되는 것이다. 이러한 관점을 생각해 낸 분은 함께 공부했던 이정환 선생인데 자유로운 발상에 감탄을 하게 된다. 여기에 완전히 동의를 하게 되었으며, 이보다 더 명확한 계수(癸水)에 대한 설명이 없지 싶다. 물론 더욱 멋진 이론적인 힌트를 얻기 전까지이다.

정자(精子)도 계수(癸水)이고 난자(卵子)도 계수이다. 그야말로 음양(陰陽)의 정(精)이라고 하겠으니 이러한 성분이 서로 만나서 결합하는 장소가 바로 자궁(子宮)이라고 하게 된다. 여기에서 갑자기 왜 잉태 문제를 거론하느냐고 의아하다고 생각할 수도 있겠는데, 글의 내용을 음미하게 되면 이렇게 쓰인 것이라고 밖에 달리 볼 수가 없다는 것을 생각하게 된다. 다시 정리를 하게 되면, '난자는 지극하게 약하지만 나팔관을 타고 흘러 흘러서 자궁에 도달하게 된다.'라는 이야기이다.

그렇다면 '용을 얻어 윤택하면'이라는 말은 무슨 뜻인가? 앞의 문장과 이어서 보게 되면 간단하게 답이 나온다. 용을 얻는다는 말은 정자(精子)를 만나는 것으로 해석하면 너무도 간단하게 답이 나온다. 정자의 생김새가 용처럼 생겼다고 하면 억지라고 할 수도 있겠지만 예전부터 용에 비유가 되었던 많은 흔적들도 있으니 그렇게 봐도 무방하다. 윤(潤)은 수태(受胎)가 이루어질 수 있는 조건으로 보면 되겠다. 그러니까 결합을 하여 자궁에 착상을 하는 과정을 말하는 것으로 이해를 하면 간단하다. 이러한 뜻을 몰라서 얼마나 많은 시간을 두고 계수(癸水)와 천진(天津)과 득룡(得龍)의 사이에서 방황을 했는지 모른다.

그렇다면 윤택하지 못하면 유산이 되거나 불임이 되는 것이다. 즉 다음 단계로의 진행에서 중단을 하게 되는 상황이 발생한다는 것으로 관찰하면 된다. 여기에서 다시 '공화사신(功化斯神)'까지 가게 되면 그 의미는 더욱 명백해진다. 조화(造化)의 공을 이룬다는 말이니 이것은 수정(受精)하여 태아로 변화(變化)하는 것이므로 비로소 결합이 되고 나서야 세포분열(細胞分裂)이 이뤄지면서 본래의 모습은 사라지기 때문에 이러한 것을 일러서 화학반응(化學反應)이라고 하면 무리가 없을 것이다. 그러한 과정을 거치면서 일어나는 일이야말로 사신(斯神), 즉 신이라고 할 만하다는 이야기이다. 여기에서의 신(神)은 바로 창조주(創造主)를 말하는 것으로 해석할 수도 있으니 이러한 재미로 인해서 글을 놓지 못하고 계속 연구를 하게 된다.

이렇게 생명의 잉태를 논하는 장면과 계수(癸水)를 씨앗으로 보겠다는 이전의 낭월 관점이 서로 하나로 융화되는 것을 스스로 느끼면서, 이러한 뜻을 모르고 생짜배기로 해석을 해보려고 아무리 애를 써 봐도 도무지 어색하기만 했던 나날들에 대해서 혼자만 아는 미소를 지어 본다.

다음의 장면도 살펴봐야 하겠다. 우선 '火土가 많아도 근심하지 않는다.'라는 말은 강약(强弱)으로 논하는 의미가 아니다. 계수(癸水)는 어차피 土가 있어야만 흐름의 길을 타게 되는 것이므로 땅 위에서는 기토(己土)가 많고 적음은 아무런 문제가 되지 않는다는 것을 의미하는 것이다. 허공(虛空)에서도 마찬가지로 무토(戊土)의 힘에 의해서 계수가 분해되어서 대기의 습도(濕度)를 유지하고 있으니 이것도 또한 무토가 있음으로 이루어지는 일이기에 왜 근심을 해야 하는지 조차도 모른다고 해야 하겠다.

'경신(庚辛)을 논하지 않는다.'라는 말은 金이 생조를 해줘야 한다는 의미는 논할 필요가 없다는 것으로 판단을 해도 되겠다. 일반적으로 이 대목을 이해하기에는 '계수(癸水)는 너무 약한 성분이어서 金이 생조해 주면 도리어 탁해진다.'라는 설로 이해를 하기도 하는데, 이것 또한 말이 되지 않는 어색한 견강부회(牽强附會)라고 해야 할 모양이다. 그냥 '金이 생조(生助)한다.'라고 보지 말고 水는 水라고 보면 그만이라는 뜻으로 이해를 하면 되겠다.

'무토(戊土)와 합하여 火를 본다'라는 말은 '허공중에서 습기로 존재하면서 다시 온기인 볕을 쪼이게 된다면'의 의미로 이해를 하면 되겠다. 그러니까 그냥 공기 중에서 무토를 만나는 것만으로는 만물이 생성되는 환경으로 작용을 할 수가 없는 것이다. 왜냐면 그 가운데에는 온도가 없기 때문이다. 그야말로 얼어붙은 수증기의 상태라고 이해를 해도 되겠다. 비로소 쓸모 있게 되기 위해서는 여기에 병정화(丙丁火)의 도움을 받아야 한다. 역시 이 부분에 대해서도 개안(開眼)이 되는 느낌이다.

그리고 계수(癸水)와 빗물에 대해서 논하지 않을 수가 없는 일이다. 여기에 그러한 소식도 포함이 되어 있는지를 살펴봐야 하겠는데, 계수(癸水)의 얼음 알갱이가 무토(戊土)와 만나서 구름이 된다. 만약 무토의 인력(引力)이 없다면 계수는 허공중으로 흩어지고 말 것이고, 그렇게 되면 비가 내릴 가능성이 없어지게 된다고 보면 지구는 이내 죽음의 별이 되고 말 것이다. 그런데 무토가 계수를 잡아준다. 그래서 구름이 되었다가 따스한 온도를 만나게 되면 빗물이 되어 내려온다.

그러기 전에 태평양 상공에서 만들어지는 구름도 열기가 있어야 용이하게 진행이 된다. 그렇다면 이미 무계합이 되는 과정에서는 당연히 火의 협조가 이루어져야 가능하다는 것을 생각하게 된다. 수증기가 올라가는데 열이 없이는 불가능하기 때문이다.

무토(戊土)와 합을 해서 火가 되는 것이 아니고, 합을 한 다음에 火를 만나야 한다는 것도 분명히 알 수가 있겠다. 화상(化象)이라고 하는 것은 진정으로 만물을 생육시킬 환경으로 화하는 모습이라고 보면 되겠고, 이것은 진(眞)이라고 할 수 있는 뜻이니 이것은 비가 되어서 산천초목을 적셔주는 계수(癸水)의 역할을 설명한 것으로 보는 것이 매우 합당하겠다. 그러니까 앞의 구절은 세상만물의 씨앗인 인간 탄생의 신비한 역할을 수행하고 뒤의 구절은 자연만물을 살려 주는 역할에 대한 수행을 설명하고 있다고 봐도 되겠다. 과연 이렇게도 분명한 이치가 들어 있음을 생각하면서 적천수(滴天髓)의 천간(天干)이 갖고 있는 의미를 언제나 완전하게 이해를 하게 될지 스스로 도리어 안타까움이 드는 것은 아직도 정확하게 모두가 해결되었다고 생각이 되지 않아서이다. 그래서 또 시간이 나는 대로 살피고 관찰해야 한다는 것만 생각하게 된다.

【심리적인 해석 - 사교(社交)와 유희(遊戱)】
　계수(癸水)의 심리적인 구조는 사교성(社交性)과 유희적(遊戱的)인 것으로 대입을 한다. 사교성이란 남들과의 교제에 비중을 두게 되는 것이고, 유희적이란 것은 육감적(肉感的)으로 향유(享有)하는 것을 말한다. 이렇게 육체적으로 관심을 두게 되는 것과 계수(癸水)에 대한 적천수의 내용을 연결 지어 보면, 계수가 단독으로 무엇인가를 할 수는 없는 것은 자명(自明)하다. 그러므로 어느 누군가와의 관계가 중요하게 되고, 그래서 사교성이 발전하게 되는 것이며, 유희는 성적(性的)으로 자손의 잉태를 요구하는 입장이기 때문이라고 해석을 하게 된다.

다시 임수(壬水)와 함께 생각을 한다면 임수는 식신(食神)이라는 십성(十星)의 명칭(名稱)을 갖고 있는데, 이것을 연결시키면 임수는 먹는 것이고, 계수(癸水)는 생산하는 것이라고 할 수가 있으니 식욕(食慾)과 성욕(性慾)의 본질로 대입을 해도 무방하겠는데, 계수는 그런 의미에서 향락적(享樂的)인 면으로 작용을 할 수가 있으며 대입을 할 적에도 사교적이라거나 유희적이라고 하는 분야로 해석이 되니 그야말로 축착합착(築着蛤着: 딱딱 맞아떨어져서 빈틈이 없는 것)의 경지라고 할 수가 있겠다. 거창하게 국가와 민족을 강요해서 될 일이 아니라고 할 수 있는 것이기도 하다. 이러한 본질을 이해하고 나서 변화를 관찰하는 것이 사주심리학의 내공을 쌓는 과정이다. 참고로 성욕(性慾)을 水로 보는 것도 동양에서는 오래전부터 그래왔던 것이다.

제6장 木의 본질(本質)

木에는 양목(陽木)과 음목(陰木)이 있으니, 표면적인 木이라 할 수가 있는 갑목(甲木)과 내면적인 木이라 할 수가 있는 을목(乙木)이 그것이다. 양목은 木의 기(氣)로 관찰을 하게 되고, 음목은 木의 질(質)로 보게 되는데, 이 둘은 또한 木의 음양(陰陽)과 같아서 서로 분리를 할 수도 없고 그래서도 되지 않는 것으로 관찰을 하게 된다.

【서양심리학과의 비교】

木의 위치는 서양심리학에서 관찰을 할 적에는 지각파(知覺派)의 성분으로 분류를 하게 된다. 여기에 다시 갑목(甲木)은 외향적으로 보고 을목(乙木)은 내성적으로 구분을 하게 되는데, 사물을 인지하고 통제하고 관리하는 행위에 해당하는 것으로 관찰을 하게 된다. 그리고 눈에 보이는 것을 관리하고자 하는 면이 두드러지고 보이지 않는 세계에 대해서는 인식하기 어려운 성분으로 이해를 하기도 한다. 보다 자세한 부분은 앞의 제1장을 참고하기 바란다.

1. 갑목(甲木)

갑목(甲木)은 木의 양(陽)에 대한 부호이다. 木의 기(氣)에 해당하기도 한다. 생기(生氣)라고도 하고, 초목(草木)에서는 새싹이 돋아나는 상황으로 이해를 할 수도 있다. 늘 생동감(生動感)으로 넘쳐나는 성분이기 때문이다. 골목에서 해가 넘어갈 때까지 지칠 줄 모르고 떠들며 노는 아이들을 생각하게 된다.

【하건충설(何建忠說)】
본질(本質)은 생장(生長)하는 성분으로 모여서 무리를 이루는 형태가 되며[聚結] 전체적으로는 능동적(能動的)이기도 하다. 이것은 자연에서 동물(動物)로 관찰을 하게 된다.

[해석]
갑목(甲木)을 동물(動物)로 보게 되는 것은 생명체(生命體)라고 하는 것을 전제(前提)로 하고, 다시 생명체 중에서 활발하게 움직이는 것을 찾는 과정에서 연결이 된 것으로 이해를 한다. 즉 생명체는 움직이는 것[동물]과 움직이지 않는 것[정물-식물]으로 나누게 되는 것이므로 여기에서 양의 성분은 움직이는 것으로 봐서 동물로 결정이 났을 것으로 보는 것이다. 그리고 동물은 다시 활동하는 성분으로 보게 되므로 활동적인 생명체로 연결을 시키기도 한다. 그렇다고 해서 식물(植物)은 움직이지 않는다는 의미는 아니다. 식물도 木이라면 움직인다고 하거나 혹은 자란 다고 하겠는데, 그 정도가 갑목에 비해서 활발하지 않은 것으로 대입을 하게 된다. 그러니까 식물에서도 동물적인 요소가 있다고 한다면 눈트는 그곳이 되는 것이다. 눈이 트는 것은 움직이는 것이고, 나무의 둥치는 움직이지 않는[혹은 매우 적게 움직이는] 것으로 관찰을 할 수가 있기 때문이다.

【滴天髓 - 甲木論】

갑목참천(甲木參天)이며 탈태요화(脫胎要火)하라.
춘불용금(春不容金)이요 추불용토(秋不容土)니라.
화치승룡(火熾乘龍)하고 수탕기호(水蕩騎虎)하라.
지윤천화(地潤天和)하면 식립천고(植立千古)니라.

[뜻풀이]

갑목(甲木)은 하늘을 찌를 듯이 솟아나는 성분이며,
처음에 움직일 적에는 火의 도움이 필요하다.
봄의 木은 金을 받아들이지 않고,
가을의 木은 土를 용납하지 않는다.
불길이 거세지면 진토(辰土)를 의지하게 되고,
물이 질펀하면 인목(寅木)을 의지하게 된다.
지지(地支)가 촉촉하고, 천간(天干)이 따스하면,
곧게 심어져서 천년의 세월을 살게 된다.

[상세풀이]

'갑목참천(甲木參天)'을 이해하면서 갑목(甲木)을 나무라고 단정하면 생각의 한계를 가져오게 된다. 그냥 뻗어나가는 추진력으로 이해한다면 오히려 실수를 줄이는 관찰력을 얻을 수가 있다. '갑목(甲木)은 나무'라고 할 수도 있지만 그렇다고 해서 나무인 것만이 아니라고 봐야 한다. 그리고 나무에서도 나무의 뻗어나가는 성분 정도로 보는 것이 중요하다. 즉 하늘을 찌를 듯이 솟아오르는 성분인 것이다. 그런데 왜 하늘로 솟아오를까? 그 이유는 그렇게 하늘로 향해서 추진하는 것이기 때문이다. 마치 로켓의 모습과 흡사하다. 로켓은 갑목의 변형이라고 봐도 좋을 정도이다. 로켓은 정확하게 하늘로 향해서 추진하는 구조로 되어 있다. 이것은 비행기와 다른 구조라고 하는 것을 생각하게 된다.

그럼 하늘은 무엇인가? 그것은 무토(戊土)이다. 무토는 대기권(大氣圈)이기 때문이다. 그러므로 갑목(甲木)이 무토를 극하게 되는 것이기도 하다. 갑목이 왜 기토(己土)를 극하지 않고, 무토를 극하는지에 대해서 이와 같은 답을 얻었다. 그리고 가장 효과적으로 무토를 극하는 방법이 곧게 하늘로 솟아오르는 것이다. 왜냐면 옆으로 비스듬하게 나아간다면 결코 무토로부터 자유로울 수가 없기 때문이다. 곧게 뻗어 나가야만 무토인 중력(重力)을 극제(尅制)할 수가 있다. 로켓이 실패하는 이유도 아마 곧게 추진하지 못해서 생기는 원인이 아닐까 싶다. 이것을 고인(古人)은 참천(參天)으로 본 것이다. 참천은 갑목의 별명으로 봐도 된다. 사전을 찾아보면 참천은 '공중에 높이 뻗어나가는 모양'으로 되어 있다. 결코 나무가 자라는 그러한 좁은 의미가 아니라는 것을 발견하게 된다면 이렇게 해석하는 것이 적천수의 묘미(妙味)라는 것을 바로 깨닫게 될 것이다.

'처음에는 火의 도움이 필요하다.' 라는 말을 어린 나무일 때에는 火의 온기(溫氣)가 필요하다고 해석을 해도 되지만, 木의 추진력을 얻기 위해서도 火가 필요하다는 의미도 된다. 로켓을 보면서 생각해 보자. 처음에 갑목(甲木)으로 추진하기 위해서 어떻게 하는가? 처음에는 강렬한 화력

(火力)으로 인해서 출발하게 된다. 물론 로켓은 나중에도 어느 정도의 화력에 의해서 출발한다. 그것은 당연하다. 로켓이 갑목 자체는 아니기 때문이다. 다만 비유한다면 그러한 동작들이 연결되어서 이해를 돕는다는 것이다. 그래서 木은 여름이든 겨울이든 계절과 관계없이 처음에는 火의 기운이 필요하다고 하는 것이다. 반드시 이른 봄에만 火가 필요한 것이 아니라 갑목은 항상 火를 필요로 한다.

그렇다면 일간(日干)으로 대입을 할 적에는 어떻게 해석을 해야 하는가? 그것은 바로 갑목(甲木)의 경우에는 어느 정도의 火가 반드시 필요하다고 하는 것으로 해석을 하면 된다. 그리고 그 火는 추진력을 얻기 위한 연료로 봐도 되겠다.

'봄에는 金을 받아들이지 않는다.'라는 부분에서 비로소 사주에 대한 해석으로 들어간다. 즉 앞의 절반은 형이상학적(形而上學的)으로 갑목(甲木)을 관찰하고 뒤의 절반은 형이하학적(形而下學的)으로 관찰을 한 의미가 다분히 나타나 있다고 보는 것이 올바른 해석이 된다. 그러니까 앞에서는 갑목의 특성을 논하고 뒤에서는 갑목을 쓰는 방법에 대해서 논하는 것으로 갑목의 체(體)와 용(用)으로 구분하여 관찰한다고 해도 된다.

그래서 봄의 갑목(甲木)은 金을 고려하지 못하고, 그 힘이 마구 솟아나가는 성분인데 여기에 金으로 극을 하게 된다면 대형사고가 발생하게 되는 것이다. 마치 시속 100km로 달리는데 갑자기 거대한 바위가 나타나면 부딪쳐서 대형사고가 발생하는 것과 같은 이치이다. 그래서 봄에는 金을 용납하지 않으며, 金을 쓰려고 생각을 해도 안된다는 의미도 포함이 된다.

그리고 '가을에는 土를 용납하지 않는다.'라는 말은, 이미 木의 기운이 쇠해서 더 이상 뻗어 나갈 여력이 없는 상황이라서 그대로 멈추게 되는데, 다시 金의 극제(尅制)까지 받게 되었으므로 이번에는 아예 木의 힘이 소멸되어 가는 상태라고 하겠다. 다시 土를 만나서 토생금(土生金)이 되면 金의 기운이 더욱 강화되고, 木은 완전히 소멸이 될 가능성까지 발생하게 되므로 가을에는 土를 용납하지 않는다고 하는 것이다.

처음에 추진력을 필요로 할 적에는 火가 중요하지만 만약 그 火가 너무 강력하다면 오히려 木의 기운에 장애를 받게 된다. 그러므로 '불이 치열하게 되면 습토(濕土)에 뿌리를 내리고 의지하게 되는 것'이다. 습토는 당연히 진토(辰土)가 으뜸이 된다. 이 정도의 해석은 벗님도 능히 하실 수가 있을 것이므로 길게 늘어놓지 않아도 되겠다.

'물이 질펀하면 인목(寅木)을 의지한다.'라고 하였으니 이것도, 지지의 과습(過濕)을 염려하는 것인데, 인목은 습기를 흡수하여도 뿌리가 썩지 않는 건조형 지지(地支)이기 때문에 매우 중요하게 작용하는 것이다. 이보다 더 좋은 해결책은 없기 때문에 그 대입의 방향을 제시하고 있는 것이다.

지지에는 진토(辰土)를 만나서 촉촉하고, 천간에는 병화(丙火)를 만나서 따스하다면 갑목(甲木)의 희망으로는 더 이상 바랄 것이 없으니, 그대로 곧게 자라서 천년을 간다고 해석을 한다.

【심리적인 해석 - 전진(前進)과 통제(統制)】

갑목(甲木)의 심리적인 구조는 전진(前進)과 통제(統制)로 대입을 한다. 갑목은 앞으로 전진하는 성분이 무척 강하기 때문에 후진이 뭔지 모르는 성분이기도 하다. 그리고 앞을 향해서 통제하는 성분이기도 하므로 공간에 대한 인지능력이 좋다. 이것을 서양심리학으로 대입한다면 지각적(知覺的)으로 생각하는 스타일이라고 하겠고, 생각이 나는 대로 바로 통제하고 시행하고자 하므로 즉흥성이 강하다고 관찰을 할 수도 있으며, 오랜 시간을 궁리하고 고민하는 것은 어울리지 않는다. 이러한 성분을 십성(十星)에서는 '편재(偏財)'라고 하며 관리자(管理者)나 감독(監督)의 역할에 잘 어울린다.

갑목(甲木)에 대해서는 좀 더 부연해서 설명을 할 필요가 있겠는데, 졸저《왕초보 사주학(심리편)》에서 갑목의 표면심리(表面心理)와 내면심리(內面心理)를 언급하면서 갑목의 표면적인 성분으로 비견(比肩)을 생각하고, 내면적인 성분으로 편재(偏財)를 언급했는데, 여기에서 이러한 부분을 수정하도록 한다. 나머지 양간(陽干)도 같이 보면 되겠다.

즉 갑목(甲木)의 본질(本質)을 목기(木氣)로 고정해서 보고, 목기(木氣)는 십성(十星)의 영역에서는 편재로 이해를 하면 되겠다. 비견(比肩)에 대해서는 오해가 있었다고 하겠는데, 그 오해가 생기게 된 연유는 '강력한 통제력'으로 인해서이다. 즉 통제력(統制力)이 강하므로 주체성이 강할 것으로 관찰을 했는데, 실상으로 연구해 오는 과정에서 통제력과 주체성의 연관성을 묶기 보다는 별도로 대입을 하는 것이 타당한 것으로 밝혀졌다.

2. 을목(乙木)

 을목(乙木)은 木의 음(陰)에 대한 부호이다. 목질(木質)에 해당하기도 한다. 을목을 화초라고도 하는데, 이것은 정확한 것이 아니다. 초목(草木)이든 고목(枯木)이든 모두 을목의 형태를 띠기 때문이다. 목질이기만 하다면 을목으로 간주해서 무리가 없다. 그리고 살아 있느냐? 혹은 죽어 있느냐? 하는 것을 구분하는 것은 여기에 갑목(甲木)이 같이 있는가 없는가를 구분하는 것이기도 하다. 즉 갑목과 분리되면 죽은 나무가 되고, 함께 있으면 살아 있는 나무가 되는 것이니 그로 인해서 죽은 나무는 재목(材木) [순수한 을목]이 되는 것이고, 살아 있는 나무는 계속해서 성장(成長) [갑목과 함께 있는 을목]을 하고 있는 것으로 이해를 하면 매우 타당한 대입이다.

【하건충설(何建忠說)】

 본질(本質)이 생장(生長)적인 것을 가리킨다. 모여들어서 집결하는 성분이고, 전체적인 모양은 응결되어서 가만히 머무르는 형태이니 이것은 식물(植物)이다.

[해석]

 을목(乙木)을 식물(植物)로 보는 것은 고정적[음(陰)의 속성(屬性)]인 성분이면서 성장하는 물질로 관찰을 하는 연고이다. 갑목(甲木)이 동물(動物)인 반면에 을목은 식물(植物)이 되는 것이니 木의 음양(陰陽)에 따른 차이라고 이해를 하게 된다.

【滴天髓 - 乙木論】
을목수유(乙木雖柔)하나 규양해우(刲羊解牛)하고,
회정포병(懷丁抱丙)하면 과봉승후(跨鳳乘猴)하며,
허습지지(虛濕之地)에는 기마역우(騎馬亦憂)요.
등라계갑(藤蘿繫甲)하면 가춘가추(可春可秋)니라.

[뜻풀이]
을목(乙木)은 비록 유연하지만
축토(丑土)와 미토(未土)를 뚫을 수 있다.
정화(丁火)를 품고 병화(丙火)가 감싸면,
유금(酉金)이든 신금(申金)이든 두렵지 않다.
질퍽하고 물렁한 땅을 만나게 되면,
오화(午火)를 만나더라도 또한 근심스럽다.
갑목(甲木)을 만나 기운이 엉켜서 하나가 되면,
봄에도 좋고 가을에도 좋다.

[상세풀이]
'을목(乙木)은 음(陰)의 나무라고 하여 부드럽고 연약하지만, 축토(丑土)나 미토(未土)에도 능히 뿌리를 내릴 수 있다.' 라고 하였는데 그 이유는 음목(陰木)은 목질(木質)이기 때문이다. 갑목(甲木)은 앞으로만 전진하는 성분이지만, 을목은 뿌리를 내리고 구체적인 물질의 형상을 갖추고 있는 성분이니 능히 뿌리를 내릴 수 있는 것이다. 그리고 을목이 있기에

갑목이 앞으로 뻗어 나갈 수가 있는 것이다. 그러니까 을목은 갑목의 뿌리이기도 하다는 뜻이다. 하나의 나무가 있다면 줄기와 뿌리는 모두 을목이고, 잎과 눈은 모두 갑목이라고 말을 해도 되는 것이다.

'병정화(丙丁火)를 얻으면 신금(申金)이나 유금(酉金)을 두려워하지 않는다.'라는 말은 金은 '숙살지기(肅殺之氣)'로 성장을 중지시키는 성분이기 때문에 두려운 존재지만 병화(丙火)나 정화(丁火)를 만나게 되면 그대로 성장이 가능하므로 金을 무시하고 성장한다는 의미가 된다. 이것은 온실(溫室)의 화초(花草)는 가을이나 겨울이 되어도 여전히 성장이 가능한 것과 같은 의미이다.

'회정포병(懷丁抱丙)'의 의미를 보게 되면, 정화(丁火)는 지온(地溫)이 되고, 병화(丙火)는 기온(氣溫)이 된다. 을목(乙木)이 성장하는데 필요한 것이 지온과 기온이라고 한다면, 회정포병을 이와 같은 관점으로 살펴봐도 되겠다. 그렇게 되면 '과봉승후(跨鳳乘猴)'를 하게 된다는 말이므로 金의 기운을 만나도 아무런 문제가 없는 것이다. 아마도 병화의 기운만 받아도 능히 금기(金氣)로부터 자유로울 수가 있을 것으로 생각할 수도 있지만, 비록 여름이라고 하더라도 땅이 냉하면 나무는 시들게 되는 것과 같아서 그것도 곤란한 일인지라 정화의 도움까지도 있다면 비로소 완벽하게 1년 내내 성장하는 나무가 될 것으로 해석이 가능하겠다.

이렇게 火는 병정화(丙丁火)를 적어 놓고, 金은 신유금(申酉金)을 표시하는 이유는 무엇일까? 그러니까 을목(乙木)에게 두려운 것은 천간(天干)의 경신금(庚辛金)보다도 지지의 金이 더 부담이라고 해야 하겠는데, 사실 木의 생명점은 뿌리 쪽에 있다고 하는 것을 생각해 보면 일리가 있다고 할 것이다. 즉 지상의 초목은 시들어도 뿌리가 다시 싹을 틔울 수가 있다는 이야기인데, 지지에 뿌리를 뻗는데 두려운 것은 지지의 금기(金氣)인 신금(申金)과 금질(金質)인 유금(酉金)인 것이다.

그런데 여기에서 특이한 것은 앞의 갑목(甲木)편에서는 전반의 절반이 형이상학(形而上學)이라고 했는데, 여기에서는 처음부터 모두가 형이하학(形而下學)으로 논하고 있다는 것이다. 그 이유는 을목(乙木)은 어차피 물질에 가까운 성분이기 때문에 이렇게 논하는 수밖에 없다는 것을 의미하는 것은 아닐까 싶다. 이것이 음양(陰陽)에 의한 확연한 구조를 설명하는 것이라고 하겠고, 이렇게 이해하지 않으면 갑을목(甲乙木)을 바로 이해하지 못한 것이라고 봐도 될 것이다.

지지(地支)에 습기(濕氣)가 과중하면 木의 뿌리는 썩게 된다. 갑목(甲木)편에서는 '수탕기호(水蕩騎虎)'를 말했는데, 을목(乙木)편에서는 '허습지지(虛濕之地)'를 말한다. 갑목은 허습지지 정도는 크게 문제를 삼지 않는 것으로 봐도 되겠다. 그 차이는 갑목은 싹과 같고 을목은 뿌리와 같기 때문이다. 그래서 갑목에게 문제가 될 것이 없는 것도 을목에게는 과습(過濕)하면 뿌리가 썩으므로 의지할 곳이 필요한데, 혹시 오화(午火)를 타고 있으면 이것은 그야말로 근심이 넘친다고 하는 것이다. 왜냐하면 오화가 지지에 있고 과습한 구조를 함께 갖게 된다면 땅이 부패하게 되어 뿌리는 썩어 퇴비가 될 것이기 때문이다. 그러니까 하늘이 따스한 것은 木이 바라는 바가 되지만, 지지가 뜨겁다는 것은 있을 수 없는 일이며 만약 그러하다면 그대로 木이 죽어버리게 되니 그래서 근심하는 것이다. 이러한 것을 관찰했다는 것은 참으로 대단한 안목이다.

'갑목(甲木)과 얽히게 되면 봄이나 가을이나 모두 좋다.'라는 말은 을목(乙木)이 갑목을 만나면 쭉쭉 뻗어 가는 성장이 보장되기 때문이다. 등라계갑(藤蘿繫甲)을 오해하여 소나무를 등나무가 감고 올라가는 것이라고 해석을 하는데 실은 갑목과 을목이 서로 엉키게 되면 을목의 성장이 더욱 급속하게 진행이 되는 것을 의미하며, 갑목이 없다면 木의 기운이 부족하여 성장하는데 매양 시간이 걸리고 더디다는 것을 의미하는 것으로 해석을 해 보게 되면 또 다른 묘미가 나타나는 것이다.

생각을 해 보시라. 왜 을목(乙木)이 갑목(甲木)을 감고 올라가야 한다고 생각하시는가? 을목은 아무 곳으로나 뻗어나가도 무방하다. 그리고 을목이 과연 넝쿨식물인지도 생각을 해 봐야 한다. 사실은 그냥 木의 질(質)이라고 봐야 하는 것이다. 그러므로 소나무나 전나무가 木의 기운을 품게 되면 무럭무럭 자라게 되는 것으로 보면 그만이지 여기에 무슨 나무의 품종을 논하는 것은 그야말로 '남의 다리 긁는 격'이라고 해야 할 것이다.

예컨대, 암벽에 붙어서 살아 있는 나무는 갑목(甲木)의 기운이 부족하여 성장이 매양 더디게 된다. 그리고 옥토(沃土)에 뿌리를 내린 나무는 무럭무럭 자라게 된다. 이러한 것은 갑목을 만나고 못 만남의 차이로 관찰하게 되는 것이다. 그렇게 되면 봄에는 많이 성장을 할 것이고, 가을에도 그대로 성장을 하게 되는 것이므로 가장 좋은 것으로 보게 된다. 여기에서 다시 갑목이 소나무가 아닌 이유를 생각해 볼 수가 있는데, 가을에도 좋다는 것은 가을에 소나무를 의지하고 있는 덩굴은 시들지 않는다는 말인가를 살펴보면 이내 알 일이다.

【심리적인 해석 – 현실(現實)과 치밀(緻密)】

을목(乙木)의 심리적인 구조는 현실적(現實的)인 성분과 치밀한 것으로 대입을 하게 된다. 현실적이라는 것은 나무를 생각해 보면 이해가 되는데, 나무가 현실적이지 않으면 생존이 불가능하다. 이것은 해가 떠 있어야 광합성 작용을 하기 때문에 성장이 가능하고, 비가 오면 물을 흡수해야만 생존이 가능하기 때문이다. 그래서 외부의 조건에 대해서 민감하게 작용을 하는 것으로 인해서 우리가 인지를 할 적에는 현실적이라고 보게 되는 것이다. 아울러서 치밀한 것도 같은 의미이다. 나무가 너무 주변의 환경을 무시하고 위로만 자라게 되면 바람이 불어서 꺾여 버리게 될 것이고, 너무 열매를 많이 매달게 되어도 또한 영양공급의 부족으로 인해서 시들어 버릴 수가 있는 것이기 때문에 치밀하게 계산하고 저울질을 해야 하는 것이다.

마당가의 복숭아나무를 보면 감탄을 하기도 한다. 왜냐면 봄에 꽃이 필 적에는 많이 피었다가 열매를 맺을 적에는 그보다 훨씬 적은 열매를 맺는데, 나중에 또 스스로 열매를 솎아 내고 최종적으로 결실까지 가는 것은 그중에서도 몇이 되지 않는다는 것을 발견하게 되어서이다. 스스로 얼마나 치밀하게 계산을 하고 현실적으로 생존을 위해서 냉철한지 이해하고도 남음이 있으니, 그냥 자손을 많이 번식시키고자 하는 것과는 다르다는 것을 확인할 수가 있다.

이러한 것을 보면서 을목(乙木)의 치밀함과 현실적인 것을 함께 느낄 수가 있는 것이므로 사람도 을목으로 태어난 사람은 이와 같이 현실적이고 구체적이라는 것을 생각하는 것이 어렵지 않게 된다. 이와 같이 격물치지(格物致知)하여 자연을 관하는 것이 공부에 이롭다고 하겠으니 자연이 무수히 많은 힌트를 함축하고 있는 것을 살필 수 있다면 그대로 자연과 하나가 되는 것이 아닌가 싶다. 이것이 오행공부이고 음양공부일 것이다.

제7장 火의 본질(本質)

火의 본질은 양화(陽火)인 병화(丙火)와 음화(陰火)인 정화(丁火)로 나누어진다. 양화는 오행에서 표면적인 火와 통하고, 음화는 오행에서 내면적인 火와 통한다. 표면적인 火는 화기(火氣)로 봐서 쏘아져 나가는 광선(光線)과 같이 논하고, 내면적인 火는 화질(火質)로 봐서 이글거리는 불덩어리로 관찰하게 된다.

【서양심리학과의 비교】

火를 서양의 심리학으로 대입을 하게 되면 사상파(思想派)로 연결을 시키게 된다. 기존의 사상을 흡수하여 수용하고 준수하는 면모를 갖추게 되는데, 이러한 성분은 엄격(嚴格)한 것을 그 본질로 삼기 때문에 정확한 잣대로 삼아서 '쓸모가 있는 것'과 '쓸모가 없는 것'으로 나누는데 추호의 사심(私心)도 없다. 그야말로 공식적(公式的)이기 때문에 엄하다는 말을 하게 되고, 이것은 水의 성분에서 발견하게 되는 식욕(食慾)과 성욕(性慾)의 영역과는 서로 상반되는 개념으로 공익(公益)적이고 원칙적(原則的)인 면모를 나타내게 된다.

여기에 다시 양화(陽火)는 감정적(感情的)인 강제성을 띠게 되어 더욱 융통성(融通性)이 없으나 음화(陰火)는 마음으로 이해를 해 주는 것으로 관찰을 할 수가 있다. 동양의 통치자들은 왕왕 '공명정대(公明正大)'라는 말을 즐겨 사용하는데, 이러한 의미야말로 '火의 본성(本性)'을 대변하는 것이라고 할 수 있다. 즉 火는 그렇게 명명백백(明明白白)한 성분이기 때문에 컴컴하고 어두운 곳에서 뒷거래를 하는 것을 무엇보다도 싫어한다.

1. 병화(丙火)

　병화(丙火)는 火의 양(陽)에 대한 부호(符號)이다. 火의 기(氣)에 해당하기도 하며 구태여 이름을 붙인다면 빛을 닮았다. 병화를 태양(太陽)이라고만 하는 것은 정확한 대입이라 할 수 없다. 태양에는 빛도 있지만 열(熱)도 있기 때문에 모든 불에는 병화가 포함되어 있으며 어떤 불이든 빛을 가지고 있다는 것이다. 다만 그 비중이 많은 것도 있고, 적은 것도 있다고 보면 되겠다. 가령 사람이 만들어 사용하는 것 중에 형광등은 병화의 요소가 많으며, 난로(煖爐)는 정화(丁火)의 요소가 많은 것으로 볼 수 있다.

【하건충설(何建忠說)】

　본질(本質)은 생장적(生長的)이고 주동적(主動的)인 형태이나 전체적(全體的)으로는 변동적(變動的)이 되니 이것은 신령(神靈)이 된다.

[해석]

　병화(丙火)를 신령(神靈)으로 보는 것은 신령은 그렇게 빛으로 나타나기 때문이다. 즉 한 줄기의 빛이 비치면서 신령이 나타나 귀중한 말씀을 해 주고는 홀연히 사라진다는 이야기가 있음을 생각해 본다. 신령이란 열기는 없고 빛만 존재하는 것일 수도 있다. 그래서 영혼을 빛이라고도 하는 모양이다. 사람에게서도 신령이 밝은 사람은 이러한 빛[광채(光彩)]

이 나타날 수도 있으니 그것은 성현(聖賢)들의 초상화에 그려지는 후광(後光)을 의미할 수도 있다.

【滴天髓 - 丙火論】

병화맹렬(丙火猛烈)하니 기상모설(欺霜侮雪)하고,
능단경금(能煅庚金)하나 봉신반겁(逢辛反怯)이니라.
토중생자(土衆生慈)하고 수창현절(水猖顯節)하며,
호마견향(虎馬犬鄕)하면 갑래분멸(甲來焚滅)이니라.

[뜻풀이]

병화(丙火)는 기운이 맹렬(猛烈)하여
눈과 서리를 능히 업신여긴다.
경금(庚金)을 만나면 단련시키지만,
신금(辛金)을 만나면 도리어 두려워한다.
土가 많아도 따뜻한 자애심으로 감싸 주고
무서운 水를 만나도 굴하지 않는다.
인오술(寅午戌)의 화세(火勢)가 모여 있을 때
갑목(甲木)을 만나게 되면 木은 불타버리게 된다.

[상세풀이]

병화(丙火)는 맹렬하다. 그 성분이 빛이기 때문에 어디라도 파고들어 간다. 빛은 직진(直進)하는 성분이지만 반사(反射)의 능력을 발휘하여 곡선(曲線)도 만든다. 이러한 능력으로 어디든지 파고들어 가며 그 힘이 맹렬하여 막히는 곳이 없다. 그래서 '눈이나 서리로도 그 강력한 빛을 막을 수가 없다.'라는 말은 임수(壬水)와 계수(癸水)로도 어떻게 하지 못한다는 뜻인데, 이는 병화(丙火)의 빛은 아무리 춥다고 해도 그대로 파고 들기 때문이다. 겨울 빛이라고 해서 덜 비추는 것은 아니라는 점을 생각해도 무방하다.

'경금(庚金)을 단련시킨다는 것'은 무엇인가? 경금도 하나의 기운(氣運)이다. 물질이 아니라는 것이다. 그래서 숙살지기(肅殺之氣)라고 하는 것인데, 이러한 기운이 매섭지만 병화(丙火)를 만나면 일순간에 녹아 버리니 그래서 단련한다는 말을 하게 되는 것이다. 병화가 열이 아니듯이 경금도 광물질이 아니라는 것을 이러한 힌트를 통해서 능히 판단할 수가 있다. 자칫하면 형이하학적으로 이해를 해서 그 테두리에 머물러 버릴 수도 있으므로 이러한 것을 잘 살피는 것이 공부하는 사람이 해야 할 일이라고 하겠다.

그런데 '신금(辛金)을 만나면 도리어 두려워한다.'라고 한 것은 왜 그럴까? 이것은 신금이 무엇이냐에 따라서 해답이 달라진다. 우선 신금은 金의 질(質)이라고 하겠고, 그것은 광물질로 봐도 그만이다. 그리고 빛이 통과할 수가 없는 성분이라는 것도 미뤄서 짐작이 된다. 금속(金屬)이나 암석(巖石)을 떠올려도 무방하다. 아무리 천하(天下)의 병화(丙火)라도 암반을 뚫고 들어갈 방법은 없으니 자신의 힘이 통하지 않는 곳에 당도하여 두려움이 발생하는 것으로 관찰을 한다.

여기에 신금(辛金)을 흑체(黑體), 즉 빛을 흡수하는 존재로 대입하게 되면 이제 왜 신금 만나기를 이렇게도 두려워하는지 그 이유를 명백하게 알 수가 있다. 즉 신금은 빛을 흡수해 버리기 때문에 병화(丙火)는 바로 사라진다고 볼 수가 있는 까닭이다. 빛이 흡수되면 존재가 상실되는 것이니 죽음이라고 봐도 무리가 없다. 광물질로 봐서 통과할 수가 없다고 보거나, 혹은 흑체가 되어서 빛을 완전히 흡수해 버리거나, 여하튼 천하의 병화가 어떻게 하지 못하는 것만은 틀림이 없는 것으로 이해를 하면 된다.

'土가 많으면 따뜻한 자애심으로 감싸준다.'라는 말은 무토(戊土)나 기토(己土)가 병화(丙火)의 힘이 있어야 무슨 일을 할 수가 있는 것이다. 그래서 土는 오로지 병화의 힘을 필요로 하게 된다. 무토의 대기권도 병화의 힘이 있어야 유지가 되며, 기토의 토양도 병화가 있어야 삼라만상을 포함해서 성장시킬 수가 있는 것이니 土에게는 필연적으로 병화가 필요하다고 해야 하겠다.

병화(丙火)는 土에게 아낌없이 준다. 그래서 자애심으로 감싸 주게 되고, 土가 아무리 많아도 그와 같은 현상은 진행이 된다. 여기에서 병화의 힘이 강하고 약함을 논하지 않는 것은 천간(天干)의 이치는 사주풀이라고 하기보다는 자연의 이치를 설파하는 것이기 때문이다. 그러므로 사주의 이치에 너무 얽매여서 관찰을 하게 되면 관찰력도 그 한계에서 벗어나지 못하게 된다는 점을 다시 강조한다.

'무서운 水를 만나도 굴하지 않는다.'를 살펴보면서 앞에서의 '기상모설(欺霜侮雪)'이 천간(天干)의 상황을 말하는 것이었다고 하면 이번의 '수창현절(水猖顯節)'은 지지(地支)의 상황을 놓고 생각을 해봐도 된다. 즉 임계수(壬癸水)가 강하(江河)를 이루게 되어도 빛이기 때문에 병화(丙火)는 아무런 두려움이 없다.

또 다른 관점으로 본다면 임계수(壬癸水)든 해자수(亥子水)든 빛이 도움을 주는 것이 중요하다. 그렇지 않으면 또한 냉기와 얼음물이 무슨 힘이 있겠느냐는 관점으로 살펴도 된다. 그러니까 水를 만나게 되면 병화는 얻을 것은 없지만, 그렇게 자신의 기운을 베풀어서 충성을 하게 되는 것이다. 충성이란 관살(官殺)에게 봉사한다는 의미로 봐도 무리가 없겠다. 자신의 일을 하고 있을 뿐이지만 유백온 선생은 그렇게 절개를 지킨다고 했다. 그 이유는 당시의 상황이 그렇게 해야만 왕으로부터 의심을 받지 않았을 것이기 때문인지도 모를 일이다. 그리고 그 당시의 속사정이야 요즘 사람으로는 생각이 미칠 길이 없으니 그냥 짐작만 하게 된다.

'인오술(寅午戌)이 모여 있을 때, 갑목(甲木)이 오면 멸하게 된다.' 라는 말은 보기에 따라서 여간 까다로운 구절이 아니다. 간단히 생각을 하면 화다목분(火多木焚)으로 이해를 하면 그만이다. 그런데 이렇게 보게 되면 너무도 당연한 이야기를 넣어서 뭘 어쩌겠다는 것인지가 의심스럽다. 그래서 다시 뭔가 숨은 뜻이 있을 것이라고 생각하는 것은 '걱정팔자격'을 타고난 저자의 고민인지도 모를 일이다.

우리는 갑목(甲木)을 뻗어 가는 에너지로 봤다. 그렇다면 병화(丙火)는 폭발하는 에너지가 아닌가? 이렇게 서로 발산하는 성분끼리 만나게 되면 그 자체만으로도 거의 폭발하기 일보 직전인데, 다시 화세를 돕는 인오술(寅午戌)이 모여 있으면 그대로 木의 기운도 날려버린다고 보면 조금은 나은 관찰일 듯싶다.

【심리적인 해석 – 난폭(亂暴)과 폭발(爆發)】

병화(丙火)는 사리사욕(私利私慾)이 없다. 그야말로 공리(公利)와 공욕(公慾)의 본체(本體)라고 할 수가 있겠다. 그러므로 공명정대하여 마치 포청천을 연상시키기도 한다. 허물을 범한 이가 재상이든 병졸이든 구분하지 않는다. 죄의 경중을 논해서 작두를 대령하거나, 형틀에 매달 뿐이다. 그래서 모두 그를 두려워한다. 병화에서 이와 같음을 발견할 수 있는 것은 사사로움이 없기 때문이다.

자신에게 주어진 일에 대해서는 그대로 원칙대로 준수를 할 뿐이다. 그래서 융통성이 없다. 인정사정도 없다. 오로지 원리원칙만이 존재한다. 그 외의 모든 이야기는 구구한 변명에 불과하다고 생각을 하게 된다. 병화(丙火)의 본성을 이렇게 이해하는 것이 중요하다. 태양은 그대로 빛을 내 쏘는 것이며, 상황에 따라서 구분을 두지 않는 것과 같다. 난폭하다는 말도 할 수가 있고, 폭발한다는 말도 가능하다. 중요한 것은 개인적인 사정을 고려하지 않는다는 것이다. 이것이 병화의 모습이다.

병화(丙火)는 신령(神靈)이라고 했듯이 형형(炯炯)한 광채(光彩)를 떠올리게 된다. 눈이 부셔서 바로 쳐다볼 수가 없는 느낌이기도 하다. 그래서 신이 되는데, 태양(太陽)이 신이 되는 것도 어쩌면 당연한 것인지도 모를 일이다. 태양이 아무래도 병화를 가장 많이 닮았다고 보겠는데, 그러한 점에서 경배(敬拜)와 두려움의 대상으로 아득한 옛적부터 인식되어 온 것이 우연이라고 하기 어렵겠다. 그리고 세상도 원칙이 지켜지지 않으면 암울(暗鬱)하다고 하고, 암흑(暗黑)이라고도 하는데, 병화가 질서를 잡게 되면 광명천지(光明天地)라고 하게 되니 이러한 관점에서 병화의 심리구조를 이해하면 도움이 될 것이다.

그런데 사람의 사주에는 병화(丙火) 하나만 있는 것은 아니다. 그러므로 주변의 글자가 어떤 자세를 취하고 있느냐는 것도 살펴서 함께 관찰을 해야 하는데, 이러한 것은 앞으로 60갑자의 각론에서 설명을 할 것이지만 비록 그렇게 전개가 되더라도 병화의 기본적인 성분은 그대로 작용을 하는 것으로 생각하는 것이 중요하다. 이러한 성분을 십성(十星)으로는 '편관(偏官)'이라고 한다.

2. 정화(丁火)

　병화(丙火)를 빛이라고 하면, 정화(丁火)는 열(熱)로 본다. 화질(火質)이 되기도 한다. 사방으로 분산되는 빛을 따라서 함께 움직이기도 한다. 그래서 빛과 열은 분리가 될 수 없다. 정화는 물속에도 들어갈 수가 있어서 따끈한 커피를 마실 수도 있다. 병화가 물속에 들어갈 경우에는 물이 맑아야 한다. 정화는 맑지 않아도 들어가지만 병화는 뭔가 장애물이 있으면 침투할 수가 없는 것이 정화와 다른 점이다.

【하건충설(何建忠說)】
　본질(本質)은 생장적(生長的)이며 주동적(主動的)인 형태이다. 전체적(全體的)인 상태는 모여서 응결(凝結)하는 형상이니 이것은 심령(心靈)이다.

[해석]
　심령(心靈)은 신령(神靈)과 대비가 되는데, 신령이 외부의 거대한 힘으로 다가온다고 하면, 심령은 내부에서 일어나는 영적(靈的)인 현상이라고 이해를 할 수가 있겠다. 흔히 감정(感情)이 일어나는 것으로 이해를 하거나, 마음이라는 말로 표현하기도 하는 것으로 양심(良心)이나 자아(自我)가 모두 여기에 해당하는 것이다. 양심은 도덕성(道德性)과도 연결이 된다. 그래서 가장 합리적(合理的)인 사고력(思考力)을 가지고 있

는 성분이기도 하다. 마음은 밝은 것이 그 본질(本質)이라고 하겠고, 뜨거운 것이 그야말로 심장(心臟)의 열기(熱氣)라고 하겠으니 심령(心靈)은 이러한 의미로 이해를 하게 된다.

【滴天髓 - 丁火論】

정화유중(丁火柔中)하고 내성소융(內性昭融)하며,
포을이효(抱乙而孝)하고 합임이충(合壬而忠)이니라.
왕이불열(旺而不烈)이요 쇠이불궁(衰而不窮)이며,
여유적모(如有嫡母)하면 가추가동(可秋可冬)이니라.

[뜻풀이]

정화(丁火)는 유연하면서도 중심이 있고,
그 속의 성품은 쇠를 녹일 수가 있다.
을목(乙木)을 감싸서 효도하고,
임수(壬水)와 합하여 충성한다.
왕성(旺盛)하여도 맹렬하지 않으며,
쇠약(衰弱)해도 궁색하지 않다.
적모(嫡母)가 곁에 있다면,
가을이나 겨울이 모두 좋다.

[상세풀이]

정화(丁火)가 부드러운 이유는 곡선(曲線)이기 때문이다. 그렇다면 병화(丙火)는 직선인가? 그렇다. 빛은 직진하는 성분이기 때문에 병화는 직선이다. 그렇다면 정화가 곡선이라는 논리는 있는가? 그렇다. 온천장(溫泉場)의 마크를 보여드리고 싶다. 그 모양은 욕탕(浴湯)의 물이 덥다는 것을 의미하기 위해서 꼬불꼬불한 선으로 나타내고 있으니 열이 곡선이라는 것을 증명하는 자료라고 해도 되겠다. 만약에 그 마크에 열이 직선으로 표시되어 있었다면 우리는 어떻게 받아들이게 될까? 아마도 그릇에서 빛이 방광(放光)을 하는 것으로 이해를 할 것이고, 조명기구를 표시하는 것이 아닌가 생각을 하게 될 것이다. 그래서 정화(丁火)는 열이고 곡선이라는 말을 하게 되는 것이다.

그럼 앞에서 을목(乙木)은 왜 유(柔)하다고 하였는가를 다시 생각해 보면, 그 이유는 을목의 성분도 또한 굽어지는 성분이 있기 때문이다. 갑목(甲木)의 직진성과 을목의 유연성을 생각하면서 병화(丙火)의 직진성과 정화(丁火)의 유연성이 서로 다른 이야기가 아님을 생각하게 된다. 그런데 부드러우면 부드럽지 또 중(中)은 무엇인가? 유중(柔中)이라고 하니 말이다. 여기에서 바로 정화의 오묘한 해석이 깃들어 있는 것이라고 해야 하겠다. 정화의 성분은 바로 중심(中心)에 자리를 잡고 있다는 것이다. 중앙(中央)이기도 하고, 중심(中心)이기도 하다.

'정화(丁火)와 중심(中心)'의 연결 관계에서는 지구(地球)의 핵(核)을 떠올리게 되면 좋겠다. 지구의 핵은 뜨겁다고 알려져 있는데, 이미 적천수에서 그러한 소식을 알았다는 말일까? 여하튼 여기에서의 중(中)은 그렇게 해석을 할 수가 있다. 그렇지 않다면 불이 중심을 잡고 있다고 하는 말을 더 멋진 해석으로 답변을 찾아보시기 바란다. 아마도 못 찾으실 것이다. 이보다 더 정확한 중심은 없기 때문이다.

그러니까 네 글자 속에 이렇게 많은 정보가 들어 있는 것이라는 걸 예전엔 미처 몰랐던 것이다. 세월이 흘러가면서 조금씩 아주 조금씩 깨달아 가는 것이 자연의 이치와 경전의 깨달음이 아닌가 싶기도 하다. 역시 오랜 시간이 필요한 것은 사실인가 보다. 그렇게 유중의 의미를 깨닫고 혼자 기뻐하는 것은 학문하는 사람의 즐거움이다.

'내성(內性)은 소융(昭融)하다.'라고 했는데 소융의 의미를 찾아보면, '밝고 뜨겁다'의 의미가 된다. 융(融)은 고체를 액체로 녹이는 것을 말한다. 이것이야말로 지구의 내부에 있는 성분으로 봐야 하는 결정적인 단서라고 해도 무리가 없을 것이다. 아마도 땅 속에 불이 들어 있다는 것을 용암이 끓어 넘치는 것을 보고 알아냈을 수도 있겠지만 중요한 것은 이러한 정화(丁火)의 작용을 읽어 냈다고 하는 것이다. 여하튼 속으로 가지고 있는 열이라고 하는 것이 결국에는 밝음과 뜨거움으로 녹이는 두 가지의 능력을 갖고 있다는 것을 이해하는 것만으로도 충분하다고 하겠다.

'을목(乙木)을 감싸고 효도한다.'라는 말은 또 뭔 말인가? 그야말로 예전에 생각했던 대로 '金이 와서 극하는 것을 지켜준다.'라는 의미 외에는 다른 뜻이 없는 것인지도 생각을 해 봐야 할 일이다. 그리고 여기에서 살펴보게 되면 열기를 포함하여 木의 뿌리를 데워준다는 것으로 생각을 하게 된다. 그러니까 만약에 정화(丁火)가 없으면 木은 성장을 할 수가 없는 것이고, 을목은 인성(印星)이므로 어머니라고 봐서 효도(孝道)를 하는 것이라고 풀이한 것이다. 그리고 더욱 묘한 것은 갑목(甲木)은 논하지 않고 을목을 들고 나왔다는 것이다. 실로 갑목을 같은 나무로 본다면 당연히 갑목도 정화가 필요하겠는데, 여기에서 갑목이 아닌 을목을 논한 것을 보면 갑목은 추진하는 에너지라고 본 것이 더욱 분명해진다. 목질(木質)은 온기(溫氣)가 없이는 살아갈 수가 없으므로 이와 같은 글귀로 표현된 것이 틀림없다.

그럼 '임수(壬水)와 합하여 충성한다.'라는 말은 또 어떻게 해석을 해야 할까? 계속 자문자답(自問自答)이다. 임수는 정화(丁火)에게 정관(正官)이므로 임금이기도 하다. 그래서 뭔가 베풀게 되면 충성을 한다는 말로 대신할 수가 있겠는데, 정화가 임수에게 무엇을 베풀어서 충성을 한다는 말인가? 이전의 해석대로 '임수와 합하여 木이 되므로 임수의 쓸

곳을 찾아줘서 충성이라고 하는 것'이 전부일까?

　우선 임수(壬水)의 성분을 미리 엿보게 되면 한정(限定)없는 냉기이다. 온도로 치면 영하 273도이다. 더 이상 추울 수가 없는 절대온도이다. 이러한 성분으로 할 수가 있는 일은 아무것도 없다. 그러니 그대로는 소용이 없는 것이다. 이와 같은 성분을 갖고 있는 임금이라고 한다면 그 마음은 꽁꽁 얼어붙어서 살아남을 백성이 하나도 없을 것이니 정화(丁火)의 입장에서는 그냥 두고 볼 수가 없었겠다. 그래서 열기를 불어넣어서 임수로 하여금 활동을 하도록 만들어야 할 임무가 있다고 하는 것이다. 문득 한 겨울의 북극(北極)을 생각하실 수가 있겠다.

　남극(南極)이나 북극(北極)의 겨울은 무척 춥다. 관측 이후 최대 추위는 영하 93도 정도 된다고 한다. 그러한 정도의 혹독(酷毒)한 추위가 넘치는 곳에서는 정화(丁火)가 없을 것이라고 생각을 했다. 그런데 이정환 선생의 의견에는 만약 어느 지점의 온도가 영하 270도라고 한다면 그곳에는 3도만큼의 정화로 인한 영향을 받은 것이라는 이야기이다. 이러한 부분은 다시 뒤에서 언급이 된다. 과학적이라고 한다면 이보다 더 과학적일 수는 없겠다.

　물론 병화(丙火)도 이렇게 임계수(壬癸水)의 냉기에 도움을 줄 수가 있어서 '기상모설(欺霜侮雪)하고, 수창현절(水猖顯節)이라.'라고 하였지만 정화(丁火)가 하는 일과는 또 차원이 다르다. 즉 병화의 빛은 신금(辛金)의 철벽(鐵壁)에 막히면 달리 어떻게 도움을 줄 수가 없는 것이다. 그런데 정화는 어떤가? 그대로 철벽을 관통해서 임수(壬水)에게 열기를 전달할 수가 있는 것이다. 이러한 것을 보면서 디지털과 아날로그의 차이를 느끼게 된다. 디지털은 빛과 같은 것이라고 한다면 아날로그는 열과 같은 성분이라는 것으로 이해를 하면 되겠다. 이것이 바로 임수와 합하여 충성하는 것이다.

그렇다면 합(合)은 무엇인가? 그야말로 서로 섞이는 것이다. 임수(壬水)의 속에 정화(丁火)가 섞이는 것을 말하는 것이다. 정임(丁壬)이 합하여 木이 된다는 것은 난센스에 가까울 수도 있다. 임수는 임수이고 정화는 정화일 뿐이라고 봐야 할 것이다. 너무 확대할 필요 없이 그냥 정화가 임수를 만나서 임수가 얼어붙는 것을 풀어주고 만물이 소생하게 만든다고 이해를 하는 것으로 충분한 것이다.

다시 무토(戊土)로부터 임수(壬水)를 보호한다는 의미를 관찰해 볼 필요가 있겠다. 과연 정임합목(丁壬合木)하여 무토를 극하는 것일까? 그보다는 무토의 중력(重力)을 떠올려 보면 어떨까? 정화(丁火)가 임수와 합을 하게 되면 수증기(水蒸氣)가 되는데, 그 수증기로 인해서 대기에 습기(濕氣)가 존재하게 되고, 습기로 인해서 만물이 생명을 이어갈 수가 있는 것이니 이렇게 되지 않으면 무토의 극을 받아서 임수는 그냥 얼어붙어 버릴지도 모르겠다. 정임(丁壬)이 합한다는 말도 그렇다. 이렇게 하여 대기에 습기를 유통시키게 되면 비로소 삼라만상(森羅萬象)이 성장하는 것이야 말로 화목(化木)의 현상으로 보는 것이 타당하지 않겠느냐는 것이다.

'왕성해도 맹렬하지 않다.'라는 말은 무엇을 의미하는 것인가? 땅 속의 열기가 아무리 강렬해도 우리가 거주하는 지표의 온도는 적당한 온도를 유지하고 있다. 그래서 왕성해도 맹렬하지 않은 것으로 해석을 해 본다. 이어서 '쇠이불궁(衰而不窮)'을 이해하고 나면 더욱 쉬워진다.

'쇠약해도 궁색하지 않다.'라는 말속에는 영하 93도의 매서운 냉기 속에서 정화(丁火)는 과연 존재하는가를 묻는 것이다. 당연히 정화는 존재한다고 말할 수 있다. 그것도 180도의 온도로 존재한다고 할 수 있으며 이 절대온도는 과학자들이 찾아 준 온도이므로, 아무도 틀렸다고 하지 않을 것이다. 이러한 정도의 관찰은 되어야 쇠이불궁(衰而不窮)이라고 하는 말을 쓸 수가 있는 것이 아닐까? 여하튼 자연의 구조는 이해를 하는 만큼 보이게 되는 것이라고 밖에 달리 할 말이 없다.

'적모(嫡母)가 있으면 가을이든 겨울이든 다 좋다.'라고 했다. 적모(嫡母)를 생모(生母)라고 하지 않은 이유를 또 생각해 봐야 하겠다. 즉 생모는 생모라고 하지 적모라고 하지 않는다. 그러니까 적모라는 말은 이미 서자(庶子)라는 것을 전제로 하는 말이라고 한다면 음양이 다른 어머니를 의미하는 것이 되겠는데, 을목(乙木)을 말하는 것이 아니고 무엇이겠느냐는 결론을 내리게 된다. 그러니까 이번에도 을목이 나오게 된다. 정화(丁火)는 火의 질이기 때문에 생조를 받아도 木의 질로부터 에너지를 얻는다고 해석을 한다면 타당한 대입이 되는 것으로 보겠다.

그러니까 다시 생모(生母)에 해당하는 정인(正印)의 갑목(甲木)은 정화(丁火)를 생조할 수가 없다는 말도 된다. 그래서 적모(嫡母)에게 의지해서 힘을 얻게 된다는 것은 사주의 영역으로 끌고 들어와서 해석을 하는 것으로 보면 되겠다. 그렇게 되면 가을에 金이 많은 사주의 상황이라도 걱정을 할 필요가 없고, 겨울에 물이 많은 상황이라도 능히 수용(受容)을 할 수가 있다는 이야기이다. 즉 정화는 을목(乙木)의 도움이 절실히 필요하다.

【심리적인 해석 - 온화(溫和)와 정직(正直)】

정화(丁火)의 심리적인 구조는 온화하면서도 정직한 것으로 대입을 한다. 온화한 것은 따뜻한 마음으로 사람을 대하는 것으로 이해를 하게 되고 정직한 것은 火의 본성으로 관찰을 하게 된다. 다만 마음은 따뜻하고 사람의 입장을 이해하지만 집행(執行)을 하는 것에 대해서는 엄중(嚴重)하게 처리한다. 이것을 자칫 착각하게 되면 '뇌물이라도 주면 원칙에는 어긋나지만 처리가 될 수도 있다.'라는 생각을 일으킬 수 있지만 그러한 의미로 대입을 할 수가 있는 것은 아니다. 정화의 내심에는 원칙적인 것을 바탕에 두고 있기 때문에 정화는 따뜻한 마음을 품고 있으면서도 정직한 성분이라는 점을 이해하게 된다.

정화(丁火)는 심령(心靈)이라고 했는데, 다른 말로 하면 '양심(良心)'이라고 할 수 있다. 양심 있는 사람이라는 의미도 된다. 때문에 사람의 내면을 파악하는 능력도 뛰어나다고 하겠고, 매우 사소한 힌트를 통해서 그 사람의 속에 깃든 마음을 읽을 수 있기도 하므로 이러한 것이 좋게 작용을 하면 지혜로운 활용이 되겠지만 그렇지 않은 경우에는 오히려 적응을 하기 어려운 면으로 나타날 수도 있으므로 마음에 없는 말을 하지 못하여 대인관계가 불리한 현상으로 나타나게 될 수도 있다.

정화(丁火)는 사람들이 모여들어서 좋은 감정을 유지하기도 한다. 그리고 지혜로운 사람으로 평판을 받기도 하는 것은 서양심리학에서 논하는 분류로 '사상파(思想派)'에 해당하기 때문이다. 그러므로 자신의 길에 대해서 조언을 구하고자 하면 가장 먼저 떠오르는 성분이 될 정도로 따뜻한 조언자가 될 소질을 갖고 있다. 사실 사주에 대해서 임상을 하는 과정에서 인간의 조언자로 활동하는 사람 중에는 정화에 해당하는 사람도 많음을 보게 된다. 그리고 영적(靈的)인 감각이 뛰어나서 접신(接神)의 인연이 잘되기도 하므로 스스로 자신의 마음을 잘 다스린다면 지혜로운 삶을 살아갈 수가 있는 성분이다. 이러한 구조를 십성(十星)으로는 '정관(正官)'이라고 한다.

제8장 土의 본질(本質)

土의 본질은 양토(陽土)인 무토(戊土)와 음토(陰土)인 기토(己土)로 나누어진다. 양토는 오행에서의 표면적인 土가 되고, 음토는 오행에서의 내면적인 土가 되는 것으로도 서로 통한다. 양토를 자연에서는 지구의 중력(重力)으로 대입을 하고, 음토(陰土)는 지질(地質) 즉 땅덩어리로 관찰을 하게 된다.

【서양심리학과의 비교】

土를 서양의 심리학으로 대입을 하게 되면 직각파(直覺派)의 영역으로 관찰을 하게 된다. 직각파는 직관(直觀)이라는 의미가 되는데, 이것은 논리성(論理性)이나 객관성(客觀性)을 고려하지 않고 어떤 영감(靈感)에 의해서 상황(狀況)을 인지하게 되는 성분을 말하는 것으로 여기에 다시 외향(外向)에 해당하는 것은 무토(戊土)가 되고, 내성(內性)에 해당하는 것은 기토(己土)가 된다. 구체적인 내용은 각론(各論)에서 살펴보도록 한다.

1. 무토(戊土)

무토(戊土)는 土의 기(氣)에 해당하고 양토(陽土)가 된다. 이러한 성분은 중력(重力)으로 대입을 하게 되는데, 만물이 지표(地表)에서 생명을 유지하면서 진화해 주는 역할이 된다. 그리고 무토의 기운에 의해서 생명력(生命力)이 활동을 하기도 하고 멈추기도 하는 것은 그것이 공간(空間)으로 존재하고, 그 공간 안에서 만물이 존재하는 까닭이다.

【하건충설(何建忠說)】
본원(本原)의 생(生)이 되므로 생원(生原)이다.

[해석]
생원(生原)이란 생명(生命)의 근원(根源), 혹은 원류(原流)라고도 하는 의미이다. 다른 성분(成分)과 사뭇 다른 느낌으로 대입을 하였는데, 그것은 무토(戊土)가 일반적인 의미로는 이해될 수 없다는 것을 의미한다. 무토는 땅을 떠받치고 있는 성분으로 관찰이 되며, 우리가 존재하게 된 최초의 출발점으로 대입을 하고자 하는 노력이 보인다. 본원(本原)은 지구의 시작이 되기도 하는데, 그렇다는 의미를 어디에서 찾을 것인지 과학자들이 나름대로 분석을 한 내용을 참고해 본다.

지구생성설(地球生成說)에 의하면 우주에는 먼지가 가득 차 있었다고 한다. 이러한 것이 점차로 중심을 이루면서 소용돌이로 뭉쳐지게 되었는데 여기에서 공(空)을 이루는 것은 인력(引力), 즉 끌어당기는 힘이 되는 것이다. 이러한 것이 세월을 두고 쌓여가는 과정에서 비로소 땅이 마련되고 여기에서 다시 생명체를 잉태하게 되었다. 결국 그 무토(戊土)는 여전히 지구를 감싸고 있는데 최초의 먼지에 의한 소용돌이가 있었다고 한다면 혼돈(混沌)이라고 하고, 그 혼돈에서 무거운 것은 가라앉아서 땅이 되고, 가벼운 것은 떠 있어서 허공(虛空)이 되었다고 해석을 할 수도 있겠다. 이러한 의미로 생명의 근원이 마련되었다고 봐서 생원(生原)이라고 할 수 있다.

다만 이러한 이야기들은 나름대로 땅에 남겨진 흔적들을 찾아서 꿰어 맞추는 것일 뿐이고 어느 것이 사실이라고 할 수는 없는 상황이다. 추정하여 그렇게 이해를 하고 있는 것이라고 보는 것이 타당할 것이다. 그 외 여러 가지의 이야기는 그러한 것에 관심을 두는 학자의 몫으로 남겨 두기로 하고, 우리가 관찰을 할 것은 무토(戊土)의 모습은 중력(重力)의 형태로 존재하는 것으로 이해를 하면 된다.

【滴天髓 – 戊土論】

무토고중(戊土固重)하며 기중차정(旣中且正)하고,
정흡동벽(靜翕動闢)하여 만물사명(萬物司命)이니라.
수윤물생(水潤物生)이요 화조물병(火燥物病)하며,
약재간곤(若在艮坤)이면 파충의정(怕衝宜靜)이니라.

[뜻풀이]

무토(戊土)는 단단하고도 무거운 성분이며,
이미 중심을 잡고서 반듯하기도 하다.
고요하면 닫히고 움직이면 열려서

만물의 생명을 관장한다.
수분이 있어 윤택하면 만물이 창성(昌盛)하고,
화기가 많아서 조열하면 만물은 병이 든다.
무토가 진술축미(辰戌丑未)에 있으면,
충돌이 두려우니 안정(安靜)함이 마땅하다.

[상세풀이]

　지구를 떠받치고 있는 것이 무토(戊土)이다. 물론 지구는 허공이 받치고 있는 것이니 편의상 인력(引力), 혹은 중력(重力)이라고 하게 되더라도 아무런 문제가 없다. 이렇게 보이지 않는 곳에서 막강한 실력자로 존재하는 것이 바로 무토인데 이를 일러서 허공(虛空)이라고 해도 되고, 무극(無極)이라고 해도 아무런 문제가 없는 것이 무토의 영역이다.
　'단단하고도 무겁다.'라는 것은 중력의 흡인력(吸引力)이 얼마나 단단한지를 말하는 것이고, 모든 물질이 그 테두리를 벗어날 수가 없으니 그보다 더 단단할 수가 없는 것이기도 하다. 영혼조차도 빠져나가기가 어려운 정도이니 무겁기로 든다면 그보다 더 무거울 수가 없다.
　이미 고인은 지구의 중력을 알고 있었다고 봐야 할 것인가? 아마도 그렇게 봐야 하겠다. 고중(固重)과 중력(重力)은 완전히 같은 의미이기 때문에 때로는 놀라움으로 진저리가 쳐지기도 한다. 이것이 적천수의 천간론을 음미하고 되새기는 맛이기도 하다.
　'이미 중심을 잡고서 다시 반듯하다.'라는 것은 뭘 의미하는가 하면, 중심이란 모든 중력은 한 곳으로 집중되어 있으니 그것이 바로 적중(的中)이라는 말로 가능한 지구의 핵심(核心)이 되는 것이다. 중(中)이란 그러한 의미로 쓰였다고 해석을 하게 된다. 그래서 지구의 중심으로 꽂혀 있는 에너지의 힘을 느끼는 것으로 '중정(中正)'이라는 말을 하는데,

여기에서 바르다는 것은 어느 방향에서도 같은 힘으로 작용을 하게 된다는 것으로 이해를 하면 되겠다.

이미 거미줄과도 같은 이러한 에너지로 뭉쳐진 상태에서 삼라만상이 존재하게 되므로 무엇이라도 여기에서 자유로울 수는 없다. 그러므로 고요하면 닫혀서 만물이 죽게 되고, 움직이면 열려서 만물이 살아나게 되는데, 이것도 다시 살펴보게 되면 호흡(呼吸)에 포인트를 맞출 수가 있을 것이다.

호흡은 무엇이라고 생각하는가? 호흡은 들숨과 날숨에 불과하지만 생사(生死)의 경계(境界)도 바로 여기에서 조금도 벗어나지 않고 있는 것이니, 이 들숨과 날숨이야말로 삼라만상의 생명력인 것이다. 동물이야 당연히 그렇다고 하겠지만 식물도 여기에서 자유로울 수가 없다. 그리고 무토(戊土)의 동정(動靜)운동을 부여받은 것은 생명력을 얻었다고 하고, 잃은 것은 죽었다고 하게 된다. 이러한 것을 '정흡동벽(靜翕動闢)'으로 관찰을 하게 된다. 그래서 뒤의 구절인 '만물사명(萬物司命)'이 말이 되도록 연결시켜 놓고 보면 무토(戊土)는 생각하면 할수록 그 묘미가 더욱 깊어진다.

천간(天干)의 특성 중에서 만물의 생명을 관리한다는 구절은 무토(戊土)에서만 보이고 다른 천간에서는 나타나지 않는다. 물론 기토(己土)의 부분에서도 비슷한 말은 있지만 무토에 비할 바는 아니다. 이와 같은 소식에서 호흡간(呼吸間)에 있는 무토의 생명에너지와 역동성을 느끼게 된다. 과연 적천수의 글이 사람이 쓴 것인지 의심이 들 정도이다. 신(神)의 경지(境地)가 아니고서는 이러한 관찰을 600년 전에 했을 수가 있겠느냐는 경외심(敬畏心)으로 인해서이다.

'정흡동벽(靜翕動闢)'에 대해서 부연설명을 하면, 동물이든 식물이든 모두가 생명의 시작과 끝이 있고 응당 그래야 한다. 동물에서는 정자와

난자가 될 것이고, 식물에서는 씨앗의 발아가 될 것이다. 즉 한 알의 씨앗이 정(靜)할 적에는 그대로 닫혀 있다가, 싹을 틔울 수 있는 환경이 되면 비로소 동(動)하게 되어서 열린다고 하면 그대로 연결이 되는 것이다.

낭월이 예전에 호두나무 아래에서 호두를 한 알 발견한 적이 있는데 때는 따스한 봄날이었다. 그런데 놀랍게도 그 딱딱한 껍질이 벌어지면서 속에서 싹이 나오고 있었던 것이다. 그렇게 단단한 껍질에서 자연스럽게 싹이 밀고 올라오는 것을 보면서 놀라웠던 기억이 퍼뜩 떠오른다. 이것도 '동흡정벽하여 만물사명하는 것'과 다르지 않겠다는 생각이다. 이와 같이 하나의 물상(物象)에서 여러 가지를 읽을 수가 있음이 곧 글의 공덕이며 선현의 지혜라고 하겠다.

다음에는 무토(戊土)의 물질적(物質的)인 관점으로 살펴본다. '수분이 있어 윤택하면 만물이 살아난다.'라고 하였으니 이 말은 공기 중에 습기를 의미하는 것이다. 아무리 건조해도 그 속에는 일정 분량의 습도(濕度)가 있기 마련이다. 그런데 이러한 습도가 없다면 어떻게 될까? 무토가 아무리 살리려고 해도 건조한 공간에서는 식물의 잎이 말라버리고 자궁에서의 태아도 유산이 되어버린다. 그렇다고 해서 수윤(水潤)이라는 것이 물 자체를 말하는 것은 아니다. 그냥 쉽게 생각하면 밭에 물을 뿌리는 것으로 생각을 할 수가 있겠는데, 그것이 아니고 습기를 말하는 것이며, 습기가 많아지면 비가 되는 것이니 이것까지를 포함해서 수윤(水潤)으로 보면 되겠다.

그렇다면 '화조물병(火燥物病)'의 의미도 같은 맥락에서 풀어보면 될 일이다. 즉 대기 중에 습기가 없고 건조하게 되면 만물은 병들어서 이내 죽고 만다는 것으로 보면 아무런 문제가 없기 때문이다. 대표적인 경우를 놓고 본다면 화재의 현장을 생각해 볼 수가 있겠다. 화재의 현장에서 몸이 불에 타지 않았음에도 화기(火氣)를 흡수하게 되어서 폐(肺)가 망

가져 생명이 위태롭게 되는 경우가 있음을 두고 드리는 말씀이다. 그래서 물에 젖은 담요를 둘둘 말고 탈출해야 하는 이유가 이러한 부분에서도 고려되어야 하겠다. 불 속에서 수분이 부족할 것은 당연한 일이기 때문이다.

'간곤(艮坤)에 있을 것 같으면 충(沖)이 두려우니 안정함이 마땅하다.'라는 말은 인신충(寅申沖)이 되면 손상을 받기 때문에 염려하는 것이라고 임철초(任鐵樵) 선생은 설명하였지만, 낭월은 지지의 土로 관찰을 하고자 한다. 여기에서 간(艮)은 간괘(艮卦)를 말하는 것으로 칠간산(七艮山)이 되니 물상(物像)으로는 산(山)을 의미한다. 그리고 오행으로는 양토(陽土)이므로 무토(戊土)와 진술토(辰戌土)가 이에 해당한다. 다만 여기에서는 이미 무토를 논하고 있으므로 무토는 논외로 한다. 다시 곤(坤)은 팔곤지(八坤地)로 음토(陰土)가 되므로 축미토(丑未土)가 이에 해당한다. 그러므로 무토가 진술토와 축미토를 만나게 되면 지장간(支藏干)의 글자들이 손상이 되기 때문에 만나지 않도록 주의하라는 의미로 정리하면 될 것이다.

【심리적인 해석 - 고독(孤獨)과 신비(神秘)】

무토(戊土)의 심리적인 구조는 고독한 성분과 신비성(神秘性)을 갖고 있는 것으로 대입한다. 원래 고독과 신비는 서로 통한다. 그리고 고독하게 되는 이유를 생각해 보면 분명히 자신의 역할이 중요하고 자신의 역할이 없이는 잠시도 존재를 할 수가 없음에도 불구하고 정작 만물은 무토의 존재를 인식하지 못해서이다. 우리가 순간순간을 호흡을 하지 않고서는 존재할 수 없으면서 공기의 의미는 잊고 있는 것과 같은 것이다. 그러므로 무토는 외롭다고 하겠으니 남들이 필요할 적에만 찾고 인정해 주지 않음으로 인해서 고독하다고 하는 것이다.

이렇게 고독한 존재가 되면 현실적으로 자신을 알리고자 할 수도 있겠지만 사실 현실적인 사람들은 아무도 알아주지 않으므로 초현실적(超現實的)인 영역에 대해서 관심을 갖게 된 것이다. 이러한 것의 작용으로 인해서 다시 추가되는 상징은 '신비(神秘)'이다. 무토(戊土)는 신비한 것에 대해서도 인연이 가장 많은 성분으로 이러한 것을 연계하게 되면 무토는 종교(宗敎)도 되고, 수행자(修行者)도 되며 초현실적인 영역도 되는데, 이 모두가 무토의 확장된 의미로 서로 통하는 코드가 된다.
　사람의 심리에서도 이러한 영향을 받아서 무토(戊土)로 태어난 사람은 현실에 적응하는 면이 약하고 신비한 영역에서 배회(徘徊)하다가 도인을 만나서 한 소식을 얻기도 하고, 또 영원히 사회의 방랑자로 떠돌아다니다가 삶을 마감하기도 하니 자연의 모습과 사람의 모습이 서로 다르지 않음을 생각하게 된다. 그리고 무토의 성분을 갖고 있는 사람은 이해하기에도 가장 난해하기도 하다.
　이러한 성분을 십성(十星)에서는 '편인(偏印)'이라고 하는데 이러한 이름을 얻게 된 배경에 대해서는 십성의 항목에서 설명을 하겠지만, 우선은 현실적이지 못한 특성으로만 이해를 해도 무방하다는 점만 알아 두고 또 다음 기회에 더욱 깊은 관찰을 하도록 한다.

2. 기토(己土)

무토(戊土)를 토기(土氣)로 본다면 기토(己土)는 토질(土質)로 대입을 하게 된다. 그래서 기토는 토양(土壤)이라고도 한다. 그 토양은 산을 이루기도 하고, 들판을 이루기도 하며 진흙이 되기도 하지만 그 본질은 모두가 토양(土壤)이며 토질에 해당하는 것으로 보게 된다.

【하건충설(何建忠說)】
본원(本原)의 휴식(休息)이 되니 그러므로 식원(息原)이라고 한다.
기토(己土)는 식원(息原)이므로 불생불멸(不生不滅)이요. 영원(永遠)으로 들어가는 정토(淨土) 즉 극락세계(極樂世界)가 된다.
열 가지의 원래(原來) 경계(境界)에서 네 개의 물질계(物質界-흑체(黑體), 고체(固體), 액체(液體), 기체(氣體))의 오르내림은 밖의 온도(溫度)에 의해 결정이 되고, 세 가지의 생명계(生命界-동물(動物), 심령(心靈), 신령(神靈))의 오르내림은 자신에게 갖춰진 업력(業力)에 의해서 결정이 된다.

[해석]
근원(根源)으로 돌아가서 휴식(休息)을 취한다는 것은 모든 일을 끝내고 자유영혼이 되어서 해탈(解脫)을 한 것으로 이해가 된다. 여기에서 모든 공사(公事)의 마무리가 되는 것으로 봐도 된다. 즉 무토(戊土)로 시작

을 한 역사(歷事)는 辛→庚→癸→壬→乙→甲→丁→丙을 거치면서 진화(進化)를 한 다음에 최종적(最終的)으로 기토(己土)에 다다라서 비로소 원래의 본 곳으로 돌아온 셈이 되며 완전한 휴식(休息)에 들어가는 것이다. 이러한 의미로 식원(息原)이 되는 것이다.

그런데 기토(己土)의 장에서는 하건충 선생의 설명이 추가된다. 특히 환경(環境)에 의한 작용으로 金水의 성분을 논하고 다시 주체(主體)에 의한 작용으로 木火를 언급하는데, 동물만 논하고 식물은 언급이 없지만 식물도 여기에 배속시켜도 무방할 것으로 보인다. 그렇게 되면 金水와 木火로 구분하여 순환하는 것으로 관찰을 하는데 土는 별개로 취급을 하고 있는 것은 그 모두가 土에 해당하는 배경에서 일어나는 일들이기 때문으로 관찰을 한다.

그리고 결론은 무토(戊土)로 시작해서 기토(己土)로 마무리를 하고 극락세계로 회향하게 되는 것으로 해석을 하는데, 이러한 관점들은 하건충 선생의 의식세계와도 연관이 있을 것으로 생각이 된다. 만약 하건충 선생이 도교의 수행자였다고 하면 우화등선(羽化登仙)으로 결말을 내렸을 것이며, 어느 것으로 마무리를 하더라도 그 의미하는 바는 같은 것으로 봐도 무리가 없을 것이다.

【滴天髓 - 己土論】

기토비습(己土卑濕)하고 중정축장(中正蓄藏)하며,
불수목성(不愁木盛)이요 불외수광(不畏水狂)이니라.
화소화회(火少火晦)하고 금다금광(金多金光)하며,
약요물왕(若要物旺)인댄 의조의방(宜助宜幫)이니라.

[뜻풀이]

기토(己土)는 낮고도 습하며,
중심을 잡으면서 올바름을 저장한다.
木이 왕성해도 근심하지 않으며,
水가 미쳐 날뛰어도 두려워하지 않는다.
火가 적으면 火는 어두워지고,
金이 많아도 金을 빛나게 해 준다.
만약 만물을 왕성하게 하고자 할 때에는
도와주고 곁들어 줘야 함이 마땅하다.

[상세풀이]

무토(戊土)를 대기(大氣)와 중력(重力)이라고 했으니 기토(己土)는 당연히 토양(土壤)이라고 해야 할 것이고, 땅덩어리라고 해야 할 것이 분명하다. 그렇다면 어떻게 이해를 하면 될까? 우선 땅의 구조를 이해하는 것으로 보면 되겠다. 땅은 낮다. 그리고 습하기도 하다는 것도 포함이 되어야 기토의 본모습이다. '기토비습(己土卑濕)'은 그런 관점으로 이해를 하는 것이 대표적이다. 그러니까 낮고도 습한 성분이 기토이다. 토양은 습기를 늘 포함하고 있는 성분이라는 것을 보면 바로 이해가 될 것이기도 하다. 아무리 메마른 사막에서도 습기는 있기 마련이다. 그래야 사막의 동물도 살아가게 되는 것이다. 그래서 비습이라는 말의 타당함을 생각하게 된다.

'중정축장(中正蓄藏)'이라는 말을 해석하면 중정은 무토(戊土)와 같은 土의 성분이라는 것으로 이해를 하면 되겠고, 축장(蓄藏)은 그러한 성분을 내장하고 있는 것으로 봐도 되겠다. 즉 땅의 구조도 무토의 영향을 그대로 받아서 구성되었기 때문에 중정의 성분이 있는데, 그것을 축장하고 있다는 것이 차이이다. 즉 겉으로 나타나는 것은 무토의 영역으로 공중에서 일어나는 현상이라고 한다면, 기토(己土)의 중정은 축장으로 내부에서 일어나는 현상으로 보게 된다.

 토양의 중정으로 땅 위에 서 있는 삼라만상은 반듯하게 지구의 핵으로 중심을 잡고 있는데, 이것은 무토(戊土)의 영역인지 기토(己土)의 영역인지 구분하기 어려운 성분이기도 하다. 그렇지만 구태여 구분할 필요 없이 같은 것으로 보아도 되겠다.

 '木이 왕성해도 근심을 하지 않는다.'라는 말은 지구에서 木이 많은 것이 기토(己土) 즉 토양에게 아무런 근심을 주지 않을 것은 당연한 일이므로 이러한 관찰을 하라는 의미로 봐야 하지 않겠느냐는 생각을 하게 된다. 아울러서 '水가 미쳐 날뛰어도 두려워하지 않는다.'라는 말도 같은 이치이다. 물이 아무리 많아도 토양 위에 존재하는 물이다. 그리고 극단적으로 산사태가 났다고 하면, 거센 물길에 토양이 마구 쓸려서 떠내려 가는 것으로 보이지만 그래도 결국 土는 물을 지배하는 성분으로 존재하게 된다는 것을 생각하기만 하면 이미 기토에 대한 이해는 많이 깊어진 것으로 봐도 되겠다. 그러니 물이 많다고 해서 두려워할 이유가 만무하다고 하게 되는 것이다.

 '火가 적으면 火는 어두워진다.'라는 것은 土의 장(章)에 와서 다른 사행(四行)의 관계에 대해서 설명하고 있음을 확인할 수가 있는 부분이기도 하다. 그러니까 여기에서의 불은 정화(丁火)를 말하는 것이 아닐까 싶다. 열기가 부족하면 불이 어두워지는 것으로 봐야 하겠고, 땅이 식으면 만물을 생조할 수가 없으므로 불이 적은 것을 염려하게 되는 것으로 이해를 해 보게 된다.

 참고로 병화(丙火)는 빛과 같은 성분이므로 어두워진다는 말은 빛이 약해진다는 것으로 생각이 되는데, 그런 점에서 겨울의 병화는 빛이 부족하여 열기를 보충하는 힘이 약하다는 의미로도 대입이 가능한 것으로 봐도 무방하다. 기토(己土)는 火의 기운으로부터 힘을 받지 않고서는 활동을 할 수가 없으므로 火의 부족함을 걱정하는 것이지 火가 많은 것을 걱정하지 않는다고 봐도 되겠다.

참고로 火의 기운이 넘치는 적도(赤道)에서 만물이 오히려 더 잘 자라고 있음을 생각해 보기도 한다. 火가 부족한 것에 대한 염려는 일리가 있는 일이다. 남극(南極)이나 북극(北極)에서는 화기(火氣)가 부족한 상황인데, 만물이 자유롭게 자라지 못한다는 것을 관찰할 수가 있으므로 그대로 물질적인 대입이 가능하다고 보겠다.

'금다금광(金多金光)'의 의미는 얼른 납득이 되지 않는 부분 중의 한 대목이다. 金이 많으면 金이 빛을 낸다는 것은 그냥 광물질로 봐야 할 것인지 다른 의미가 들어 있는지 잘 모를 일이다. 金이 생기(生氣)를 받아서 빛을 낸다고 하기에는 주변의 글자가 갖고 있는 의미에 비춰서 뭔가 유치하고 핵심을 읽지 못한 것만 같아서 말이다. 그래도 지혜가 부족하니 달리 방법이 없겠다. 뒷날의 한 소식이 이뤄지면 다시 살펴봐야 할 모양이다.

'만약 만물을 왕성(旺盛)하게 하고자 한다면 도와주고 곁들여줘야 한다.'라는 말로 끝 구절을 해석해야 할지, 아니면 기토의 입장에서 만물을 왕성하게 하기 위해서 도와주는 역할을 한다는 뜻으로 봐야 할 것인지에 대해서는 관점의 차이가 있겠지만, 낭월의 소견으로는 뒤의 뜻을 따르는 것이 어떨까 싶다. 사실 지구 위에서 생존하는 모든 생명체들이 지구를 의지할 수는 있다고 하더라도 어떻게 지구를 도와주는 역할을 할 수가 있겠느냐는 생각이 들어서이다. 즉 만물이 생명력을 유지하기 위해서 기토(己土)인 지구는 늘 노력하고 봉사를 하는 성분으로 이해를 하는 것이 가장 타당할 것으로 보인다.

【심리적인 해석 - 모정(母情)과 포용(包容)】

 기토(己土)의 심리적인 구조는 자애로운 모정(母情)과 한없는 포용(包容)이라고 대입을 하게 된다. 모든 것을 감싸 주는 토양에서 그러한 모양을 찾아도 되겠는데, 서양에서도 대지(大地)를 여신(女神)이라고 하는 것을 보면 모성애(母性愛)와 같은 느낌을 갖고 있는 것으로 해석을 하였던 것이 아닌가 싶다. 그리스 신화에는 데메테르라고 하는 대지와 곡식의 여신이 등장을 하는데 제우스의 여동생으로 매우 아름답고 인자한 여신이라고 하니 기토의 풍경과 크게 다르지 않음을 생각하게 된다. 동양에서나 서양에서나 땅을 어머니의 이미지로 생각하게 된 것은 우연이 아닐 것이다. 그 모든 것을 포용하고 수용하며 원하는 대로 응하며, 곡식을 키워 주는 것을 보면서 그러한 생각을 하는 것은 어쩌면 당연했을 것이다.

 기토(己土)의 성분으로 태어난 사람은 이러한 포용성을 일부 전달받아서 자신의 개성을 드러내기 보다는 주변의 분위기를 따라주려고 노력하는 면이 나타나게 된다. 즉 남의 입장을 배려하는 마음이 작용하는 것으로 보게 되는 것이다. 그런 반면에 자신의 개성이 없다고 할 수도 있으니 이러한 현상은 어머니는 자녀가 원하는 대로 응대(應對)하는 것으로 기쁨을 삼는 것과 같으며 자식이 즐거워하면 자신의 즐거움으로 생각을 하는 것과 서로 통하게 된다.

 만약 어머니가 개성이 있다고 하면 자녀를 자신의 개성에 맞추고자 할 것이니 이렇게 되면 자녀들은 어머니를 두려워하여 피하고자 할 수도 있을 것이다. 그야말로 우리의 기억에 남아 있는 고향의 어머니를 생각하게 된다. 그리고 이러한 성분을 십성(十星)에서는 '정인(正印)'이라고 하게 된다.

이상으로 천간(天干)에 대한 의미를 적천수(滴天髓)에서 나타나고 있는 천간론(天干論)과 하건충(何建忠) 선생의 천간에 대한 관점으로 함께 살펴봤다. 때로는 너무나 심오하고 고차원적이어서 이러한 해석이 과연 타당하며 운명을 관찰하는데 무슨 도움이 되겠느냐는 생각조차 들기도 했는데, 막상 시간이 경과하고 나서 생각을 해 보면 이러한 관점으로 방향전환을 하면서 의식세계가 확장되고, 그로 인해서 세상의 이치를 보는 시야가 더욱 넓어진다는 것을 살피게 되면서 과연 헛된 공부가 아니라고 하는 것을 깨닫게 되었다.

 이전까지는 천간(天干)의 의미를 그야말로 좁은 시야에서 바라보는 것으로 만족을 했지만 좋은 스승의 안내를 받게 되면서 그러한 우물 안의 시야에서 지구적인 관점으로 의식을 전환시킬 수가 있었다는 것을 생생하게 느낄 수가 있었다. 이러한 것은 아마도 독자도 마찬가지일 것이라고 생각을 해 본다. 이러한 두 관점을 표로 나타내어 본다. 그리고 겸해서 낭월의 소견도 첨부한다.

天干에 대한 견해의 대조							
天干	일반설	하건충	낭월	天干	일반설	하건충	낭월
甲	巨木	動物	推進力	己	田畓	息原	土壤
乙	花草	植物	生命力	庚	巖石	固體	主體
丙	太陽	神靈	光線	辛	寶玉	黑體	貪慾
丁	燈燭	心靈	熱氣	壬	江河	氣體	氣體
戊	山	生原	重力	癸	雨露	液體	液體

 아울러서 천간의 다양한 관점은 보기에 따라서 얼마든지 다른 관찰로 나타날 수도 있다는 것을 생각하는 것이 좋다. 다만 어떤 방향으로 생각을 하더라도 중요한 것은 그러한 관찰력이 기본적인 원리에서 벗어나지 않으면 된다고 하는 유연한 생각으로 관찰을 하노라면 각자의 견해에 따

라서 놀라운 관찰이 될 수도 있을 것이며, 이를 통해서 한 분야의 학문이 다양하게 발전하는 계기도 될 것이니 어느 한 가지가 정답이라고 고집(固執)하는 것은 타당하지 않다.

천간(天干)의 의미는 자평명리학(子平命理學)을 연구하는 과정에서 무엇보다도 중요하므로 구체적인 관점을 잘 이해하도록 반복해서 노력하는 것이 중요하다. 그리고 천간은 '오행(五行)의 음양(陰陽)'과 같은 말이기도 하다. 이러한 것을 간결하게 하기 위해서 천간으로 부르게 되었는데, 앞으로 무슨 연구를 하더라도 자평명리학에서 답을 찾는 것이라면 그 모두는 천간을 바탕으로 전개되고 토론되는 것이라고 생각해서, 이 대목에 대해서는 정확한 이해와 응용이 함께 따라야 한다는 점을 강조한다.

그리고 짧은 시간에 그 모두를 다 소화하기는 어렵겠지만 다른 것에 정신을 쏟기 보다는 천간(天干)의 구조를 이해하는 것에 마음을 모아서 생각을 많이 하는 것이 내공(內功)을 더욱 견고하게 다지는 것이며, 앞으로 십 년의 세월이 흐른 다음에 결산을 한다면 역시 천간을 깊이 연구한 학자의 소득이 가장 클 것이라고 하는 것을 낭월이 보증한다. 이러한 점을 생각하고 더욱 깊이 살펴서 많은 소득이 있길 바란다.

제9장 간합(干合)의 이해

　천간(天干)에 대해서 잘 이해가 된 다음에는, 그 기본형을 바탕으로 삼고 변화(變化)에 대한 이해를 하게 되는 순서가 올바르다. 그리고 이러한 구조는 그리 어렵지 않지만 변화가 천변만화(千變萬化)가 되므로 보다 정확하게 구체적인 과정을 잘 이해하도록 설명을 할 것이다. 간합(干合)이라는 것은 천간의 글자들이 서로 만나서 생극(生剋)의 관계가 성립하게 되는데, 그중에서도 특별한 구성이 되는 것을 일러서 간합이라고 부르고 그러한 구성은 둘씩 짝을 짓게 됨으로 해서 다섯 가지의 경우가 된다. 그래서 간합은 일명 오합(五合)이라고도 하고, 오운(五運)이라는 말도 하는데, 같은 의미이다.

　간합(干合)에 대해서 이해를 하기 위해서는 우선 무조건적으로 간합의 원리를 암기하기를 권한다. 왜냐하면 이것은 그냥 이해만 하고 말 것이 아니고 계속해서 반복되는 가운데 순식간에 서로의 관계가 떠올라야 한다. 암기를 하지 않으면 생각의 흔적을 추적해서 답을 얻게 되거나 도표라도 봐야 하는데, 이렇게 하는 것은 시간손실이 너무 많이 된다. 그래서 간합은 무조건 외워 놓고 다음 단계로 넘어가는 것이 중요하다는 것을 알아두기 바란다.

天干合의 구성표(構成表)	
甲己合 [甲子]	움직이는 물질[甲]은 지반이 필요하다. 토양[己]은 소통시켜 주는 동물이 필요하다.
乙庚合 [丙子]	신체[乙]는 정신이 있어야 움직일 수 있다. 정신[庚]은 신체가 있어야 생존한다.
丙辛合 [戊子]	빛[丙]은 흡수체가 있어야 존재감이 있다. 흑체[辛]는 빛이 있어야 흡수한다.
丁壬合 [庚子]	열기[丁]는 공기가 있어야 이동이 가능하다. 기체[壬]는 열기가 있어야 대류가 가능하다.
戊癸合 [壬子]	중력[戊]은 만물을 위해서 액체[습기]가 필요하다. 습기[癸]는 중력이 있어야 허공으로 흩어지지 않는다.

 천간(天干)이 서로 만나서 합(合)을 하게 되면 끌어당기게 되는데, 그렇게 되고 나서는 다시 극(剋)으로 전환된다는 것을 간과(看過)한다면 오류를 범하게 된다. 여기에 대해서는 궁합(宮合)의 장에서 자세히 설명을 할 것이므로 일단 그런 정도로만 이해를 하고 넘어간다. 자세한 간합의 정황을 이해하고자 한다면 졸저《시시콜콜 명리학시리즈⑤ 干支》를 참고하시기 바란다.

 참고로 갑기합(甲己合) 아래에 갑자(甲子)라고 한 것은 연간(年干)에서 월주(月柱)를 찾을 적에나, 일간(日干)에서 시주(時柱)를 찾을 적에 유용하게 쓰이므로 알아두면 편리하다. 즉 갑기(甲己)년의 오(午)월이라고 하면, 갑자, 을축, 병인, 정묘, 무진, 기사, 경오로 이어지면서 경오월이 된다는 것을 알 수가 있으며, 이것은 시주를 찾을 적에도 마찬가지로 병(丙)일에 진(辰)시라고 한다면 무자, 기축, 경인, 신묘, 임진으로 진행을 하므로 임진(壬辰)시가 된다는 것을 알 수가 있으니 육십갑자를 외워둠과 동시에 이러한 공식을 알아두면 매우 편리하다.

제10장 지지(地支)의 이해

 어쩌면 이 장은 별도의 부로 나눠서 설명을 하는 것이 더 이해에 도움이 될 수도 있겠는데 이렇게 천간(天干)의 뒤에 붙여 두는 것은 이 책이 사주심리학이라는 점으로 인해서이다. 만약 일반적인 해석을 하고자 하는 것이 목적이라면 지지(地支)에 대한 이해는 훨씬 더 복잡하게 해야 할 수도 있을 것이다. 다만 사주심리학을 공부하기 위해서는 이미 이러한 부분에 대한 공부를 다 마쳤을 것으로 간주하는 것은 이미 머리말에서 언급하였으므로 다시 부연설명을 하지 않는다. 혹 이 부분에 대한 이해가 부족하다면 기본적인 내용을 더 살펴서 공부하는 것을 권한다.
 여기에서 언급을 하는 것은 천간(天干)의 변화(變化)에 해당하는 것으로 지지(地支)에 포함되어 있는 천간의 의미를 분석하는 것에 대해서 이해하고자 하는 것이다. 따지고 보면 12지지도 천간의 다른 비율에 의한 집합(集合)에 다름이 없다. 그래서 천간에 대한 이해를 거듭 강조를 하는 것이다. 천간을 이해하고 나면 지지의 대입이 무척 쉽다는 것을 공부하게 되면 알 것이다.

1. 지장간(支藏干)의 이해

　열두 개의 지지(地支)에는 각각 포함하고 있는 천간(天干)이 있다. 그리고 그 천간은 때로는 하나가 되고, 때로는 둘 혹은 셋이 되기도 한다. 그리고 책마다 약간의 차이를 보이기도 하는데, 이러한 점들에 대해서는 자세한 설명을 할 방법이 없으니 아쉽지만 훗날을 기약해야 할 것이다. 다만 알고 있는 그대로만 적용을 하는 것에서도 별 문제는 없으므로 그대로 이해를 하고 적용하면 될 것이다.

　무엇보다도 지장간(支藏干)에 대한 이해가 필요한데, 여기에서 기존에 알고 있던 부분과 약간 차이가 나는 면이 있게 된다. 이러한 점은 이 책이 사주심리학을 논하는 것이므로 개인적인 심리구조(心理構造)를 이해하는 것이 목적인 이상, 여기에 초점을 맞춰서 관찰하게 된다는 점을 먼저 잘 헤아리고 그대로 적용하면 무리가 없다는 것을 알아 두기 바란다.

　지장간(支藏干)은 다른 말로 한다면, '지지(地支)에 들어 있는 천간(天干)'이라는 의미가 된다. 즉 지지는 천간의 성분이 각각 상황에 따라서 일정한 비율로 구성이 된 것이라고 이해를 하면 된다. 눈치가 빠른 독자는 벌써 감을 잡으셨을 것이다.

2. 지장간(支藏干)의 구성(構成)

우선 기본적으로 모두가 이해하고 활용하는 지장간(支藏干)에 대해서 부터 살펴보는 것이 순서이다. 이미 자세히 알고 있겠지만 참고 삼아서 다시 확인해 보도록 한다.

1) 월률분야(月律分野)에서의 지장간

地支	餘氣	中氣	本氣	地支	餘氣	中氣	本氣
子	壬 10日	癸 20日		午	丙 9日	己 10日	丁 11日
丑	癸 9日	辛 3日	己 18日	未	丁 9日	乙 3日	己 18일
寅	戊 7日	丙 7日	甲 16日	申	己戊 7日	壬 7日	庚 16日
卯	甲 10日		乙 20日	酉	庚 10日		辛 20日
辰	乙 9日	癸 3日	戊 18日	戌	辛 9日	丁 3日	戊 18日
巳	戊 7日	庚 7日	丙 16日	亥	戊 7日	甲 7日	壬 16日

월률분야(月律分野)의 지장간(支藏干)은 한 절기(節氣)에 해당하는 기간인 30일을 기준으로 구성되어 있다. 그래서 수치는 두 글자거나 세 글자거나 합이 30으로 나타나게 된다. 이것은 절기마다 하늘의 기운이 땅에서 정해진 기간에 따라서 이와 같이 이동하면서 진행하는 것으로 일

정한 비율로 구성되어 순서대로 적용한다. 여기(餘氣)는 지난달의 기운이 아직 여운(餘韻)을 남기고 있는 것을 의미하고, 중기(中氣)는 기운이 변화하는 중간(中間)을 의미하며, 본기(本氣) 혹은 정기(正氣)에 비로소 해당 월의 기운이 자리를 잡는다고 이해를 하게 된다.

이것은 일반적으로 어떤 기운이 당령(當令)을 한 시기에 출생했는지를 알아내는 중요한 기준이 되기도 한다. 다만 제한이 있는 것은 월지에 있을 경우에만 관찰하는 용도로 사용한다는 것이다. 또한, 월지에 있더라도 절기(節氣)의 심천(深淺)을 논할 경우에만 사용을 하고 그 외에는 크게 비중을 두지 않는 것으로 이해를 하면 된다.

2) 인원용사(人元用事)에서의 지장간

인원용사에서의 지장간표							
地支	0.3	0.2	0.5	地支	0.3	0.2	0.5
子		癸		午		丁	
丑	辛	癸	己	未	乙	丁	己
寅	丙	甲		申	壬	(戊)	庚
卯		乙		酉		辛	
辰	癸	乙	戊	戌	丁	辛	戊
巳	庚	丙		亥	甲	壬	

인원용사(人元用事)에서의 지장간(支藏干)은 각각의 지지(地支)에 암장(暗藏)되어 있는 천간(天干)을 거론하게 될 경우에 적용하게 된다. 여기에는 순차적인 의미보다는 비율에 비중을 두게 된다. 그러므로 지지 각각이 독립적인 형태로 작용하는 것이다. 언뜻 봐서는 자칫 혼란스러울 수도 있겠는데, 기본적인 의미를 잘 이해하게 되면 정리하는 데에는 별 문제가 없을 것이다. 표에서 괄호를 한 것은 자평명리학의 책에 따라서 혹 논하기도 하고, 혹은 논하지 않기도 한다는 것을 의미한다. 그리고 본

서에서는 논하지 않는다는 것도 알아 두기 바란다.

인원용사(人元用事)에서 주의를 할 점은 비율에 따라서 그 힘의 정도가 다르다고 하는 부분이다. 즉 인(寅)월을 예로 든다면, 인월의 병화(丙火)는 인월의 갑목(甲木)에 비해서 그 힘이 비교적 약하다고 하는 것이며, 다른 경우도 이에 준해서 관찰을 하면 된다. 이러한 것을 적용시키는 방법은 일반적인 용신법(用神法)에서 중요하게 적용되는데, 용신에 해당하는 글자가 갑목이라고 한다면 그 힘이 강하고, 병화라고 한다면 그 힘이 갑목에 비해서 약하다고 하는 점으로 이해하면 된다.

다만 차이가 있다고 한다면 일반적인 인원용사(人元用事)는 물리적인 힘을 나타내는 기준이 되고, 심리적인 인원용사는 정신적인 힘을 나타내는 것으로 이해하게 된다면 큰 무리가 없다는 점이다. 그러므로 심리적으로 판단을 하게 되더라도 이러한 원리에서 크게 벗어나지 않는다.

3. 심리분석에서의 지장간 보는 법

 지장간(支藏干)을 심리분석에 대입할 경우에 참고를 해야 할 것은 지장간의 비율(比率)이다. 종전에는 표면심리, 내면심리, 본질심리로 구분하여 이해를 했었는데 시간이 경과하면서 약간의 수정이 된 것을 여기에서 설명한다. 그리고 간단하게 생각하면 비율만 이해를 하면 되는 것으로 정리하므로 어렵게 생각을 할 필요는 없다. 이해하기 쉽도록 간단하게 정리를 한다.

1) 갑목(甲木)의 경우

 ① 갑자(甲子): 갑목(甲木)이 정인[癸 100%]의 심리구조가 작용하는 것으로 대입한다.
 ② 갑인(甲寅): 갑목(甲木)이 비견[甲 70%]과 식신[丙 30%]의 심리구조가 작용하는 것으로 대입한다.
 ③ 갑진(甲辰): 갑목(甲木)이 편재[戊 50%], 정인[癸 30%], 겁재[乙 20%]의 심리구조가 작용하는 것으로 대입한다.
 ④ 갑오(甲午): 갑목(甲木)이 상관[丁 100%]의 심리구조가 작용하는 것으로 대입한다.
 ⑤ 갑신(甲申): 갑목(甲木)이 편관[庚 70%], 편인[壬 30%]의 심리구조가 작용하는 것으로 대입한다.
 ⑥ 갑술(甲戌): 갑목(甲木)이 편재[戊 50%], 상관[丁 30%], 정관[辛

20%]의 심리구조가 작용하는 것으로 대입한다.

이렇게 비율에 따라서 심리적으로 작용하는 역량(力量)을 저울질하여 판단하면 된다. 가령 식신(食神)이 50%일 경우에는 70%인 식신에 비해서 연구하는 성향이 조금 부족한 것으로 이해를 하면 되는 것이다.

2) 을목(乙木)의 경우

① 을축(乙丑): 을목(乙木)이 편재[己 50%], 편관[辛 30%], 편인[癸 20%]의 심리구조가 작용하는 것으로 대입한다.

② 을묘(乙卯): 을목(乙木)이 비견[乙 100%]의 심리구조가 작용하는 것으로 대입한다.

③ 을사(乙巳): 을목(乙木)이 상관[丙 70%], 정관[庚 30%]의 심리구조가 작용하는 것으로 대입한다.

④ 을미(乙未): 을목(乙木)이 편재[己 50%], 비견[乙 30%], 식신[丁 20%]의 심리구조가 작용하는 것으로 대입한다.

⑤ 을유(乙酉): 을목(乙木)이 편관[辛 100%]의 심리구조가 작용하는 것으로 대입한다.

⑥ 을해(乙亥): 을목(乙木)이 정인[壬 70%], 겁재[甲 30%]의 심리구조가 작용하는 것으로 대입한다.

3) 병화(丙火)의 경우

① 병자(丙子): 병화(丙火)가 정관[癸 100%]의 심리구조가 작용하는 것으로 대입한다.

② 병인(丙寅): 병화(丙火)가 편인[甲 70%]과 비견[丙 30%]의 심리구조가 작용하는 것으로 대입한다.

③ 병진(丙辰): 병화(丙火)가 식신[戊 50%], 정관[癸 30%], 정인[乙 20%]의 심리구조가 작용하는 것으로 대입한다.

④ 병오(丙午): 병화(丙火)가 겁재[丁 100%]의 심리구조가 작용하는 것으로 대입한다.

⑤ 병신(丙申): 병화(丙火)가 편재[庚 70%], 편관[壬 30%]의 심리구조가 작용하는 것으로 대입한다.

⑥ 병술(丙戌): 병화(丙火)가 식신[戊 50%], 겁재[丁 30%], 정재[辛 20%]의 심리구조가 작용하는 것으로 대입한다.

4) 정화(丁火)의 경우

① 정축(丁丑): 정화(丁火)가 식신[己 50%], 편재[辛 30%], 편관[癸 20%]의 심리구조가 작용하는 것으로 대입한다.

② 정묘(丁卯): 정화(丁火)가 편인[乙 100%]의 심리구조가 작용하는 것으로 대입한다.

③ 정사(丁巳): 정화(丁火)가 겁재[丙 70%], 정재[庚 30%]의 심리구조가 작용하는 것으로 대입한다.

④ 정미(丁未): 정화(丁火)가 식신[己 50%], 편인[乙 30%], 비견[丁 20%]의 심리구조가 작용하는 것으로 대입한다.

⑤ 정유(丁酉): 정화(丁火)가 편재[辛 100%]의 심리구조가 작용하는 것으로 대입한다.

⑥ 정해(丁亥): 정화(丁火)가 정관[壬 70%], 정인[甲 30%]의 심리구조가 작용하는 것으로 대입한다.

예를 들어 정묘(丁卯)의 편인[100%]은 정미(丁未)의 편인[30%]에 비해서 훨씬 강한 작용을 하게 되는 것으로 이해하면 되는 것이다. 만약에 정화(丁火)가 강해서 편인(偏印)이 부담으로 작용하게 된다면 그 흉작용은 정미보다 정묘가 훨씬 강하게 작용할 것이고 부정적인 수용성도 그만큼 크게 작용할 것이므로 불평불만이 상대적으로 많은 사람으로 인식이 될 가능성이 있다. 반면에 정미의 경우에는 약간의 불만이 있다고는 하더라도 그것이 30%에 불과하기 때문에 다른 사람은 잘 느끼지 못할 수도 있는 것이다.

비율에 대한 대입은 이와 같이 인원용사에서 논하는 지장간과 그 비율에 따라서 이해하면 어렵지 않게 대입하여 적용할 수가 있을 것이다. 이전판(以前版)에서 연구했던 것처럼 정미(丁未)에서 정화(丁火 20%)는 내면적인 심리가 되고 을목(乙木 30%)은 표면적인 심리가 되며, 기토(己土 50%)는 본질적인 심리가 되는 것으로 대입하지 않아도 된다.

이제부터는 이렇게 복잡한 과정을 통해서 지장간의 심리분석을 할 것이 아니라 간단하게 비율만으로 구분하는 것으로도 충분히 분석이 가능하므로 어렵게 생각하지 말고 그대로 적용시키기 바란다. 다만 스스로 학구열이 넘쳐서 이러한 것도 대입하고 저러한 것도 궁리하면서 모두 활간(活看)하고자 한다면 그것은 환영할 일이므로 말리지는 않으나 독자의 관점에서 복잡하게 생각될 수도 있으므로 보다 단순하게 이해하고 쉽게 적용시키는 방향으로 활용하기 바란다.

제4부
십성

제11장 비겁(比劫)의 심리구조

　비겁(比劫)에 대한 설명에 들어가기 전에 간단하게 십성(十星)의 의미에 대해서 설명을 한다. 십성은 다른 말로 십신(十神)이라고도 하고 육친(六親) 또는 육신(六神)이라고도 부른다. 여기에서는 십성으로 통일을 시키도록 한다. 그 이유는 혼란을 피하기 위한 것도 있지만 곰곰이 생각해 보면 십신은 열 가지의 신(神)이라는 이야기가 되는데, 신(神)은 왠지 귀신(鬼神)과 같은 느낌이 들어서 어떤 독자에게는 거부반응을 일으킬 것도 같기 때문이다. 육친(六親)이라는 말은 완전하지 않은 이름 같은 느낌이 들어 열 가지라는 것에 어색하기에 또한 타당하지 않다.

　십성(十星)의 의미도 크게 강조를 할 것은 없으나 오행(五行)을 '목성(木星) · 화성(火星) · 토성(土星) · 금성(金星) · 수성(水星)'이라고도 하므로 그와 같은 의미에서 연계하는 것으로 통일감을 줄 수도 있을 것으로 생각된다. 그리고 성(星)이라는 글자의 생김도 '태양(太陽→日)+탄생(誕生→生)=성(星)'의 공식으로 관찰하게 되면 자연계(自然界)의 이치가 있는 것처럼 느껴지기도 한다. 이제 그 십성에 대한 이치를 향해서 첫 발을 내딛는다.

아마도 앞에서 음양(陰陽)이나 오행(五行), 그리고 천간(天干)의 이치를 잘 이해하였다면 앞으로 전개되는 이야기가 더욱 즐거운 공부가 되겠지만, 그렇지 않고 대충대충 넘겨진 책장이라고 한다면 한 동안의 고통을 감내해야 할 것이다. 그만큼 이제부터는 본격적인 사주심리학(四柱心理學)의 깊은 차원으로 접근을 하게 된다는 점을 미리 헤아리길 바란다. 우선 십성의 표를 보면서 정확하게 이해를 하고 나서 차근차근 접근을 한다.

십성 조견표(早見表)									
	庚	辛	壬	癸	甲	乙	丙	丁	戊	己
比肩	庚	辛	壬	癸	甲	乙	丙	丁	戊	己
劫財	辛	庚	癸	壬	乙	甲	丁	丙	己	戊
食神	壬	癸	甲	乙	丙	丁	戊	己	庚	辛
傷官	癸	壬	乙	甲	丁	丙	己	戊	辛	庚
偏財	甲	乙	丙	丁	戊	己	庚	辛	壬	癸
正財	乙	甲	丁	丙	己	戊	辛	庚	癸	壬
偏官	丙	丁	戊	己	庚	辛	壬	癸	甲	乙
正官	丁	丙	己	戊	辛	庚	癸	壬	乙	甲
偏印	戊	己	庚	辛	壬	癸	甲	乙	丙	丁
正印	己	戊	辛	庚	癸	壬	乙	甲	丁	丙

이미 알고 있겠지만 위의 표에 대해서는 손바닥을 들여다보듯이 줄줄이 외워야 하겠고, 조금이라도 혼동이 된다면 결과는 크게 차이가 나므로 주의해서 암기해야 하는 부분이라는 점을 강조한다. 여기에 십성(十星)을 대입하기 쉬운 방법으로 다음과 같은 표를 하나 추가해 드린다. 이해가 되면 암기를 하는 것이 여러 가지로 두고두고 편리하다.

십성을 외우는 공식에 대한 설명	
我生食	我(比肩, 劫財)가 生하는 것은 食神·傷官이다.
食生財	食(食神, 傷官)이 生하는 것은 偏財·正財이다.
財生官	財(偏財, 正財)가 生하는 것은 偏官·正官이다.
官生印	官(偏官, 正官)이 生하는 것은 偏印·正印이다.
印生我	印(偏印, 正印)이 生하는 것은 比肩·劫財이다.
我剋財	我(比肩, 劫財)가 剋하는 것은 偏財·正財이다.
財剋印	財(偏財, 正財)가 剋하는 것은 偏印·正印이다.
印剋食	印(偏印, 正印)이 剋하는 것은 食神·傷官이다.
食剋官	食(食神, 傷官)이 剋하는 것은 偏官·正官이다.
官剋我	官(偏官, 正官)이 剋하는 것은 比肩·劫財이다.

이제 이러한 것을 바탕으로 삼고 구체적인 십성(十星)의 심리구조에 대한 연구로 들어가도록 한다. 십성은 자평명리학(子平命理學)의 꽃이다. 십성에 대한 이해가 깊으면 깊을수록 멋지고 탐스러운 꽃을 피울 수 있다는 것을 생각하고 깊이 이해할 수 있도록 연구하기 바란다. 그리고 이것을 외우는 것만으로 끝나는 것이 아니라, 다시 생각하고 또 생각하여 이것이 무수히 많은 변화(變化)를 일으킨다는 것도 알아 두기 바란다. 십성의 이해가 얼마나 깊으냐에 따라서 단 열 가지의 변수로만 기억을 하기도 하고 수천 가지로 이해를 하기도 하므로, 실제로 통변(通變)의 변화를 갖고 놀기 위해서는 여기에서 서두르지 말고 깊은 이해를 하는 것을 목적으로 삼고 연구하고 또 관찰하는 시간이 필요하다는 것을 다시 강조한다.

다음에 설명하는 십성(十星)의 구조는 단독적(單獨的)인 형태로 있을 경우에 해당하는 것에 대한 설명이다. 즉 서로 엉켜 있을 경우에는 작용도 달라진다는 의미이다.

1. 비견(比肩)

1) 구성(構成)

비견(比肩)은 일간(日干)과 같은 음양오행이 되면 이에 해당된다. 서로 음양이 같으므로 밀치는 성분이 있다.

2) 인간관계(人間關係)

비견(比肩)의 성분을 인간관계에 대입하게 되면, 나와 같은 성별(性別)과 같은 등급에 해당하는 사람들이 여기에 해당한다. 즉, 구체적으로 보면 형제(兄弟), 자매(姉妹), 사촌(四寸), 팔촌(八寸), 동성친구(同性親舊), 동창생(同窓生) 등이 여기에 해당한다. 좀 더 확대해석을 하게 되면, 동업자(同業者), 직장동료도 여기에 포함시킬 수 있다.

3) 사물(事物)

홀로 서 있는 것, 전주(電柱), 철탑(鐵塔), 석탑(石塔), 기둥, 기본골격(基本骨格), 남산타워, 건강기구, 운동기구, 정자나무.

4) 심리상태(心理狀態)

독립성(獨立性), 자주성(自主性), 자존심(自尊心), 주동적(主動的), 굳세지만 무모하지 않음, 생각하면서 바로 행동함, 자기 의견을 견지(堅

持)함, 용맹함, 독단적으로 행동하지만 무모하지는 않음, 자발적이고 자주적임, 굳건함, 침범당하는 것을 싫어함, 명령을 받지 않음, 재물을 중시하지 않음, 비굴하지 않음.

5) 비견의 단독성분(單獨成分)

비견(比肩)은 흡사 투명인간(透明人間)과 같은 느낌이 든다. 무엇인가 존재하기는 하지만 그렇다고 해서 뚜렷하게 드러나는 것이 아니라는 의미이다. 주변의 상황에 따라서 반응(反應)한다는 느낌도 든다. 그래서 무색(無色), 무취(無臭), 무성(無聲)의 형태로 이해를 하게 된다. 그야말로 색깔도 없고, 냄새도 없고, 소리도 없는 형태인 것이다. 한마디로 요약을 한다면 '무아(無我)'에서 더할 것도 뺄 것도 없는 상태가 비견이 아닌가 싶기도 하다. 무아(無我)는 내가 없는 것이라고 해석을 할 수도 있겠지만 그보다는 내가 있다고도 없다고도 못할 상태에 가깝지 않을까 싶다. 뭔가 존재는 확실하게 있지만 그것이 나라고 분명하게 잘라서 말을 하기에도 뭔가 조심스러운 그 무엇이라고 해야 할 것 같다.

주체(主體)라고 하는 성분이 존재한다. 이것은 눈에 보이는 것 보다는 느낌으로 전해진다고 하는 것이 타당할 것이다. 그래서 주의 깊게 관찰하지 않으면 그냥 주변의 소용돌이 속에 묻혀서 인식을 하기 어려운 상태가 될 수도 있다.

이러한 성분을 글로 설명하는 것도 쉬운 일은 아니다. 느낌으로 이해를 해 본다면, 뭔가 투명하고 거대한 기둥이 있는데, 그 성분은 기체(氣體)와 같아서 천천히 통과하면 아무것도 느낄 수가 없다. 다만 실제로 아무것도 없는 것으로 알고 맹렬하게 돌진한다면 그 기둥에 부딪쳐서 산산조각 나버리게 된다. 그러므로 무언가 있다고 한다면 강력한 존재가 있는 것이고, 아무것도 없다고 하게 된다면 그야말로 텅 비어서 아무런 느낌도 받을 수가 없는 것이다. 이것이 비견(比肩)이라고 이해를 해 본다.

그렇다면 어떻게 적용을 시킬 것인가도 고민이다. 실제로 사주에서 비견(比肩)의 성분이 나타났을 적에 '당신은 무색투명한 사람과 같습니다.'라고 하면 듣는 사람은 무슨 의미인지 이해를 못 하고 의아해할 것이기 때문이다. 그래서 설명을 할 적에는 주체가 강한 사람이라느니, 자주적(自主的)이라느니, 침범을 당하기 싫어한다느니 하는 말로 얼버무리지만 아무리 설명해도 없는 듯 존재하는 그 무엇에 대한 설명으로는 미흡하다는 생각이 드는 것이 비견이다.

6) 일지(日支) 비견의 특성(特性)

비견(比肩)에 대해서 연구를 하다가 보니 비견은 특수한 작용이 있는 것으로 감지가 된다. 그중에서도 특히 일지(日支)에 비견이 있는 경우에 더욱 그렇다는 것을 생각하게 되는데, 간지(干支)로 본다면 을묘(乙卯)와 신유(辛酉)가 여기에 부합이 된다. 이 외에도 본질(本質)이 비견인 경우는 많이 있으므로 어느 정도의 작용을 하겠지만 특히 이 둘은 그대로 하나의 간지로 이해할 수가 있다. 이러한 현상을 '비겁통기(比劫通氣)'라고 칭한다.

지장간(支藏干)에 있는 성분이 어느 정도 영향은 미치겠지만 작용하는 간지를 본다면, 제1순위로는 을묘(乙卯)와 신유(辛酉)가 되는데 이 두 간지는 비겁통기 중에서도 가장 최우선으로 작용이 나타나게 되는 구성이다. 그다음의 2순위로는 갑인(甲寅)과 경신(庚申)으로 비록 지장간에 각각 식신(食神)이 들어 있기는 하지만 그래도 1순위에 버금가는 작용이 나타나게 된다. 그다음의 3순위는 임자(壬子)와 병오(丙午)가 되니 비록 순수한 한 가지의 오행으로 구성은 되어 있지만 서로 음양이 다르기 때문에 그만큼의 변수가 있다고 보면 된다.

그리고 지장간의 변수가 서로 달라서 다소 복잡한 구성을 갖고 있는 비겁통기의 성분은 정사(丁巳), 무진(戊辰), 무술(戊戌), 기축(己丑), 기미(己未), 계해(癸亥)의 6가지 경우가 여기에 해당한다. 그러므로 이러한 비겁통기의 작용도 전체의 20%를 차지하기 때문에 가볍게 볼 수 없을 정도의 비중이 있다.

이들은 일지로 통하는 큰 터널이 형성되어 있다. 즉 다른 간지와는 다르게 일지와 일간의 거리가 별 차이가 없을 정도로 바짝 붙어 있거나 혹은 긴밀한 연락망이 구축되어 있다고 보는 것이다. 그야말로 광통신케이블로 연결이 되어 있어서 서로 떨어져 있다는 생각을 할 수 없을 정도이다. 이것이 비견(比肩)의 일지(日支)와 관계이다. 이것을 어떻게 활용할 것인가에 대해서는 뒤에 60갑자(甲子)에서 설명하도록 한다.

그런데 중요한 것은 일지에 비견(比肩)이 있을 경우에만 그렇다고 하는 것이다. 이것은 마치 투명한 유리를 두 겹으로 놓은 것과 같다고 이해를 할 수 있다. 다른 십성은 나름대로 고유한 색이 있기 때문에 겹치게 되면 혼합이 되는 그 무엇이 있는데, 비견은 투명한 성분이어서 애초에 두 겹을 포개어 놓아도 겉으로 드러나는 별다른 조짐은 보이지 않는 것으로 이해를 한다.

그렇다면 월간(月干)이나 시간(時干)에 비견(比肩)이 있는 경우도 같을까? 물론 그러한 경우에 대해서도 관찰을 많이 해 보는데, 이러한 경우에는 조금 다르다. 즉 광케이블이 아니고 구리케이블이라고 이해를 해 보면 무리가 없을 것이다. 즉 비견은 비견이지만 속도의 면에서 차이가 나게 되는 것이다. 모든 경우의 간지가 이와 같이 신속한 구조로 되어 있다고 이해를 하게 되는데, 특히 비견을 두고 이것을 언급하는 것은 비견이 투명한 성분이기 때문이다. 이렇게 구분을 해야 하는 것은 월지(月支)나 시지(時支)에 있는 성분이 마치 월간이나 시간에 있는 것처럼 신속하게 반응을 한다는 것으로 이해하고자 함이다. 그러니까 월간에 비견이 있고, 연간(年干)에 다른 성분이 있을 경우와 비교를 한다면, 일지가 비견일 경우에 월등히 빠른 반응을 보인다는 것이다. 이러한 의미로 '일지 비견의 특수한 경우'로 이해하도록 한다.

7) 비견이 많거나 없는 경우

비견(比肩)이 많다는 것은 세 글자 이상이 있을 경우를 생각하면 된다. 없다는 것은 한 글자도 보이지 않을 경우를 말한다. 비견이 많으면 그만큼 사회에 적응할 수 있는 성분이 부족하다는 이야기가 되고, 그야말로 투명체가 되어버리는 것이다. 그러니까 세상살이에서는 그만큼 뒤질 가능성이 많음을 의미하게 된다. 즉 자신의 고집만 갖고 세상에 적응하지 못하는 현상이 발생할 수도 있고, 독불장군이 되어서 남의 말에는 귀를 기울이지 않고 자신의 주장이 최선이라고 고집을 피우는 형태가 될 수도 있다. 이러한 성분이 나타나면 주변의 사람들도 나를 무시할 것이고 그만큼 세상에서 적응하기가 어려울 것이니 이는 비견이 많아서 일어나는 작용이다.

그리고 비견(比肩)이 전혀 없는 사주라면 주체성이 없고 자존심도 없는 형태가 되어서 주변의 글자에 따라 반응을 하겠지만, 적어도 자신의 독자적(獨自的)인 틀이라는 경계를 갖기는 어렵다. 이러한 경우에는 주변의 상황에 따라서 적응은 잘하겠지만 주체적인 삶보다는 종속적(從屬的)인 삶이 될 가능성도 크다.

2. 겁재(劫財)

1) 구성(構成)

겁재(劫財)는 일간(日干)과 오행은 같으나 음양이 다르다. 음양이 다르므로 서로 당기는 성분이 있다.

2) 인간관계(人間關係)

겁재(劫財)가 의미하는 인간관계는 비견(比肩)과 유사한 면을 가지고 있으면서 음양이 다르다는 차이만 이해하면 된다. 그러한 관점으로 살피게 되면 다음과 같은 인간관계가 성립한다. 성별이 다른 형제, 즉 누이와 오빠와 같은 구성이 된다. 친구로 대입을 하게 되면 이성(異性) 친구가 되며, 이것은 연인(戀人)과 구분이 되어야 할 대목이기도 하다. 여기에 동업자나 동창생이라도 대입은 가능하지만, 크게 구분을 한다면 이성(異性)이다. 그리고 경쟁자(競爭者)의 형태에 놓이게 되는 동성(同性)도 여기에 포함이 될 수가 있다. 즉 동종(同種)의 업에 종사하는 경쟁자도 같은 의미가 되고, 시험을 치를 때의 경쟁대상자들도 또한 겁재로 관찰을 할 수 있다. 서양의 심리학으로 본다면 오이디푸스도 겁재의 성분이 강한 사람이라고 볼 수 있다. 자신의 어머니를 놓고 아버지를 경쟁상대로 택해서 다투다가 살해하는 지경까지 이르는 것도 또한 겁재의 성분이다.

3) 사물(事物)

홀로 서 있는 것을 받쳐 주는 것, 보조기둥, 서까래, 건강을 관리하는 운동기구, 헬스클럽, 비견(比肩)의 사물과 같이 봐도 무방함.

4) 심리상태(心理狀態)

경쟁(競爭), 주체(主體), 비교하여 뒤지는 것을 싫어함, 질투심(嫉妬心), 용맹스러움, 충동적(衝動的), 섬세하게 생각하지 않음, 지난 일을 마음에 담아두지 않음, 재물을 중시하지 않음, 법규를 무시함, 검소하지 않음, 두려움이 없음, 솔직(率直).

5) 겁재의 단독성분(單獨成分)

비견(比肩)과 같은 오행이면서 음양이 다르다는 것으로 인해 나타나는 차이를 이해하면 된다. 겁재(劫財)는 경쟁하는 심리로 나타나는데 가만있으면 비견과 비슷하지만 뭔가 조건이 주어지게 되면 경쟁하는 형태로 나타나게 된다. 비견의 '무아(無我)'는 별 의미가 없다. 무아가 아니고 '유아(有我)'의 성분이기 때문이다. 즉 나라고 하는 존재가 이미 그 속에서 꿈틀대고 있는 것이다. 그래서 누군가 자신을 무시하고 공격하려고 하면 그대로 용납을 할 수 없어서 끈질기게 물고 늘어지는 것으로 이해를 하면 된다.

그런데 소용돌이가 한 번 지나가고 난 후 다시 조용할 적에는 비견(比肩)과 구분이 되지 않을 정도로 유사한 형태를 띤다. 그러다가 또다시 누군가 자극하면 원래의 본성이 나타나게 되어 경쟁심으로 머리가 터지도록 겨룰 준비가 되어 있다고 이해를 하면 무난하다. 이러한 성분은 경쟁자(競爭者)를 만나면 분발하는 것으로 나타나므로 교육시킬 적에는 적당한 실력을 갖고 있는 경쟁상대를 붙여주면 좋은 결과를 얻을 수 있다. 이렇게 좋은 방향으로 작용을 할 수도 있고, 그렇지 않은 방향으로 작용을 할 수도 있으니 이용하기 나름이다.

경쟁자가 있어야 할 사람도 있고 경쟁자가 있거나 없거나 아무런 영향을 미치지 못하는 사람도 있다고 한다면, 겁재(劫財)야말로 경쟁자가 절실히 필요하고, 비견(比肩)은 경쟁자와는 무관하다고 이해를 하면 된다. 일단 자극을 받으면 걷잡을 수 없이 달려들게 된다는 것을 생각하면 도박장(賭博場)과 같은 곳에서는 가산(家産)을 탕진(蕩盡)하기 딱 좋은 성분이라고 하게 된다. 겁재는 절대로 승부와 연관되는 일에는 개입하지 않으려 하겠지만 또 막상 이러한 일에 연루가 되면 빠져나오기가 쉽지 않은 성분이기도 하다. 그리고 주변의 십성에 따라서 변화가 많이 나타나는 것은 비견과 같은 현상으로 이러한 것을 바탕으로 놓고 살펴봐야 한다.

6) 겁재가 많거나 없는 경우

겁재(劫財)가 많은 경우에는 너무 자신을 과신하고 남을 무시하는 방향으로 흐르게 되어서 대인관계에서 따돌림을 당하게 될 가능성이 높다. 그야말로 혼자 나부대다가 스스로 자신의 성깔을 못 이기고 무너질 가능성이 높다. 그러므로 겁재가 많은 것은 흉할 가능성이 높다고 하겠는데, 남의 조언(助言)을 받아들이지 않고 기고만장(氣高萬丈)하게 된다면 더불어 살아야 하는 세상에서는 적응하기 힘들다고 하겠다. 그래서 지나침은 모자람만 못하다고 하는가 보다.

그렇다면 겁재(劫財)가 없는 경우에는 어떻게 될 것인가? 이번에는 승부근성(勝負根性)이 없는 사람이 된다. 근성이 없다는 것은 거친 세상에서 살아남을 가능성이 약하다고 하겠으니 겁재가 없다면 경쟁(競爭)의 사회(社會)에서 어떻게 당당하게 주체성을 겨루겠는가. 그래서 겁재가 없는 것 또한 아쉬운 형태가 될 가능성이 크다. 겁재가 없다면 경쟁시장에서 독립적으로 겨루는 것은 적당하지 않다. 그래서 직장생활을 방향으로 잡는 것이 좋을 것이며, 나의 삶에 대한 열쇠를 타인이 갖고 있다는 것이 불만이라고 할 수도 있겠으니 겁재가 하나 정도는 있는 것이 좋다.

　이 시대는 경쟁력이 힘이라고 하는 상황으로 전개되고 있으므로 겁재(劫財)의 필요성이 더욱 강하게 요구되는 현실이다. 사람이 참하고 예의 바른 것이 미덕이 되는 시대는 이미 지나갔고, 이제는 누구를 이겨내느냐에 따라서 자신의 생존이 보장된다고 하는 각박한 현실이 목전(目前)에 있는 것이다. 이러한 상황에서는 과거에 흉신(凶神)으로 간주했던 겁재의 가치가 재평가되어야 할 것이다.

　취직을 하려고 해도 경쟁률은 보통 200:1, 300:1이다. 이와 같은 생존의 각축장에서는 상대방을 이기는 것만이 자신의 안위가 보장되는 것으로 인식할 수밖에 없다. 따라서 사람만 좋아서는 무능력한 사람으로 인식되기 딱 좋은 것이 이 시대의 현실이므로, 앞으로는 겁재(劫財)를 중요하게 대우해야 할 것이라는 생각도 해 본다.

제12장 식상(食傷)의 심리구조

　일간이 생조하는 오행이 되면 식상(食傷)이라고 칭한다. 일주(日主)의 능력(能力)을 밖으로 표출(表出)하는 성분이라는 점에서 식신(食神)과 상관(傷官)은 같아 보이지만 서로 비교해 보면 식신은 내면적(內面的)으로 자신을 남에게 내어보이려고 하고, 상관은 외향적(外向的)으로 자신의 능력을 남에게 보여 주고자 한다. 그리고 이 성분들은 모두 자신의 목적을 이루고자 하는 면으로 나타나기 때문에 이기적(利己的)인 도구가 되기도 한다.

【여담 - 식상의 작업환경】
　식신(食神)은 집중을 할 적에는 주변이 고요하면 좋다. 만약 주변에서 소리가 나거나 하면 정신이 산만해져 집중이 되지 않으므로 짜증이 난다. 그래서 혼자 골방으로 찾아 들어가게 된다. 그러나 상관(傷官)은 조용하면 오히려 불안한 현상이 발생한다. 그래서 라디오나 TV를 켜 놓고 공부를 해야 하고 귀에 이어폰이라도 꽂아야 안정이 되어 집중을 할 수 있는 것이다.

1. 식신(食神)

1) 구성(構成)

식신(食神)은 일간(日干)이 생조(生助)하는 오행이면서 음양이 같은 성분이다. 그래서 밀치는 작용이 있다.

2) 인간관계(人間關係)

여성에게 있어서 자녀가 된다. 특히 동성(同性)의 자녀가 되므로 딸에 해당한다고도 한다. 다만 구체적으로 대입을 해 보면 이렇게 구분하는 것은 큰 의미가 없다는 것도 생각을 하게 된다. 그래서 포괄적으로 자녀(子女)를 의미하는 것으로만 생각을 하고, 성별을 구분하는 것은 그냥 이론적으로만 그렇다고 하면 무방하다. 같은 레벨로 논하면 남녀 형제의 자녀도 식신(食神)으로 대입이 가능하다. 그리고 남녀 공히 제자(弟子)도 역시 식신의 범주에서 논할 수가 있을 것이다. 이는 자신의 지식으로 낳은 사람이기 때문이다.

남성에게는 아내인 정재(正財)를 낳은 사람에 해당하므로 장모(丈母)를 대입할 수도 있다. 예전에는 크게 비중을 두지 않았으나 앞으로는 처가의 부모도 생부모와 별반 다를 것이 없는 분위기로 흘러가는 것을 감안한다면 이와 같은 대입도 필요할 것으로 본다. 십성의 대입도 세월에 따라서 차이가 있으므로 이러한 것을 반영하는 것도 살아 있는 사주공부가 되는 것이다.

3) 사물(事物)

연구하고 창작(創作)하는 것, 발명품(發明品), 연구실(硏究室), 아이디어 노트, 궁리하는 용품, 바둑 공부, 원고지(原稿紙), 음악, 신상품(新商品), 전문용품.

4) 심리상태(心理狀態)

궁리(窮理), 담백함, 상상력이 뛰어남, 표현력(表現力), 호기심(好奇心)이 많음, 자신을 변호함, 감정에 의해 일을 처리함, 소탈함, 마음에 드는 일에 대해서 열성적임, 승리하는 것을 좋아함, 자기 과시욕이 있음, 창조성이 뛰어남, 불안정(不安定), 자부심(自負心), 자신감(自信感), 남을 따라 하는 것을 싫어함, 독창적(獨創的), 두려움 없이 무슨 일이든 시도함.

5) 식신의 단독성분(單獨成分)

비견(比肩)이나 겁재(劫財)에 대한 설명은 사실 그리 복잡할 것이 없다. 왜냐면 비겁(比劫)은 그만큼 단순한 성분이기 때문이다. 그런데 식신(食神)부터는 그렇지 않음을 생각하게 된다. 뭔가 상당한 힘이 그 내부에서 요동(搖動)치고 있다는 느낌이 들기도 한다. 그중에서도 식신과 상관(傷官)은 특히 다양한 변화(變化)가 나타나는데, 식상(食傷)을 이해하고 나면 십성의 거의 절반은 이해했다고 해도 좋을 정도이다. 그만큼 마음을 기울여서 관찰하기 바란다.

식신(食神)의 대표적인 특성은 궁리(窮理)와 연구(硏究)이다. 한 가지의 주제가 결정되면 깊게 파고들어 간다. 그래서 바닥까지 봐야 하는 것도 식신이다. 이러한 성분은 연구원(研究員)에게 적당하며 전문분야(專門分野)에서 탁월한 능력을 발휘하게 되는 성분이기도 하다. 반면에 폭넓은 작용은 부족하다. 왜냐하면 한 우물만 죽자고 파고들어 가기 때문에 옆에서 죽이 끓는지 밥이 타는지에 대해서는 관심이 없다. 아니, 관심이 없다고 하기보다는 관심을 둘 겨를이 없다고 해야 할 것이다. 그만큼 집중해서 탐구(探究)하는 능력이 탁월한 것이 바로 식신이다.

식신(食神)의 언변(言辯)은 그리 유창(流暢)하지 않다. 자신이 알고 있는 것도 막상 말로 하고자 하면 마음과 같지 않고, 자신의 말에 대해서도 못마땅한 생각이 들어서 불만을 갖게 되기도 한다. 그래서 연구하는 장면을 보여 주는 것이 편하지, 남들이 이해하도록 설명하는 수단은 불편하게 여길 수도 있다. 이러한 사람은 강단(講壇)에서 가르침을 베풀 경우에도 자신만 아는 어휘로 말할 가능성이 많기 때문에 다른 사람이 이해를 하기에는 많은 어려움을 느낄 수 있다.

식신(食神)은 감정적(感情的)이기도 하다. 자신이 하고자 하는 방향으로 진행할 경우에는 돌진(突進)을 하지만, 남이 시켜서 하는 일에는 도무지 마음이 움직이지 않는다. 그래서 하기 싫은 일은 죽어도 못하는 성분이기도 하다. 이러한 적성을 갖고 있는 사람에게는 스스로 길을 선택하도록 안내하는 것이 중요하며, 강제로 압력을 넣어서 강요하는 것은 일간(日干)과 음양이 같기 때문에 감정적이 되어 역효과만 날 뿐이다. 음양이 같은 성분은 자신의 생각이 얼굴에 그대로 드러나므로 숨길 수도 없고 잘되지도 않는다. 그래서 있는 그대로 자신의 생각을 말하고 실행하는 것이 가장 편하다고 생각하기 때문에 마음에 없는 말을 하지 못하는 것이다.

식신(食神)은 개혁적(改革的)인 성분이 있다. 구습(舊習)을 익히는 것에는 별 흥미가 없으며, 새로운 것에 대한 관심은 오히려 증폭된다. 그래서 미래를 향한 마음이 강하다고 하겠는데, 이러한 욕구에 의해서 발명(發明)되는 것이 모두 식신의 작품이라고 해도 과언이 아니다. 어떤 사물을 봤을 적에 그러한 사물의 결합을 개선할 수 있는 방안을 얼른 떠올릴 수가 있으며, 이러한 생각은 구체적으로 확인하는 작업으로 연결되므로 시시각각(時時刻刻)으로 변화가 일어나게 된다. 갑자기 하나의 궁금증, 혹은 의문에 휩싸이게 되면 그것이 확인되기 전까지는 아무런 일도 할 수 없기 때문이다.

　잠을 자려고 누웠다가도 뭔가 영감(靈感)에 가까운 깨달음이 일어나면 벌떡 일어나서 바로 확인을 하고 기록을 한 다음에 다시 잠자리에 드는 것도 식신(食神)이다. 그러므로 대중이 함께 살아가는 곳에서는 자신이 적응을 잘 못한다고 생각하기도 한다. 남들처럼 규칙(規則)을 준수하고 서로를 배려하는 마음이 부족하기 때문이다. 자신이 편안한 방식대로 먹고 입는 것을 선호하기에 식신은 예복(禮服)도 없다. 항상 같은 스타일이라도 전혀 구애를 받지 않는다. 텁수룩한 수염에 파이프를 물고 있는 스타일을 예로 든다면, 이는 식신의 모습에 가장 가깝다고 할 수 있다.

　식신(食神)은 상상력(想像力)을 실현(實現)시키는 능력이 있다. 가령 '하늘을 날 수 있으면 좋겠다.'라는 생각이 들면 자신이 새처럼 날개를 달고 하늘을 날아다니는 상상을 하다가는 바로 작업에 들어가서 날개에 해당하는 부분을 설계하는 것이다. 이렇게 바로 확인하고 구상하는 것도 식신이다. 그래서 혼자서도 무언가 일을 하면서 잘 논다고 하게 된다. 스스로 상상력을 갖고 있기 때문에 어린아이라면 나뭇조각 몇 개만 있어도 마냥 행복할 것이다. 그러면서 혼자 중얼거리기도 하는 것은 그 속에 빠져들어서 생각하는 것들이 겉으로 드러나는 것이다.

　식신(食神)은 누군가에게 공격을 받는다면 대항할 연구를 한다. 스스로 공격을 하지는 않지만 일단 공격을 받으면 지능적으로 대항할 연구를 하기 때문에 주로 무기를 만들거나 복수할 방법을 강구하게 된다. 이러한 성분이 범죄에 가담을 한다면 수사관들도 식신의 성분이 있어야만 체포가 가능하다. 식신의 두뇌는 그만큼 치밀하여, 여러 경우의 변수를 고려하면서 구상하기 때문에 어설프게 시도를 해서는 점점 미궁에 빠져들 수밖에 없는 것이다. 그러므로 십성은 절대적으로 좋기만 한 것도 없고, 절대적으로 나쁘기만 한 것도 없다.

6) 식신이 많거나 없는 경우

아무리 좋은 것도 많으면 의미가 없어진다. 식신(食神)도 마찬가지이다. 자신의 능력을 빼어나게 만드는 성분이지만 이러한 것이 많아진다면 이때에는 반작용(反作用)으로 나타나는데, 그것은 바로 유시무종(有始無終)의 형태가 된다. 시작은 있으나 끝이 없다는 말로 무슨 일이든지 신나게 시작은 하지만 끝까지 가지 못한다. 그 이유는 식신은 원래 파고들어 가는 성분인데 이러한 것이 많다는 이야기는 여러 곳을 파고들어 간다는 말이 되고, 그것은 결국 하나도 올바르게 마무리하지 못한다는 의미가 되기 때문이다.

상담을 하면서도 일간의 주변에 식신(食神)이 많은 사람은 반드시 여러 가지 관심을 갖고 있다는 점을 발견하는 것은 어렵지 않다. 이러한 것은 세상을 살아가는데 매우 불리하다. 혼자서 다하는 원맨쇼가 아닌 다음에야 어느 분야에서든지 최상의 능력을 소유한 사람을 선호하기 마련이다. 하다못해 야채를 볶는 일이라도 그 분야에서 최상의 능력을 소유한 사람을 선택하는 것이 음식업의 경쟁임을 생각한다면 쉽게 이해할 수가 있는 것이니 그 나머지야 말해 무엇하겠는가. 그러므로 많은 것은 또한 흉한 작용이 될 수도 있다는 것을 생각해야 한다.

그렇다면 식신(食神)이 없다면 어떻게 될 것인가? 이때에는 새롭게 추구하는 창의력도 부족하고 무슨 일에 항심(恒心)으로 파고들어 가는 노력도 없다고 하겠으니, 이러한 성분은 남들보다 앞서서 쟁취(爭取)하는 경쟁사회에서는 아쉬운 점이 많다. 창의적이지 않은 것이 특별히 불리하다고만 할 것은 아니지만 적어도 한 분야의 전문가로 성장을 하기에는 일단 탈락(脫落)이 된다는 것은 분명하다. 사주에 식신이 하나도 없다면 일찌감치 이러한 방향에는 신경을 쓰지 말고 다른 방향으로 전환할 생각을 해야 할 것이다.

 다른 방향이라고 하는 것은 직장생활을 하거나 부모의 유업을 이어 계승(繼承)하는 것이 좋고, 스스로 창업(創業)을 할 적에는 매우 주의해야 할 것이다. 물론 사주에 다른 십성이 있을 것이므로 그러한 분야에 대해서 이해를 하고 나면, 아마도 식신(食神)이 없는 사람이라도 할 일이 많다는 것을 알게 될 터이니 차근차근 십성의 구조를 이해할 수 있도록 인내심으로 연구하는 것이 최선이다.

2. 상관(傷官)

1) 구성(構成)

상관(傷官)은 일간(日干)이 생조(生助)하는 오행이며 음양은 다르다. 그래서 서로 당기는 작용이 있다.

2) 인간관계(人間關係)

여성에게는 식신(食神)과 마찬가지로 상관(傷官)도 자녀에 해당하며, 성별을 구분한다면 아들에 해당한다. 물론 구체적으로 대입을 할 경우에는 이렇게 구분하지 않고 함께 자녀로 보게 된다. 다만 이론적으로는 타당한 부분이 있는데, 내가 낳은 아들[상관]이 남편[정관(正官)]을 극하는 구조가 되니 남편은 자식으로부터 극을 받게 되는데 이것을 오이디푸스의 논리와 연결하면 그대로 부합이 된다. 사주 내에서 대입을 할 경우, 일지(日支)에 정관이 있고, 시지(時支)에 상관이 있다면 이러한 논리를 대입해서 관찰해 볼 수 있다. 남성에게는 식신과 같이 장모로 보는 것이 타당하다.

3) 사물(事物)

자신을 나타내는 도구(道具), 마이크, 노래방, 유흥업소, 사교장, 고급 승용차, 남들이 알아주는 명품, 골프장.

4) 심리상태(心理狀態)

 사교적(社交的), 나의 주장이 수용되어야 함, 체면 중시, 표현이 날카로움, 명성(名聲)을 좋아함, 변론(辯論)을 좋아함, 말이 많음, 과장(誇張)된 말을 함, 공세를 취함, 꾀가 있음, 은혜를 베푸는 것을 좋아하고 그것을 자랑함, 이해력이 좋음, 자존심이 있음, 쓸데없는 일에 참견하기를 좋아함, 표현하기를 좋아함, 이기는 것을 좋아함, 변덕이 있음, 교제에 능숙함, 새로운 것을 좋아함.

5) 상관의 단독성분(單獨成分)

 상관(傷官)은 식신(食神)과 유사한 오행의 구조를 하고 있지만 음양이 다르다는 이유만으로 이미 서로 상당히 다른 성분으로 작용하고 있다. 기본적으로는 식신과 마찬가지로 자신의 세계를 만들어 가는 것을 추구하는 형태이지만 그 방법에서는 전혀 다른 양상으로 나타난다. 즉 상관은 스스로 자신의 세계를 만들어 가고 창조하는 것보다는, 타인과의 합작(合作)적인 수단을 통해서 자신의 이상을 실현하고자 하는 성분으로 작용을 한다.

 이러한 작용은 늘 대인관계(對人關係)에 비중을 두게 되고, 그러기 위해서는 항상 서열(序列)을 생각하는데 많은 시간을 쓴다. 상관(傷官)은 사람을 만나면 우선적으로 해야 할 일이 서열이다. 그래서 서열을 정하는 방법을 추구하는데, 가장 보편적인 것을 나열한다면 다음과 같은 질문을 하기가 쉽다.

 "성씨가 어떻게 되시는지요?" - 혈족(血族) 서열용
 "몇 년도 생인지요?" - 연령(年齡) 서열용

"고향이 어디신지요?" - 출신지방 서열용
"어느 학교를 다니셨는지요?" - 학연(學緣) 서열용

  그 외에도 무슨 일이거나 서열을 정할 대상이라면 모두 다 동원한다. 절에 다닌다고 하면 어느 절에 몇 년을 다녔는지 물어서 선후배를 정할 필요가 있다고 생각하는 것이 상관이다. 그리고 이러한 것이 정확하게 구분되지 않으면 마음이 편치 않다. 이러한 성분은 조직력(組織力)으로 이어지고, 집단행동을 할 적에도 그대로 응용이 된다. 그야말로 맥(脈)을 숭상하는 사람이라고 해도 될 정도이다.

  이와 같이 다양한 질문을 통해서 그 사람이 좋아하는 것이며 만나는 사람의 출신학교와 지역까지도 한 줄에 꿰어 정리를 한다. 물론 상대방은 호감을 갖고 질문하는 것으로 여기고 순순히 응하게 되는데, 만약 물어봐도 서열을 정할 만한 내용이 없으면 심지어는 생일이 언제인지를 물어서라도 서열을 잡아야 하는 것이 상관(傷官)이므로, 상관의 성분을 만나게 되면 일단 말이 많고 심문을 당하는 기분이 들 수도 있다.

  그렇지만 이러한 것을 교묘하게 이용하기 때문에 상대방은 별 거부감 없이 답을 하게 된다. 그다음에 나름대로 정리가 되고 나면 말을 놓을 것인지, 혹은 공대(恭待)를 할 것인지 바로 구분을 한다. 그리고는 '내 후배이니 말을 놓겠네.'가 되어야 비로소 상견례(相見禮)가 끝이 난 셈이다. 참으로 집요하다고 느낄 수가 있다. 이러한 면이 식신(食神)과 사뭇 다른 성분이다.

  상관(傷官)의 창조성은 대인관계를 통한 방법으로 전개된다. 즉 다단계와 같은 판매방식을 연구하는 것도 상관의 창조력이고, 인터넷을 이용한 쇼핑몰을 생각하는 것도 상관의 발상이다. 뭔가 이용할 것은 모두 동원을 해서 목적을 이루게 되는데, 그 과정에서 늘 추구하는 것은 새로운 것을 만든다고 하기보다는 있는 것을 이용하는 방향으로 생각이 전환된다는 점이다. 가령 어떤 사람이 1천만 명의 주민등록번호를 갖고 있다고 하면 그것을 사서 어떻게 사업에 이용하면 수지가 맞을 것인지를 생각하는 것도 상관의 성분이다. 그렇지만 1천만 명의 주민번호를 어떻게 해야 만들 수 있을 것인지에 대해서는 생각이 없다. 오히려 그러한 생각을 하는 것은 식신(食神)의 영역이 된다.

　상관(傷官)은 이성적(理性的)이다. 식신(食神)이 감정적인 것과 비교가 된다. 그래서 자신의 감정을 드러내지 않고 대응하기 때문에 남들의 허술한 부분을 파악하고 집중공격을 할 수도 있으며, 반면에 자신의 약점은 절대로 드러내지 않는다. 그래서 승부(勝負)에서는 여간해서 잘 지지 않는다. 항상 작전(作戰)이 중요하며, 그중에서도 싸우지 않고 이기는 법을 강구하게 된다. 그래서 나타난 결과는 외교술(外交術)이 되는 것이다. 말을 통해서 이긴다면 최소한의 투자로 최대한의 결실을 거두기 때문이다. 식신은 일단 부딪쳐 보고서 결정을 하는데 상관은 그러기 전에 미리 탐색을 하고 여러 가능성을 다각도로 관찰한 다음에 시작을 하게 되니, 용의주도(用意周到)함이란 상관의 성분에 잘 어울리는 말이기도 하다.

　자기 자랑을 하고 싶은 것은 상관(傷官)도 식신(食神)과 같다. 다만 식신이 행동으로 자랑을 한다면, 상관은 입으로 자랑을 한다. 그러다 보니 이야기를 조금 들어보면 상관의 성분이 있는지를 바로 알아낼 수가 있다. 자기 자랑이 푸짐하게 나오면 거의 틀림없이 상관의 성분이 있는 것으로 간주해도 크게 빗나가지 않을 것이다. 화려한 무용담(武勇談)이 장시간 이어지는 가운데에도 자신의 허물에 대해서는 함구(緘口)한다. 그러므로 듣는 사람은 항상 장점에 대해서만 이야기를 들을 뿐 말하는 사람의 단점에 대해서는 전혀 듣지 못한다. 그것은 자신에게 불리한 이야기는 절대로 하지 않기 때문이다. 그리고 상관은 사람이 모이는 것을 좋아하기 때문에 주변에는 늘 사람들이 모여든다. 왜냐하면 내 이야기를 들어줄 사람이 없으면 외롭기 때문이다. 그래서 사람이 모인 곳을 좋아한다.

상관(傷官)은 이성적이기 때문에 감정의 지배를 받지 않고 차분하게 관찰을 할 수 있다. 이러한 것은 세상을 살아가는데 무척이나 중요한 성분이며 이러한 것으로 인해서 성공할 가능성이 더욱 높아지게 된다. 그리고 그 이성적인 성분은 이기적(利己的)으로 작용을 한다. 아무리 남을 위해서 하는 일이라고 하더라도 결과를 추적해 보면 결국 자신의 이로움을 위해서 한 행동이라는 것을 알게 된다. 그러니까 입으로는 남을 위해서 하는 것이라고 말하면서 내심으로는 실속을 구하는 것이라고 할 수가 있다. 이러한 성분이 상업(商業)의 분야에서 활약을 한다면 크게 성공할 가능성이 많으며, 중개업(仲介業)도 적성 중에 하나이다. 탁월한 언변과 시국을 읽어내는 능력으로 목적을 달성하는 것이 별로 어렵지 않기 때문이다.

상관(傷官)은 사회의 법령에 대해서도 잘 알고 있는데 잘 알고 있는 이유는 그것을 지키고자 하는 것이 아니고, 지키지 않고자 하는 것이 목적이다. 법을 알아야 법을 피할 수가 있기 때문이다. 그리고 남들도 다 그렇게 한다고 생각을 한다. 그래서 늘 분쟁이 일어나면 '법대로 해라'라고 한다. 물론 자신은 자신의 상식으로 알고 있는 법이 자신에게 불리하다는 것도 잘 알고 있다. 다만 그 말 한마디가 갖고 있는 위력을 잘 알고 있기 때문에 이러한 말을 할 수가 있는 것이다. 그리고 법의 교묘함은 피하고자 한다면 얼마든지 피할 수 있다고도 생각을 한다. 그래서 법을 이용하는 총명함을 갖고 있기도 하다. 자신이 한 말과 행동이 국법의 어느 부분에 저촉(抵觸)이 되는지를 잘 알고 있으므로 그 범위를 넘나들면서 자신의 능력을 시험하고 스릴을 만끽한다. 이것이 상관의 즐거움이다.

6) 상관이 많거나 없는 경우

상관(傷官)이 많으면 앞에서 설명을 한 내용이 다변화(多變化) 한다는 의미가 되므로 참으로 정신이 없다고 하겠다. 그야말로 목적을 상실한 수다스러움에 불과하다고 할 수가 있으니 상관의 장점은 모두 사라지고 단점이 부각되는 현상이 발생하게 된다. 이렇게 되면 대인관계에서는 무시를 당할 것이고 자신은 스스로 남을 통제하거나 관리하지 못하고 여기저기에서 시비(是非)와 구설(口舌)이 분분할 가능성도 많다. 그래서 상관이 많으면 흉한 암시가 커지게 되니 이러한 연고로 사흉신(四凶神)에 상관이 랭크되어 있는 것이다. 참고로《子平眞詮(자평진전)》에서 말하는 사흉신은 편인(偏印), 상관(傷官), 편관(偏官), 겁재(劫財)가 해당이 된다. 다만 이러한 것은 고정적인 것은 아니고 상황에 따라 길흉이 달라지는 것으로 보는 것이 타당하다. 상관이 기본적으로는 살아가는 생존의 현실에서 매우 중요한 성분이 되지만, 일단 흉한 작용으로 연결이 된다면 흉한 암시가 나타나기 때문이다.

이러한 상관(傷官)이 없을 경우에는 대인관계에서 필요한 수단이 무척이나 부족하다는 것을 생각하게 된다. 다행히 식신(食神)이라도 하나 있으면 그나마 한 분야에서 전문가의 능력을 발휘하겠지만 그렇지 않은 상황에서 상관도 없다면 수단이 없기 때문에 늘 남의 앞에서 이야기를 하기보다는 뒷전에서 귀를 기울이는 형태가 될 수도 있다. 이러한 능력으로는 세상을 앞서가는 선두주자의 면모를 과시할 수가 없으니 또한 전망이 어둡다. 물론 이러한 사람이라면 대인관계에서의 통솔력은 발휘할 수 없으므로 다른 방향으로 진로를 선택해야 한다.

제13장 재성(財星)의 심리구조

일간(日干)이 극하는 형태가 되면 재성(財星)이라고 하며, 정재(正財)와 편재(偏財)로 구분한다. 재성 이외에 정편(正偏)으로 나누는 것에는 정편인(正偏印)과 정편관(正偏官)이 있는데, 이러한 십성은 다른 명칭으로 부르지 않으면 혼동이 되기 때문에 정편재(正偏財)에 대해서는 재성이라는 말로 부르고, 정편인은 인성(印星)으로 부르게 된다. 다만 편관(偏官)은 칠살(七殺)이라는 별명이 있으므로 구분이 가능하다. 그러므로 재성(財星)이라는 말은 정편재를 함께 부르는 말이지 정재만을 부르는 말은 아니다.

사주에 재성(財星)이 있으면 그 사람은 성취욕(成就慾)이 무척 강하게 나타나는데, 이것은 재성이 재물(財物)과 통하기 때문이다. 그래서 매사에 적극적이며, 성급한 태도를 취하기도 한다. 그리고 정재(正財)가 있으면 이성적이면서 치밀한 형태를 띠게 되고, 편재(偏財)가 있으면 감정적이어서 난폭한 형태로 나타나기도 한다. 그리고 재성이 많으면 다사다욕(多事多慾)의 형태로 나타난다고 이해를 한다.

1. 편재(偏財)

1) 구성(構成)

 편재(偏財)는 일간(日干)이 극제(剋制)하는 오행이면서 음양이 같다. 그래서 일간이 밀치는 작용도 있다.

2) 인간관계(人間關係)

 편재(偏財)는 부친(父親)으로 대입을 한다. 그 관계의 구조는 '나를 낳은 자[정인(正印)]의 남편[정관(正官)]'이므로 나와의 관계는 나의 편재가 되는 것이다. 일설(一說)에는 '부모가 같이 낳았으므로 편인(偏印)은 부친이 되고 정인은 모친이 된다고 하는 설'도 있으나, 자평명리학에서는 어머니가 낳은 것이고, 부친은 씨앗을 제공한 정도로 이해를 하게 된다. 이것이 일반적인 윤리관(倫理觀)에는 대치가 되지만 자녀는 모계(母系)에서 길러지는 것으로 대입을 하므로 이러한 관점으로 본다. 그리고 편재는 나의 재물이지만 아끼지 않는 재물이기도 하다. 이러한 것을 대입하게 되면 부친은 나를 먹여 살리는 재물을 제공하는 자가 되는 것이다. 그리고 현실을 살펴봐도 이러한 대입이 좀 더 구체적이라고 하겠다. 그리고 형제가 여럿이 되면 부친의 재물을 놓고 서로 조금이라도 더 가지고자 법정싸움까지 하는 것을 보면 과연 부친을 편재로 봐야 하겠다는 것에 더욱 수긍을 하게 된다.

또한 계부(繼父)라고도 하고, 의부(義父)라고도 하는 어머니의 남편도 역시 편재(偏財)로 대입을 하게 된다. 물론 원칙적인 의미에서의 아버지는 아니지만 이치적으로 보게 된다면 어머니의 남자를 십성에서 대입을 하게 되면 편재이기 때문에 같이 보는 것이 무방하다고 하겠다. 그리고 아버지와 같은 레벨인 백부(伯父)나 숙부(叔父)도 또한 편재의 의미로 관찰을 하면 되겠는데, 이것은 아버지[편재]와 같은 단계의 관계이기 때문이다.

한편 여자에게는 시모(媤母)가 된다. 남편[정관(正官)]의 모친[정인(正印)]으로 대입을 하면 편재(偏財)가 되는 까닭이다. 그리고 가정에서의 큰 문제로 대두되기도 하는 '고부갈등(姑婦葛藤)'이라는 말도 이와 같은 맥락에서 이해를 하면 그대로 정리가 된다. 즉 시어머니는 남편의 모친이기 때문에 이러한 기득권을 놓지 않으려 하고, 며느리는 남편의 세력을 등에 업고 있으므로 양보하지 않으려고 하는 것에서 일어나는 갈등이라고 할 수가 있겠는데, 특히 십성의 대입으로 봐서는 내가 무정하게 극하는 존재[편재]이기 때문에 자평명리학에서는 며느리가 시어머니를 구박하는 것이 정상이라고 할 수 있다. 그리고 실제로도 이 같은 경우로 결말이 나게 되는 것도 사실이다. 그래서 시모를 편재로 보는 대입은 매우 현실적이다.

3) 사물(事物)

내가 무정하게 통제(統制)하는 것, 물질(物質)을 다루는 도구(道具), 공구(工具), 지도(地圖), 도로(道路), 인터넷망, 스위치, 제도기, 대형매장, 배치물, 주차장, 공항 관제소, 투자성 부동산, 주식(株式), 복권(福券), 신용카드.

4) 심리상태(心理狀態)

통제적(統制的), 사물을 조작하고자 함, 부지런함, 서두르는 마음이 강함, 결과에 대한 집착이 강함, 참을성이 없음, 적극적(積極的), 재물의 손실을 두려워하지 않음, 관리하는 능력이 뛰어남, 입체감이 있음, 시원스러움, 명쾌함, 활동적(活動的), 미래를 중시함, 진중(鎭重)하지 않음.

5) 편재의 단독성분(單獨成分)

편재(偏財)의 능력은 통제(統制)하고 관리(管理)하는 분야에서 발휘가 된다. 그리고 매우 현실적(現實的)이며 구체적(具體的)이기도 하므로 항상 실질적(實質的)인 부분에 대해서 관심을 갖고 있으며 추상적(抽象的)인 것에 대해서는 거부하게 된다. 여기에 감정적(感情的)이라는 것이 추가된다. 그래서 감정적인 통제가 되는데, 이러한 것은 마음이 내키는 대로 지시하는 형태로 관찰이 가능하다. 즉 이러한 성향의 상사(上司)를 만난다면 변덕이 많은 형태가 되므로 그 아래에서 견디기는 무척 힘이 들 것이다.

이는 조금 전까지 매우 중요하다고 판단이 되었던 일이라도 상황이 변하게 된다면 바로 수정을 해야 하는데, 한 가지로 골몰하게 연구하는 식신(食神)과 같은 성분이라면 아마도 적응을 하지 못할 것이다. 혹 부하가 잘못한 일이 있더라도 두고두고 잔소리를 하지는 않는다. 그 자리에서 이야기를 하고 시간이 지나고 나면 이내 잊어버리는 성분이기 때문이다. 그래서 오히려 시키는 대로만 하면 편안한 성분이기도 하다.

편재(偏財)는 공간적(空間的)인 감각(感覺)이 무척 탁월하다. 그것은 공간을 통제한다는 말도 된다. 그러므로 사람이나 사물만 통제하는 것이 아니라 공간조차도 통제하고 관리하는 대상이라고 할 수 있는 것이다.

편재(偏財)는 자신의 몸도 통제한다. 밥을 먹을 적에도 최대한 빨리 먹기를 스스로 요구하게 된다. 그래서 급하게 음식을 먹게 되는데, 이러한 것을 수정하라고 아무리 옆에서 주의를 줘도 잠시 뿐이고 이내 본 습관대로 돌아가 버리고 만다. 이러한 현상은 편재는 과정보다는 결과에 비중을 두기 때문이다. 반면 식상(食傷)은 지금 이 순간을 즐기는 성분으로 천천히 음미하면서 식사시간을 즐기게 되는데 편재는 얼른 먹고[먹어치우고] 다른 일을 해야 한다는 생각으로 인해서 이와 같은 현상이 생기게 된다.

편재(偏財)는 도로를 주행할 적에도 그대로 나타난다. 운전을 하는 사람이 편재가 있으면 그의 자동차는 도로 상황에서의 최고속도를 유지하고자 한다. 앞에 자동차가 없다면 그대로 200km의 속도라도 유지하고 싶은 것이다. 그래서 자동차를 구매할 적에는 튼튼한 차인지를 보는 것이 아니라 얼마나 빠른 차인지를 우선 살피게 된다. 역시 목적지에 도달하는 것에 의미를 두는 것으로 이해를 하면 된다. 이러한 사람이 감독을 하게 된다면 능률은 최대한 오르겠지만 직원들의 고통이나 불량률에 대해서는 아무도 확신을 갖지 못할 것이다.

편재(偏財)는 신령(神靈)을 믿지 않는다. 눈에 보이지 않는 존재에 대해서는 납득이 되지 않기 때문이다. 그러므로 현실적으로 물질을 통제하고자 하는 마음에서는 통제가 되지 않는 영혼(靈魂)은 고려의 대상에서 제외되며, 아예 그 존재 자체를 부정한다. 소위 말하는 '무신론자(無神論者)'가 되는 것이다.

편재(偏財)는 교육으로도 가르칠 수 없다. 아무리 가르치려 해도 자신의 마음대로 결론을 내리기 때문에 가르치는 것이 결국은 공염불이 되어 버린다. 원래 편재는 무엇을 배운다는 것에는 의미를 두지 않고 바로 활용되는 것에 대해서만 교육의 의미를 두기 때문에 기술이나 자격증과 같은 것에는 관심이 있지만 인성(人性)에 대한 교육(敎育)은 전혀 배울 필요도 못 느끼고 그럴 마음도 없다. 이미 태어나면서 각자 사람으로 태어났고 그렇게 태어나서 살아가고 활동을 하는 것인데 뭘 배워야 할 필요가 있느냐는 생각이다.

무신론자는 우연히 환경에 의해서 형성되는 것이 아니고 이와 같은 사주의 성분에 의해 지대한 영향을 받게 되는 것이다. 그래서 증명되지 않는 존재는 부정하게 되는 것이다. 말하자면 '신외무물(身外無物)'이 되는 것이며, 이러한 결론은 유물론(唯物論)의 관점이 된다. 유물론과 유심론(唯心論)이 논쟁을 한다면 당연히 유물론이 이기게 되어 있다. 왜냐하면 증거를 대라고 하면 증거가 나올 것이고, 그것은 물질(物質)일 것이기 때문이다. 그래서 편재(偏財)는 고민하고 걱정할 일이 없다. 있는 그대로를 관찰하고 수용하며 관리하는 것으로 충분하기 때문이다.

편재(偏財)는 낙천적(樂天的)이다. 지나간 일에 대해서 연연하지도 않고 마음에 담아두고 고민을 하지 않는다. 지나간 것은 지나간 것이고 이미 돌아오지 않는 것이기 때문에 그것으로 끝이라고 생각한다. 중요한 것은 앞으로의 일이기 때문이다. 지난 일을 추억하며 고통받고 있는 사람을 보면 이해가 되지 않는다. 시간은 자꾸만 흘러가는데, 지나간 일들로 마음 쓴다면 그 자체로 시간낭비가 되기 때문이다. 그러자니 지나간 일의 상처들에 대해서도 이내 잊어버리게 된다. 즐거웠던 일도 잊어버리는 것은 마찬가지이다. 이러한 성분으로 만들어진 것이 편재이다.

6) 편재가 많거나 없는 경우

편재(偏財)가 많게 되면 천방지축(天方地軸)으로 일을 늘어 벌여서 자칫하면 부도가 나는 현상도 발생하게 된다. 세밀하고 꼼꼼한 계획 없이 되는대로 잘되겠지 하는 마음으로 일을 벌이기 때문이다. 이 또한 과중하게 많은 것으로 인한 부작용이다. 특히 신용카드로 인한 신용불량자가 되는 지름길이기도 하는데, 이는 경제관념에는 감각이 둔해서 계속 달리다가 막다른 길에 도달하게 되는 현상이다. 다른 십성의 성분이 돕지 않는다면 가정이든 개인이든 유지될 수 없는 상황에 봉착한다. 자신의 코가 석자임에도 불구하고 빚을 내어서 잔치를 벌이는 태연함도 편재만의 특징이다. 이러한 것을 방지하기 위해서 교육을 통한 훈련이 어느 정도 도움을 줄 수는 있겠지만 기본적으로 타고난 성분을 교정하기는 불가능하므로 마음대로 쓰는 방법을 없애는 것이 최선이다.

한편 편재(偏財)가 없으면 공간개념이나 추진력이 부족한 상태가 된다. 그렇게 되면 넓은 곳으로 나아가는 것이 두려울 수도 있다. 그리고 통솔력(統率力)이 부족하기 때문에 관리하는 능력이 없어서 큰일을 맡게 된다면 당황스럽고 부담이 된다. 물론 사람뿐만이 아니고 사물에 대한 통제도 마찬가지로 어렵다. 엉킨 일들을 처리하는 수단이 부족하여 일을 들고 우왕좌왕하는 모습으로 허둥댈 수도 있다. 스스로 독립적인 일을 하는 사람에게는 이러한 성분이 있으면 무척 유용한 것인데 전혀 없다고 하면 아쉬운 점이 한두 가지가 아니다. 최소한 하나 정도는 있어야 필요한 상황에서 작용이 될 것이다.

2. 정재(正財)

1) 구성(構成)

정재(正財)는 일간(日干)이 극제(剋制)하는 오행이면서 음양은 다르다. 그래서 극제를 하면서도 당기는 성분이 발생한다. 양간(陽干)에게는 합(合)이 되는 성분이다.

2) 인간관계(人間關係)

정재(正財)는 남자에게 처(妻)가 된다. 가정에서 남자는 가장(家長)이라고 부른다. 그리고 아내는 가장을 돕는 역할을 하게 되므로 이와 같은 대입이 가능하게 된다. 다만 앞으로 그야말로 '남녀평등(男女平等)'의 시대가 된다면 이 공식도 대폭적인 수정을 해야 할지도 모를 일이다. 그렇게 된다면 동등하기 때문에 아내는 겁재(劫財)가 되어야 할 수도 있다. 어쩌면 지금의 가정이 동등한 형태를 이루고 있다면 배우자(配偶者)는 겁재로 봐야 한다고 생각할 수도 있을 것이다. 다만 이것은 그야말로 이론적이라고 해야 하겠다.

또 아내와 같은 레벨에서 내연녀(內緣女)도 같은 의미로 정재(正財)가 된다. 과거의 첩(妾)도 정재에 해당한다. 여기에 조건은 생활비를 지급하는 여성이어야 한다는 것을 단서로 붙일 수도 있겠는데, 단순히 생활비만으로 구분할 수만은 없다는 것도 참고해 두는 것이 좋겠다. 왜냐면 여성이 오히려 남자에게 생활비를 줄 수도 있기 때문이다. 남자에게 이성친구와 애인의 사이를 구분할 필요가 있겠는데, 가장 기본적인 의미로는 성관계(性關係)가 있으면 애인으로 간주하고, 그렇지 않으면 이성친구로 보는 것이 타당할 것이다. 그리고 예전에는 정재(正財)의 인간적인 대입으로 처첩(妻妾)이라고도 했다는 점을 참고하면 된다.

3) 사물(事物)

치밀(緻密)하게 사물(事物)을 통제(統制)하는 것, 계산기(計算器), 온도계(溫度計), 예금통장(預金通帳), 재산(財産), 돈, 금은보석(金銀寶石), 적금통장.

4) 심리상태(心理狀態)

치밀성(緻密性), 내가 제어하고 조작하며 나의 통제권을 벗어나는 것을 용납하지 않음, 근검절약(勤儉節約), 미래를 중시함, 먹는 것에 집착함, 쉽게 만족하지 않음, 적극적(積極的), 부자가 되고 싶음, 구체화(具體化), 종교의 신비함을 믿지 않음, 시원스럽지 않고 많은 계산이 따름, 집착(執着), 현실감(現實感)이 강함, 저축(貯蓄), 소탐대실(小貪大失).

5) 정재의 단독성분(單獨成分)

정재(正財)가 작용을 하게 되면 알뜰하고 꼼꼼한 면모를 갖게 된다. 이러한 성분은 현실적인 수치에 밝으므로 경제관념(經濟觀念)이 무엇보다도 발달되어 있기 때문에 대충대충 넘어가는 계산은 용납되지 않는다. 매우 정확한 수치에 의해서 결과를 전달해 주지 않으면 정재는 만족하지 않기 때문이다.

정재(正財)는 육체적(肉體的)인 성분이 강하다. 그래서 식욕(食慾)이나 성욕(性慾)이 강할 수가 있는데, 이것은 생명력이 넘치기 때문이다. 그리고 재물을 탐하는 것도 이와 무관하지 않으니, 재물이 있어야 먹고 종족을 보존시켜 줄 수 있기 때문인 것이다. 아울러 재산(財産)에 대해서도 많은 관심을 가지고 있다. 그래서 재물의 흐름을 잘 파악하기도 하지만 주머니에 들어간 돈은 여간해서 잘 나오지 않게 되는 것도 같은 의미로 이해할 수 있다.

정재(正財)는 독자적(獨自的)으로 자신의 재물을 관리하고자 한다. 남과 함께 관리하게 되면 불안하여 마음이 놓이지 않는다. 상대방이 재물을 갖고 튀어 달아날 수가 있기 때문이다. 그래서 함께 경영하는 일은 시작하기 어렵고, 작은 규모라도 가능하면 단독으로 시작하고자 하는 마음이 강하다. 재물이 들어오면 다시 확장시킬 방법을 강구한다. 물론 가장 안전하게 확장시켜야 하겠는데, 그러기 위해서는 부동산이 좋은지 상가건물이 좋은지를 놓고 많은 궁리를 하기도 한다. 물론 그러다가 남의 꼬임에 전 재산을 탕진하고는 폐인이 되기도 한다. 아무리 꼼꼼하게 저울질을 한다고 해도 재물이 좋고, 자신도 사람이니 그 위에 나는 놈이 있다는 것을 생각하지 않을 수 없는 것이다.

정재(正財)는 재물의 가치를 잘 알고 있다. 그러므로 함부로 인심을 쓰듯이 재물을 낭비하는 것을 가장 혐오한다. 알뜰한 생활이 몸에 밴 사람이다. 식당에서도 함께 밥을 먹었으면 밥값은 각자 내는 것이 옳다고 생각을 하고, 자신이 먹은 만큼 내는 것이 왜 쩨쩨한 것인지를 이해하지 못한다. 경제의 공식으로는 납득이 되지 않기 때문이다. 하지만 자신이 꼭 써야 할 것에는 거금도 선뜻 내어 놓는 경우도 접하게 되는데, 그것은 정재의 역할이 아니고 정재가 기본 바탕에 깔려 있는 상태에서 다른 성분인 정관(正官)이나 상관(傷官)이 운에서 들어와 자신의 마음을 자극하여 일어난 부작용이라고 해야 할 것이다. 원래 정재의 사전에는 그러한 행위가 용납이 되지 않기 때문이다.

정재(正財)는 모험적인 것에 관심을 두지 않는다. 위험한 것일수록 재물을 모을 기회를 준다고 하는 것을 알더라도 그러한 것에 투자하지 않는다. 그 결과가 나타날 때까지는 불안하여 견딜 수가 없기 때문에 차라리 가늘고 길게 살겠다는 생각인 것이다. 살아 있다는 것이 중요하고, 어떻게 살아 있느냐는 것은 그다음의 문제라고 생각하며, 안전운행이 가장 중요하기 때문에 과속(過速)은 절대로 있을 수가 없다. 과속하면 위험한 상황이 한두 가지가 아니다. 사고의 위험은 더 말할 것도 없고, 교통경찰과의 만남, 보험료의 인상 등등 힘들고 불리한 조건이 수두룩한데 왜 과속을 하느냐는 이야기이다. 물론 기름이 많이 소비된다는 것도 그 이유에 포함이 되어야 한다. 따라서 안전을 최우선으로 삼게 되는 것이다.

정재(正財)는 육체적인 쾌락에도 민감하다. 그야말로 성욕에서 느끼는 신경계(神經系)의 긴장을 즐기는 것이라고 할 수 있다. 정신적인 사랑에 대해서는 믿기 힘들다. 사랑이라면 남녀의 결합으로 오르가슴이 주어지는 것을 생각하게 된다. 이러한 것으로 인해 정재는 신체적인 것이라고 판단을 하게 된다. 그리고 자신의 몸에 이상이 있는지 없는지도 잘 찾아내는데, 이러한 것 또한 신체에 관심을 둔다는 것으로 이해하면 된다.

그리고 가장 두려운 것은 죽음이다. 죽음은 모든 것을 의미 없이 만들기 때문이다. 그래서 죽음에 이르지 않도록 배려하는 것이 정재(正財)가 풀어야 할 숙제이기도 하다. 어쩌면 죽음을 두려워한 싯다르타에게서도 정재가 있지 않았을까 싶은 생각이 든다. 왜냐하면 보통은 죽음에 대해서 자연스럽게 받아들이는데 그의 생로병사(生老病死)에 대한 관찰의 소감은 병적(病的)이라고 할 정도로 예민했었기 때문이다. 죽음이 두려웠다면 죽어가는 사람의 모습도 두려웠을 것이기 때문이다. 그래서 싯다르타의 고뇌에서 정재를 읽는다.

정재(正財)는 규칙적으로 몸을 단련시킨다. 그것이 건강에 도움을 준다고 생각하기 때문이다. 이것은 즐거워서 하는 것이 아니고, 해야만 하기 때문에 하는 것이기도 하다. 정재와 몸의 연관관계를 생각하면 된다. 그리고 몸에 해로운 것은 먹지도 않고 가까이하지도 않는다. 가령 불량식품 같은 경우 정재는 절대로 가까이하지 않는다. 반대로 건강식품에는 절대적인 지지를 보내기도 하며 먹는 것에 대한 즐거움이 더욱 가중되는 부분이기도 하다. 몸에 좋은 것을 맛있게 먹는 것이 가장 행복하기 때문이다.

정재(正財)는 담배를 피우지 않는다. 몸에 해롭기 때문이다. 술도 먹지 않는다. 또한 몸에 해롭기 때문이다. 오래 살고 싶은 사람들은 종교에 귀의를 한다. 그리고 종교인들은 하나같이 술 담배를 하지 말라고 한다. 여기에 대한 연결점은 정재가 갖고 있다. 종교인의 영생(永生)은 이 몸이 죽지 않는 것이다. 몸이 죽은 다음에 영혼이 죽지 않는 것은 정재에게는 의미가 없는 환상(幻想)이다. 정재는 그러한 말은 믿지 않는다. 그래서 불가(佛家)에서 극락세계에 간다는 목적으로 고행을 할 적에, 도가(道家)에서는 신선(神仙)이 되어서 오래도록 잘 살아갈 방법을 강구하는데 신선이 정재의 최상의 목표이기도 하다.

6) 정재가 많거나 없는 경우

정재(正財)가 많다면 불안증(不安症)이 심화되어서 무엇을 하든지 마음이 놓이지 않을 것이다. 세상에는 분명하고 확실한 것 없이 늘 걱정되는 것들뿐이다. 집을 나가도 불안하고 집안에 있어도 불안하기는 마찬가지이다. 그래서 불안증이라고 이름을 하게 된다. 그야말로 지구가 무너질까 봐 마음을 놓을 수가 없는 것이다. 사과나무 아래에서 잠을 자던 토끼가 떨어진 사과를 맞고서는 지구가 뒤집혔다고 호들갑을 떤다면 그 녀석도 정재가 많은 것이라고 보게 된다. 그리고 토끼 자체도 정재가 많이 보인다. 귀가 큰 것을 보면 생명을 지키지 못할까 봐 두려워하는 모습이 연결되기도 한다. 정재가 과다하면 토끼처럼 될 수도 있다.

내 것을 빼앗길까 봐 노심초사(勞心焦思)하기도 한다. 그래서 마음을 놓지 못한다. 그러다 보니 사회생활을 하는 데에도 문제가 발생하게 된다. 남을 믿고 의지하는 성분이 부족하기 때문에 더욱 많은 재물을 확보해야 한다는 것이 이러한 상황의 부작용으로 나타날 가능성이 많다. 그래서 재물을 탐하게 되는 악순환(惡循環)이 반복되는 것이다. 재물을 탐하는 사람일수록 내일의 삶이 불안한 것은 당연한 일이다. 내일이 불안하지 않으면 무엇 때문에 재물을 쌓아 놓지 못해 안달을 하는 것인지를 생각해 보면 이내 알 수가 있다. 그러므로 정재(正財)가 많은 사람일수록 구체적인 금전을 창고에 쌓아 놓으려고 할 가능성이 많다고 해석을 하게 된다.

정재(正財)가 없다면 경제관념이 없어서 자신의 재물을 관리하는 것에도 문제가 발생하게 된다. 있으면 쓰고 없으면 마는 형태의 반복이 될 것이다. 그래서 정재도 있어야 할 성분 중의 하나에 해당이 된다. 정재는 꼬박꼬박 재물을 모으는 재미에 살아가는데 이러한 것이 없으면 재물을 모을 줄을 모르기 때문에 말년이 비참하게 될 수도 있으므로 정재가 없는 사람은 특수교육이라도 받아서 정재를 길러야 할 것이다.

제14장 관살(官殺)의 심리구조

일간(日干)을 극하는 오행(五行)으로 구성이 되면 관살(官殺)이라고 하게 된다. 관살이라고 하는 것은 정관(正官)을 관(官)이라고 부르고, 편관(偏官)은 살(殺)이라고 하는데, 정편관(正偏官)이라고 부르면 다른 십성과 혼동이 될 수 있으므로 분류를 위해서 이와 같은 칭호를 사용한다. 다만 여기에서 말하는 살(殺)은 신살(神殺)의 살(殺)과는 전혀 다른 의미라고 하는 것을 알아두고 혼동이 없어야 한다. 편관을 살이라고 부르는 것은 그만큼 공포의 대상이라고 하는 의미도 포함이 된다.

정관(正官)은 이성적(理性的)이고 합리적(合理的)인 성분으로 자신을 억압하는 성분이 되고, 편관(偏官)은 감정적(感情的)이고 난폭(亂暴)한 성분으로 자신을 통제하게 된다. 그러므로 사주에 관살이 많으면 대인관계에 장애(障碍)를 가져올 수도 있으며, 주눅이 들고 위축이 되는 형태로 진전이 되어 정신질환(精神疾患)으로 확장될 수가 있으므로 많은 것은 매우 꺼리게 된다. 다만 나쁜 작용이 있으면 반면에 좋은 작용도 있는 것은 음양의 이치이다. 자세한 것은 해당 부분에서 설명을 한다.

1. 편관(偏官)

1) 구성(構成)

편관(偏官)은 일간(日干)을 극제(剋制)하는 오행이면서 음양이 같다. 그래서 서로 밀치는 성분이 된다.

2) 인간관계(人間關係)

편관(偏官)은 여성에게 무정한 남편이 되고, 무서운 남편이 되기도 한다. 또 자부(子婦)가 된다. 이유는 앞의 편재(偏財) 항목에서 설명했으니 참고하기 바란다. 직장인에게는 '무정한 상사(上司)'가 되기도 한다. 여하튼 나를 힘들게 하는 존재로 관찰을 한다면 틀림이 없다고 하겠다. 예를 들면 강도(强盜)도 편관이라고 할 수가 있다. 여성에게는 나를 강제로 겁탈(劫奪)하는 사람도 편관으로 본다. 그리고 남자에게 자녀도 또한 편관이 되는데, 특히 음양이 같은 자녀이므로 아들이 되겠다. 사실 남자가 자식이 없으면 좀 쉴 수도 있으련만 자식으로 인해서 쉬지 못하고 일생을 돈 버는 일에 투자하는 것을 보면 과연 자식이 편관이라고 하는 말도 허언(虛言)이 아님을 알만하다.

3) 사물(事物)

위험한 사물(事物), 흉기(凶器), 무기(武器), 핵폭탄, 교도소, 군부대,

해병대 교관, 달려드는 자동차, 시체(屍體), 귀신(鬼神), 악귀(惡鬼), 위협(威脅), 협박전화, 스토커.

4) 심리상태(心理狀態)

공포심(恐怖心), 열등감(劣等感), 나를 억압함, 스스로 자신을 괴롭힘, 나에게 명령함, 생각을 넓게 갖지 못함, 긴장함, 좌절(挫折)을 당함, 순종(順從), 대중의 의견을 따름, 충성을 다함, 양심가책, 자기강박, 보수적(保守的), 신중함, 어쩔 수 없이 복종함, 지휘를 받음, 가업을 이어감, 성가심을 당함, 고지식하고 딱딱함, 자기 자신의 주장(主張)이 없음.

5) 편관의 단독성분(單獨成分)

편관(偏官)의 별명은 공포심(恐怖心)이다. 그만큼 십성 중에서 최악의 무서운 성분이다. 최악이라고는 하지만 또한 피할 수 없는 성분이기도 하다. 중요한 것은 이것을 정확하게 이해하고 있어야 한다는 것인데, 편관의 성분은 나를 꼼짝 못 하게 묶어 놓는 역할을 하고 있으므로 만나고 싶지 않은 십성이다. 상황이 무섭다고 해서 모두가 공포심을 갖게 되는 것은 아니다. 사주에 편관이 있는 사람의 경우에는 공포심을 느끼는 반면, 편관이 없는 사람은 공포심을 느끼지 않는 것으로 이해를 하면 될 것이다. 같은 상황에서의 다른 소감은 이와 같은 연유로 인해서 일어나는 것이다.

편관(偏官)은 열등감(劣等感)이기도 하다. 남들은 모두 무엇이든 잘하는 것 같은데, 자신은 아무것도 잘하는 것이 없는 것처럼 생각이 되는 것도 편관이 느끼는 자괴감(自愧感)이다. 그래서 조그만 실수에 대해서도 자책(自責)하게 되고, 비참하게 생각하는 면도 나타나고 있으니 이러한 것도 편관의 작용이다. 그러다 보니 모든 일에 대해서 두려움을 갖게 되고, 무슨 일이거나 자신감이 없어져 세상에서 적응을 못하게 되는 현상도 발생하게 된다. 자폐증(自閉症)도 여기에 기인할 수 있을 것이다. 사회생활을 하는 데에는 능동적(能動的)인 태도를 갖기 어려운 성분으로 작용한다.

편관(偏官)이 있는 사람에게는 독립심을 키우라고 강요하게 되면 날이 갈수록 더욱 무력한 모습으로 나타나게 된다. 그렇잖아도 자신이 없는데, 웅변을 잘하여 자신감을 갖도록 강요한다면 아마도 이 사람은 시간이 경과함에 따라서 점점 의기소침(意氣銷沈)하게 되어서 결국은 학원에 나가지 않으려고 하게 될 것이다. 이러한 사정을 모르는 부모가 자신의 아이는 자신감이 필요하다고 강요하게 된다면 결과는 생각하지 못한 방향으로 진행이 될 수가 있음을 미리 알아야 하는데, 그것을 알 수 있는 것이 바로 자평명리학에 의한 심리 분석이 되는 것이다.

편관(偏官)은 자신이 잘못한 것 없이 공격을 당하는 것으로, 강제로 폭행당하는 것이라고 할 수도 있다. 만약에 어린 여자 아이가 사주에 편관이 있다면 밤길을 특별히 주의를 해야 한다. 언제라도 폭행을 당할 암시가 있기 때문이다. 이러한 아이는 항상 뭔가 알지 못하는 두려움을 갖게 되고, 그러한 일을 당하지 않으려고 위험한 곳을 피하려고 하는데, 부모는 담력을 키워준다고 밤길을 강요하다가는 돌이킬 수가 없는 상처를 입게 할 수도 있다는 것을 유념해야 한다.

그렇다면 사주에 편관(偏官)이 없는 아이는 폭행을 당할 암시가 없겠느냐는 반론도 가능하다. 그러나 이것은 또 다른 문제이다. 왜냐면 편관이 없다면 그것을 무슨 대단한 상처로 생각하지 않고, 그냥 길가다가 뱀에게 물렸다는 정도로 생각을 하고 깊이 영향을 주지 못할 것이기 때문이다. 그래서 같은 상황이라도 사람에 따라서 그 정도는 다를 수밖에 없는 것이다.

 만약에 편관(偏官)의 성분이 작용을 하면 어려운 일이 일어나지도 않았는데, 그러한 두려움을 갖게 되고, 편재(偏財)의 성분이 작용을 한다면 어려운 일을 당했더라도 지나가는 과정에서 잠시 겪어 본 경험 정도로 생각하기 때문에 편관과 편재의 정신적인 상태는 다르다는 것으로 이해를 해도 좋을 것이다. 다만 편관(偏官)의 두려움은 자신으로 하여금 위험한 곳에 노출시키지 않으려는 보호본능으로 작용하여 위태로운 지경을 피하는 좋은 작용이 되기도 하므로, 이것은 편관의 양면성(兩面性)에 해당된다.

 편관(偏官)은 희생적(犧牲的)인 성분과 봉사적(奉仕的)인 성분도 포함하고 있는 것처럼 보인다. 그리고 자신의 목숨을 돌보지 않으므로 공익성(公益性)의 일에 헌신하게 되는 면이 나타나기도 한다. 이러한 의미는 남들이 하지 않으려고 한다는 것을 생각하고 자신이 그 일을 하도록 강요받는다는 생각을 할 수도 있다. 아무도 강요하지 않았지만 스스로 그렇게 생각을 하고 자원(自願)하게 되는 것이다. 살신성인(殺身成仁)이라고 하는 말은 편관이 가장 보람되게 생각하는 용어이기도 하다.

 편관(偏官)은 이기적(利己的)인 성분이 아니기 때문에 공익을 위해서라면 무슨 일이라도 할 수가 있다. 작게는 남들이 웃도록 하기 위해서 자신이 스스로 망가질 수도 있고, 크게는 국가와 민족을 위해서 폭탄을 짊어지고 적진을 돌파할 수도 있다. 이라크의 자살폭탄 테러라는 것도 알고 보면 편관의 성분이 일으킨 일이다. 애초에 편관이 있는 사람들에게 그렇게 교육을 시키면 그대로 수용을 하기 때문이다. 학교 교육이라는 것은 서로 필요에 의해서 기준을 잡는 것으로, 그러한 교육을 받은 편관은 그대로 모두를 믿어버린다. 그래서 상식이 있는 사람이 생각을 하기에는 납득이 되지 않지만 자신에게는 그것이 진리이며 법이라고 생각하기 때문에 그대로 실행을 할 수가 있는 것이다.

이것이 좋은 작용을 하게 될 경우에는 자신은 돌보지 않고 남을 위해서 대의(大義)를 베풀게 되어 영웅으로 대우를 받을 수도 있는 것은 사욕(私慾)보다는 공욕(公慾)에 뜻을 두기 때문이다. 자신의 집안에 대한 일은 작은 일로 생각하고 국가(國家)나 민족(民族)을 위해서 하는 일은 대업(大業)이라고 생각해서, 자신의 가족은 돌보지 않고 일을 하는 경우에는 관살(官殺) 성분이 있을 적에 가능하다고 본다. 예를 들면 계백장군이 자신의 처자를 베어버리고 싸움터로 나아가는 형태나, 요(堯)임금이나 순(舜)임금과 같이 자신의 자식에게 나라를 물려주지 않고 능력이 되는 사람에게 물러줬던 것도 모두 관살의 관점이라고 이해를 할 수가 있다. 그중에서도 객관성이 있다면 정관(正官)으로 분류를 하는 것도 타당하다.

편관(偏官)은 세뇌(洗腦)되는 성분이기도 하다. 한번 입력되면 지울 수가 없다. 마치 쇳물을 주물 틀에 부으면 그대로 틀에 따라 굳어버리는 것과도 같다. 그래서 일편단심(一片丹心)은 편관을 두고 하는 말이며, 초지일관(初志一貫)도 편관에게는 항상 있는 일일 뿐이다. 그렇다면 어떤 성분이 초지일관이 가장 어려울까? 아마도 상관(傷官)이 그럴 것이다. 상황에 따라서 능소능대(能小能大)를 해야 하는 것이라고 믿고 있는 상관이 초지일관하고 있는 편관을 보면 조롱을 할 것이다. 물론 각자의 생각이 다르기 때문에 일어나는 결과이다.

편관(偏官)은 위대하다. 그 위대한 이유는 개인적인 이익을 돌보지 않기 때문이다. 그야말로 교육받은 대로 실행하는 성분이기 때문에 편관에게는 당연한 일이다. 그러나 당연한 것이 위대한 사회라고 한다면 그 사회는 병이 깊은 사회일 수도 있다. 모두가 이기심으로 자신의 소유를 잃을까 봐 전전긍긍하고, 남의 것을 조금이라도 더 취하고자 이익집단(利

益集團)을 결성하게 되는 상황을 보면 편관이 실종(失踪)되었다고 해도 되겠다. 사실 전 국민을 구한 사람에게 어떻게 그러한 생각을 하게 되었느냐고 물어보면 대체로 당연한 일을 갖고 왜 그러느냐고 하게 된다. 네덜란드에서 어린 소년이 둑에 물이 새는 것을 자신의 몸으로 막았다는 이야기도 편관의 행위로 간주하게 된다.

편관(偏官)은 처음 세운 계획을 그대로 진행하기 때문에 의지력(意志力)이 강하다. 이것은 비겁(比劫)이 갖고 있는 주체성(主體性)과는 다른 것으로 이해를 하게 된다. 주체성은 중간에 변경이 되어도 주체성이지만 의지력으로 추진하는 것은 변경을 거부하는 것이라고 이해를 하게 된다. 가령 예술품을 만드는데 일생을 걸려서 완성했다면 이것은 주체성이라고 하기보다는 의지력이라고 할 수 있는 것이다. 주체성은 중간에 변경 사항이 발생하게 되면 적당한 이유를 대고 변경할 수가 있기 때문이다. 그리고 인생살이에서 일평생을 한 가지만 한다는 것은 참으로 어려운 일이다. 그러나 편관이 있다면 가능하다.

편관(偏官)은 근검절약(勤儉節約)이 몸에 배어 있는 사람이다. 그래서 검소한 생활을 하는 것이 당연하다고 생각하고 그렇게 살아가는 것이 편안하기도 하다. 그래서 자신의 안락함을 추구하지 못하는 면도 있다. 그렇게 하고 싶어도 남들이 어떻게 생각하겠느냐는 두려움으로 하지 못한다. 그리고 없이 살아도 마음만 떳떳하면 행복하다고 생각한다. 식사시간을 대하더라도 시장기만 때우면 되지 호화스럽게 비싼 음식을 먹을 필요가 없다고 생각하기 때문에 호화판으로 살아가는 사람을 보게 되면 경멸할 수도 있다. 왜냐하면 그렇게 누리기 위해서 얼마나 많은 사람이 수고를 했겠느냐는 생각이 들기 때문이다. 그렇다고 해서 그 사람에게 시정을 요구하지는 않는다. 다만 스스로 그렇게 생각하고 자신은 그렇게 하지 않겠다는 생각을 할 뿐이다. 일생을 누더기 한 벌로 살았다고 하는 백

결선생(百結先生)은 그야말로 편관의 본보기라고 할 수 있다. 거문고로 방아타령을 만들어서 아내를 위로했다는 것을 보면 없는 것을 한탄하지 않고 편안하게 생각한 듯싶다.

6) 편관이 많거나 없는 경우

편관(偏官)이 하나나 둘이 있다면 인내심이 되어 목적을 향해서 나아가는데 유용한 성분이 되겠지만 이것이 많아버리면 아예 의욕상실이 되고, 부정적인 면이 부각되는 것은 어쩔 수 없다. 그래서 편관이 많은 것을 크게 꺼리게 되는 것이다. 특히 편관이 많은 경우에는 노예(奴隸)와 같은 심성이 나타나서 자신의 주체성은 상실되고 주변의 조건에 따라서 순응하게 되는데 이러한 삶은 비참하기조차 할 것이다. 근래의 어떤 젊은이가 섬으로 붙잡혀 가서 20여 년을 노예처럼 일만 하면서 살다가 가족의 품으로 돌아온 이야기도 이에 해당한다. 만약에 그 아이가 애초에 확실하게 자신의 주체를 갖고 대응을 했더라면 그렇게까지 되지는 않았을 것이다. 물론 많이 맞았다는 말을 했는데, 환경에 적응하기 위해서 그렇게 할 수밖에 없는 것도 가능은 하겠지만 기본적으로 편관이 많으면 이러한 현상에 빨리 적응하는 것으로 이해를 하면 된다.

편관(偏官)이 많으면 기를 펴지 못하고 우물쭈물하는 형태가 발생하는 것은 나를 억압하는 분위기에서 살아가는 마음이 되기 때문이다. 마치 무서운 깡패들이 있는 가운데에서 잔뜩 위축되어 있는 모습을 하고 있는 것으로 이해를 해도 무방하다. 그래서 공포감도 가중되고, 자신의 의지를 나타내는 것도 더욱 어려워지게 된다. 물론 이러한 것으로부터 벗어나려고 발생하는 마음을 저항(抵抗)이라고 하겠는데, 마음은 비록 그렇다고 하더라도 실행이 어려우니 없는 것이나 같다고 해석을 한다.

그렇다면 편관(偏官)이 없을 경우에는 어떻게 될 것인지도 생각을 해 보게 된다. 편관이 없으면 두려움도 없다. 그래서 남의 입장이나 법질서에 대해서도 전혀 고려할 마음 없이 자신의 이익을 도모할 것이므로 이러한 사람이 국가의 중책을 맡게 된다면 백성은 도탄(塗炭)에 빠질 것이다. 편관은 더불어 살아가는데 없어서는 안 될 성분이기도 하다. 다만 너무 많거나 부족하지 않아야 한다는 것이 중요하고 이러한 것을 다 갖추게 된다면 그야말로 '좋은 팔자'가 되는 것이다. 좋은 팔자는 이러한 것이 골고루 있는 것을 의미한다.

2. 정관(正官)

1) 구성(構成)

정관(正官)은 일간(日干)을 극제(剋制)하는 오행이면서 서로 음양은 다르지만 당기는 성분이 있다. 음간(陰干)일에 태어난 사람이 정관을 만나면 서로 합(合)의 관계가 된다.

2) 인간관계(人間關係)

여자에게는 남편(男便)이 된다. 혹 사주에서 정관(正官)은 없고 편관(偏官)만 있다면 편관을 남편으로 보기도 한다. 그러므로 정편(正偏)에 대해서는 너무 비중을 두지 않는 것이 좋다. 때로는 임시변통(臨時變通)으로 적용하는 것도 현명하다. 직장인에게는 나에게 명령을 내리는 사람이 되기도 한다. 그리고 남자에게는 자녀가 된다. 음양이 다르므로 딸이라고도 하겠는데, 이 또한 절대적으로 대입하면 안 된다. 아들도 가능하다는 이야기이다.

3) 사물(事物)

합리적(合理的)으로 내가 지배(支配)를 받는 것, 신호등(信號燈), 경찰차(警察車), 도로중앙선, 헌법(憲法), 규칙(規則), 책임(責任).

4) 심리상태(心理狀態)

 객관성(客觀性)이 뛰어남, 법을 지킴, 이성적(理性的), 신용을 지킴, 규율을 중시함, 반칙을 싫어함, 학력과 명예를 중시함, 충성스러움, 지휘를 받음, 구속받기를 원함, 구습에 얽매임, 단정(端整), 부담감(負擔感), 준법정신(遵法精神), 여론을 중시함, 예의범절(禮儀凡節), 보수적(保守的), 질서정연함, 부지런함.

5) 정관의 단독성분(單獨成分)

 합리적(合理的)인 심리구조를 갖게 되고, 객관성(客觀性)이 돋보이는 성분이기도 하다. 무엇보다도 생각이 많은 성분인데, 그 생각이라는 것이 바로 남의 생각을 하게 된다는 것이다. 즉 이러한 일에 대해서 남들은 어떻게 생각하는지에 대해서 관심을 두게 되므로 늘 의식이 밖으로 향해져 있는데, 이러한 사람은 외부의 평판(評判)에 대해서도 과민반응(過敏反應)을 보일 수 있으며 자신은 고통을 받더라도 남들이 좋게 봐주기만 한다면 행복할 수 있는 성분이기도 하다.

 정관(正官)은 원칙을 중히 여긴다. 그래서 윤리적(倫理的)으로 합당한 것인지를 생각하므로 상당히 보수적(保守的)인 생각을 하게 되는 성분이다. 주변에서는 고리타분하다고 할 것이다. 그렇지만 자신은 그러한 것이 당연하다고 여기고, 오히려 자신의 생각을 이해하지 못하는 사람들이 이상하다고 생각할 수 있다. 그야말로 품격을 유지하기 위해서 노력을 하고 있는데 그것을 몰라주고 비난하게 된다면 상처를 받게 될 것이다.

 정관(正官)은 책임감이 투철하다. 그리고 악법(惡法)도 지켜야 할 법이라고 생각을 한다. 만약 상관(傷官)의 성분이 그러한 장면을 본다면 바로 뜯어고쳐야 한다고 펄펄 뛰면서 조목조목 따지겠지만 정관은 그렇게 하지 않는다. 문서에 기록된 것에 대해서 준수하는 성분이다. 자신의 영역에서 감당해야 할 일이라고 한다면 무슨 일이 있더라도 절대적으로 이행을 해야만 자신이 용납되는 것이다. 그렇기 때문에 자신에게 엄격한 것이 책임감으로 나타나게 된다.

정관(正官)은 편관(偏官)과 비교해서 이성적(理性的)이라고 보게 된다. 즉 객관성이 매우 중요하게 작용한다. 편관은 객관적이지 못하더라도 그대로 이행을 해야 하는 것이라고 한다면, 정관은 자신이 이행해야 하는 일이 객관적이지 않다면 반발을 할 수도 있다. 가령 계백장군이 아내를 죽이고자 했을 적에 그 아내가 편관이라고 한다면 달게 죽음을 받겠지만 정관이 있었다고 한다면 자신이 죽는 것은 객관적으로 봤을 적에 합당하지 않다는 것을 설명하고자 할 것이다.

그리고 적을 물리치러 가는데 가족이 마음에 걸린다는 것은 옹졸한 패장(敗將)의 생각이며, 전쟁에서 이길 수도 있고, 혹 패하게 되더라도 또한 각자의 길이 있으므로 이대로 죽는 것은 인정할 수 없다고 하는 설명을 늘어놓을 수도 있는 것이다. 물론 여필종부(女必從夫)라고 하였으니 남편이 하는 대로 그냥 따라야 한다는 암시가 주어졌을 수도 있다. 비록 그렇다고 해도 이성적으로 일을 처리하도록 권유는 할 수가 있는 것이다. 그리고 역사에 기록되지 않은 이러한 논란도 두 부부사이에서는 있었는지도 모를 일이다. 계백장군만이 알 일이지만, 사실 자신의 아내를 다른 사람이 차지하는 것이 죽기보다 싫어서 그랬을 수도 있는 것이다. 그래서 내 것은 내가 알아서 한다고 했다면 이것은 국익(國益)을 위해서가 아니라 자신의 정재(正財)를 만족시키기 위해서라고 해야 할 것이다. 이러한 것은 조금도 정관적이지 않을뿐더러 편관(偏官)적인 것도 아닌 처사라고 하는 것이 정관(正官)의 생각이다.

정관(正官)은 거짓말을 하기 어렵다. 사실적인 말만 가능하다. 청문회를 통해서 불려 나온 고위 공직자들은 대부분 있는 그대로를 말하는 것이겠지만 중요한 대목에서는 기억이 나지 않는다는 말로 대신하는 경우를 많이 봤다. 그리고 그러한 성분에 대해서 판단해 보면, 거짓말을 못한다는 것이 어느 정도 반영이 된 것으로 봐야 하겠다. 왜냐면 아니라고 하면 부정이 되어서 그것이 거짓말로 이어지기 때문에 아니라고는 하지 못하고, 그렇다고 해서 인정을 하게 되면 또한 여러 가지로 복잡해지기 때문에 아예 편리한 방법으로 기억이 나지 않는다는 말을 할 수도 있다. 하지만 그것도 거짓말이기는 마찬가지이다. 정관은 중요한 일은 절대로 잊지 않기 때문이다. 그야말로 자신에게 이로운 것만 기억하고 해로운 것은 기억나지 않는다면 이것은 정관의 태도라고는 하기 어렵다.

정관(正官)은 진실하다. 공명정대(公明正大)한 것이 정관이기 때문이다. 중국드라마에 '판관포청천'이라고 하는 것이 있는데, 송대(宋代)에 명판관을 드라마로 만든 것이다. 이 사람의 태도를 보면 추상같은 명령을 당당하게 내리는데, 그 장면에서 사리사욕(私利私慾)은 보이지 않는다. 특히 뇌물을 먹었거나 남에게 해로운 짓을 한 경우에는 끝까지 추적하여 사실을 밝혀내고자 최선의 노력을 하는 것을 보면서 그는 분명한 정관의 성분이라고 하는 것을 생각하게 된다. 정관의 법칙에는 나와 남이 없는 것이다. 자신도 허물이 있으면 그 죗값을 치러야 한다고 생각하기 때문에 그렇게 당당할 수 있으며, 누군가 뇌물을 제의해도 단호하게 거절을 할 수 있는 것은 사사로운 이익을 취할 수 없는 정관이기 때문으로 본다. 우리나라에서 적당한 인물이 얼른 생각이 나지 않는데, 암행어사라면 그랬을 가능성이 있다고만 생각을 해 둔다.

6) 정관이 많거나 없는 경우

정관(正官)이 많으면 억압을 많이 받게 되어서 대인관계에 부담을 많이 느끼게 되고, 자신의 생각을 남에게 전하기도 어려움이 많이 따른다. 그래서 당당한 표현을 하기 어렵다고 해석을 한다. 그리고 병적으로 결벽(潔癖)을 추구할 수도 있다. 자신은 깨끗해야 한다고 생각을 하기 때문이다. 늘 주변을 두리번거릴 수도 있는 것은 남이 나를 공격하고 협박하여 위해(危害)를 가하지 않을까 두려워해서이다. 윗사람을 만나면 필요 이상으로 주눅이 든다. 그래서 할 말도 제대로 못 하고, 그냥 상대의 이야기만 듣다가 마는 형태가 되기도 한다. 그래서 표현력이 나쁘다는 말을 듣게 될 수도 있는데, 정관이 많아서 나타나는 현상이라면 쉽사리 고쳐지지 않을 것이다.

정관(正官)이 많아서 부담인 것은 남의 페이스에 휘말릴 가능성이 많다는 점이다. 자신의 주관을 갖고 세상을 살지 않으면 참으로 고단한 삶이 될 것이다. 그러므로 아무리 좋은 정관이라고 하더라도 지나치게 많다면 이것은 길함이 변해서 흉함이 되어버리니 그야말로 '길화위흉(吉化爲凶)'인 것이다.

정관(正官)이 전혀 없는 경우는 무엇보다도 신용(信用)이 없다. 남들이 신뢰하지 않을 가능성이 매우 높다. 그도 그럴 것이 공적(公的)인 개념이 부족하기 때문에 나를 알게 된 것을 후회하면서 점점 기피(忌避)하는 인물의 리스트에 오르게 될 가능성이 높은 것이다. 그러니 없어서도 안 될 성분이라고 하겠다. 그리고 염치(廉恥)가 없다고 하는 말도 가능하다. 정관이 없다면 염치가 없어서 사람으로 취급을 하지 않을지도 모른다. 그러므로 정관이 없다면 도덕책이라도 많이 읽어서 후천적으로 교육을 시킬 필요가 있다. 이 땅은 더불어 살아가는 것이 가장 중요하기 때문이다.

제15장 인성(印星)의 심리구조

　일간(日干)을 생조(生助)하는 오행을 인성(印星)이라고 한다. 인성은 재성(財星)과 마찬가지로 혼동을 피하기 위해서 부르는 것으로 정편인(正偏印)을 통칭하는 이름이다. 일간의 주변에 인성이 있으면 수용성(受容性)이 뛰어나게 되는데, 정인(正印)이 있으면 직관적(直觀的)으로 수용을 하여 이성적(理性的)으로 정리를 하게 되고, 편인(偏印)이 있으면 신비적(神秘的)이거나 부정적(否定的)으로 수용하여 감정적(感情的)으로 정리를 하게 된다.
　일간의 주변에 인성(印星)이 많이 있으면 수용성이 너무 과중하여 번뇌(煩惱)가 많은 형태로 나타난다. 이것은 다른 십성도 마찬가지라고 이해를 하면 된다. 심리적으로 나타나는 인성의 좋은 점은 눈치가 빠르다는 것이고, 나쁜 점은 게으르다는 것이다. '눈칫밥'이라고 하는 말은 인성에서 나온 말인데, 눈치는 직관(直觀)의 인성에 대한 성분이고, 밥은 육체가 먹고 사는 인성의 성분이므로 눈칫밥은 그야말로 인성의 길흉작용을 모아 놓은 용어라고 할 수 있다.

1. 편인(偏印)

1) 구성(構成)

편인(偏印)은 일간(日干)을 생조(生助)하는 오행이면서 음양은 같다. 그래서 서로 밀치는 성분이 있다.

2) 인간관계(人間關係)

편인(偏印)은 무정한 어머니라고 말할 수 있다. 편인을 어머니가 아니라고는 할 수 없다. 일설에는 계모(繼母)를 편인이라고 보기도 하는데, 원칙적으로는 어머니가 아니지만 부친[편재(偏財)]의 아내라고 해야 하므로 달리 붙일 십성이 없다. 그래서 십성으로 대입할 경우에는 계모를 편인이라고 하기도 한다. 계모는 무정한 것이 일반적이다. 전처(前妻)의 소생(所生)을 내 자식과 같이 정으로 키워 주는 계모가 없다고는 못하겠지만 일반적으로는 의무감으로 키워야 하기 때문에 그야말로 팔자에 없는 혹이 하나 있다고 하는 느낌이 될 것은 인지상정(人之常情)이다.

정신적인 관점에서 편인(偏印)을 바라보면 종교를 의지하는 사람에게는 종교지도자이기도 하다. 정신적인 지도자가 편인에 해당하기 때문이다. 신비한 능력을 소유하고 있는 사람이라고 할 수도 있다. 그러므로 편인이라고 하는 것을 잘 이해하면 확대해서 대입할 수도 있다.

3) 사물(事物)

종교용품(宗敎用品), 신비용품(神秘用品), 불상(佛像), 철학서적, 부적(符籍), 피라미드, 의약품(醫藥品), 병원(病院), 의원(醫院), 질병치료용품, 의류(衣類), 모자(帽子).

4) 심리상태(心理狀態)

신비(神秘), 의심(疑心), 신비(神秘)한 영역에 대한 공부를 좋아함, 추상적(抽象的), 신앙심(信仰心), 표현력(表現力)이 유창하지 않음, 보수적(保守的)인 수용성(受容性), 고독감(孤獨感), 수동적, 불신감(不信感), 원하지 않는 것의 수락, 활발하지 않음, 괴팍함, 의욕이 적음, 정교하지 않음, 독거(獨居), 활기(活氣)가 부족함, 냉담하여 전혀 관심이 없음, 고립(孤立), 욕망이 적음, 무리를 떠나 홀로 지냄, 깊은 통찰력, 추상적(抽象的).

5) 편인의 단독성분(單獨成分)

편인(偏印)은 신비적(神秘的)인 부분에 흥미가 무척 많은 성분이다. 그래서 편인이 있으면 도학(道學)이나 철학(哲學), 혹은 불학(佛學) 등에 관심을 두게 되고, 기회가 오면 그러한 방향으로 나아가고자 하는 마음이 발생하게 된다. 그리고 자평명리학을 연구하고자 하는 것도 이러한 성분이 작용하게 될 가능성이 있다. 단지 22개의 간지(干支)만으로 세상의 이치와 사람의 내면을 관찰하고자 하는 마음이 생겼다면 이것이야말로 신비로운 영역에 대한 관심이 아니고 무엇이겠는가 말이다.

편인(偏印)은 추상적(抽象的)인 부호(符號)에 대해서도 이해를 하는 탁월한 능력을 지니고 있다. 그래서 설명이 되지 않는 차원의 직관력(直

觀力)을 요구하는 선(禪)의 세계에 대해서도 충분히 이해를 하고 깨달음을 이룰 수 있는 성분이기도 하므로 편인이 있어야 도인(道人)이 될 자질이 있다고 할 수 있다. 그리고 종교의 성분들은 모두 부호를 사용하고 있다. 그렇게 부호를 사용하는 것과, 편인의 추상적인 성분은 서로 연관이 있는 것으로 봐도 무방할 것이다.

편인(偏印)은 의심(疑心)하는 성분도 포함하고 있다. 그것은 신비적인 것에 대한 반대현상이 투영(投影)된 것이다. 즉 눈에 보이지 않는 신비현상을 믿으면서도 그것이 실제인지 아닌지에 대한 의혹을 갖게 된다는 점이다. 그래서 편인을 갖고 있는 사람은 가장 복잡미묘(複雜微妙)한 심리구조라고도 한다. 편인은 알 수가 없다는 말도 하는데, 또한 믿을 적에는 무슨 일이거나 다 믿다가도 의심을 하기 시작하면 또 끝없는 의심을 하게 되므로 어느 것이 본래의 마음인지 모른다는 것을 의미한다.

그런데 편인(偏印)의 의심이 절실하게 필요한 경우가 있다. 세상을 믿을 수가 없을 적에는 늘 편인의 성분을 모든 관계의 앞에다 붙여 놓고 살아야 할지도 모를 일이다. 가령 누군가 간단하게 확인만 하면 된다고 하면서 사인과 함께 도장을 찍어 달라고 한다면 어떻게 할 것인가? 해달라고 한대로 그대로 해 준다면 나중에 나에게 매우 불리한 문서로 둔갑할지도 모른다는 생각을 하지 않는다면 편인이 없는 사람일 것이다. 그렇게 되면 자신의 소중한 재산이 그 사인과 도장으로 인해서 위태롭게 될 수도 있다는 것을 생각하지 않으면 곤란한데 이러한 경우에 편인이 없다면 그냥 속아 넘어갈 수도 있다는 것을 생각하게 된다.

요즘에는 전화를 해서 별별 사업을 다하는데 심지어는 세무서라고 하면서 연말에 낸 세금을 환불해 준다고 하는 말과 함께 주민번호와 통장번호를 묻는 일도 있다. 물론 순박하고 선량한 백성은 그 말을 다 믿고 그대로 따른다. 그리고 그 결과는 통장에 남아 있어야 할 은행의 잔고가 어디온가 사라지고 없는 것을 확인하게 되는데 아무리 후회를 해 봐야 이미 소용없는 일이다. 이러한 경우에도 편인(偏印)이 있다면 무슨 꿍꿍이로 이러한 일을 하고자 하는지에 대해서 한 번이라도 의심을 하게 된다면 바로 찾아낼 수 있을 것이다. 적어도 주민번호와 통장번호를 묻는 사람에게는 무조건 편인이 발동되어야 할 시대이다.

세상이 믿는 사회가 될수록 편인(偏印)은 설 자리가 없고, 불신의 사회가 될수록 편인의 존재가 중요하게 여겨진다. 어린아이들에게 사람이 찾아오더라도 함부로 문을 열어주면 안 된다는 교육이 사회교육의 첫 번째에 해당한다. 이러한 것을 참고한다면 세상의 상황이 어떠한지를 살필 수 있게 된다. 그렇게 하는 부모인들 그리하고 싶어서 하겠는가만 어쩔 수가 없는 일이니 달리 방법이 없는 것이다. 택배 왔다고 하거나 혹은 전기를 검침하러 왔다고 하면서 문을 열어달라고 한 다음에는 강도로 돌변하여 생명을 보장할 수가 없는 지경에 도달하기도 하니, 미리 교육을 통해서 알려 주는 것이 그만한 가치가 있다고 밖에 할 수 없다.

편인(偏印)은 냉담(冷淡)한 것이기도 하다. 이것은 정인(正印)에 비유해서 하는 말도 되는데, 정인이 온화하다고 한다면 편인은 냉담하다. 그야말로 모든 것이 자신의 운명이고 팔자인데 돌봐주면 뭘 하겠느냐는 생각이다. 그래서 냉담하다고 해석을 하게 되는데, 이것도 무덤덤한 것에 비한다면 또한 감정이 들어 있는 성분이라고 하겠다. 사실 쌀쌀맞다고 하는 사람의 가슴속에 편인이 이글거리며 타오르고 있을 수 있기 때문이다. 사람들은 무정하다고 판단하여 가까이하지 않으려고 할 수도 있는데 이것도 편인의 한 면이다.

편인(偏印)은 고독(孤獨)하다. 앞에서 이야기했듯이 냉담한 심성을 갖고 있으므로 사람들과 더불어서 함께 고민하고 위로하는 것들이 모두 의미 없어 보이기 때문에, 차라리 인간계(人間界)를 떠나 산속에서 홀로 살아가고자 하는 마음도 생길 수 있는 것이다. 그러므로 잘 어울리지 못하게 되어 점점 고독 속으로 빠져들게 되는데, 이것이 깊어지면 아예 홀로 살아가게 되고, 그러다가 보면 정신적인 세계로만 몰두하기 때문에 종교적으로 흐르게 되기도 하고, 현묘(玄妙)한 신비의 세계로 연결이 되기도 한다. 이러한 성분은 대화의 상대로 영적(靈的)인 부분을 선택할 수도 있으니 자칫하면 정신적인 문제가 있다는 평가를 받을 수 있으므로 정신병자와 도인의 차이는 백지 한 장이라고 하는 말도 나오게 되는 것이다. 그리고 그 둘의 공통점은 모두 고독하다는 것이다.

6) 편인이 많거나 없는 경우

편인(偏印)이 많으면 좋은 작용보다는 흉한 작용이 강화되는 것은 다른 십성과 마찬가지이다. 그래서 의심하고 부정적(否定的)인 수용을 하게 되어서 주변의 호의를 수용하더라도 다른 속셈이 있는 것으로 생각을 해서 거부하고자 하는 마음이 함께 일어난다고 관찰을 한다. 그리고 망상(妄想)과 번뇌(煩惱)도 많은 것으로 본다. 왜냐면 인성(印星)은 모두 생각이 되는데, 부정적으로 삐딱하게 생각을 하는 것이 겹치다 보니 모든 주변의 사람들이 자신을 이용하고자 하는 행동을 하는 것으로 여기게 된다.

그래서 편인(偏印)이 많으면 정신적으로 장애를 일으킬 수도 있으며, 또한 대인기피증(對人忌避症)으로 나타날 수도 있으니 사회생활을 하는 과정에서는 무척 부담스러운 형태가 된다. 이러한 것이 모두 기본적으로 편인의 부정적인 영향이라고 하겠는데 그러한 것이 겹치게 되면서 더욱 악영향을 미친다고 보면 된다. 또한 신비한 현상이 강화된다고도 하게 되는데, 이것이 깊어지게 되면 귀신이 보인다던지 자신이 단군(檀君)이라고 하는 현상까지 나타나게 되므로 사회생활을 하는 것이 무척 힘들어지게 될 것이다.

편인(偏印)이 많으면 사람을 의심하는 현상도 생기게 되고, 스스로 결단력(決斷力)이 없어서 우왕좌왕하는 형태로도 발전이 된다. 왜냐면 인성(印星)은 우유부단한 것인데, 이것이 강화되었을 경우에는 결단력이 없어지면서 무엇을 해야 하는지도 모르게 된다. 그리고 편인은 정신적인 부분에 많은 영향을 미치는 성분이기도 하므로 너무 많은 편인이 있으면 심리적인 구성에서도 부정적인 현상이 발생하게 되는 것이다.

그런데 이러한 편인(偏印)이 없다고 하면 이번에는 세상을 의심하고 검증하려는 마음이 없기 때문에 자신을 지키려는 성분이 부족하게 된다. 정인(正印)은 순수하게 수용을 하여 있는 그대로를 받아들이고 편인은 부정적으로 수용을 하여 그 이면의 현상까지도 생각을 하게 되는데, 그러한 편인이 없으면 앞의 모양만 살피고 그대로 수용을 하기 때문에 그야말로 우물쭈물하는 사이에 나의 것을 갈취당하는 일도 발생할 수 있게 되는 것이다. 이것은 어머니가 자식에게 속아서 집문서를 내어주는 것과 같다고 하게 된다. 자식이 아무리 귀엽다고 하더라도 돈이 필요하다고 하면 무슨 일로 왜 필요한지를 세세하게 따져봐야 하는데, 그러한 의심증(疑心症)이 없으므로 그대로 수용하여 낭패를 당하게 될 수도 있다는 것이다. 따라서 편인이 없다면 그것도 곤란하다.

2. 정인(正印)

1) 구성(構成)

정인(正印)은 일간(日干)을 생조(生助)하는 오행이면서 음양이 다르다. 그래서 서로 당기는 성분이 있다.

2) 인간관계(人間關係)

정인(正印)은 나를 낳아 준 어머니이다. 아무리 미우니 고우니 해도 나를 낳아 준 어머니는 위대하다고 말한다. 이러한 모친(母親)이 정인이다. 물론 사주의 구성에 따라서는 모친이 나의 운명에 흉한 작용을 할 수도 있는데, 이것은 사주로 들어가서 관찰을 할 일이다.

아울러서 계모(繼母)도 또한 정인(正印)으로 대입을 할 수가 있다. 편인(偏印)도 되지만 정인으로 볼 수도 있는 것이다. 이것을 응용이라고 하게 된다. 기본적으로 어머니는 아니지만 아버지의 여자라고 한다면 달리 십성을 대입할 방법이 없으므로 그대로 정인으로 보게 되는데, 어머니와 구분을 하기 위해서 편인으로 분류를 하기도 한다.

그리고 정신적인 스승도 정인(正印)이라고 할 수 있다. '영혼(靈魂)의 어머니'라는 말과, '영적(靈的)인 스승'이라고 하는 말도 이와 같은 의미로 이해를 하면 된다. 스승은 나의 영혼을 키워 주는 사람이라는 의미이기도 하다. 그냥 지식(知識)을 전달해 준다면 그것은 '선생(先生)'이라고 해야 할 것임을 함께 참고한다.

3) 사물(事物)

교육용품(敎育用品), 물려받은 유품(遺品), 교과서(敎科書), 토지(土地), 국가(國家), 출생지(出生地), 인장(印章), 학교(學校), 사전(辭典), 자동차(自動車), 주택(住宅), 우산(雨傘), 의류(衣類).

4) 심리상태(心理狀態)

직관력(直觀力), 수용성(受容性), 보수적(保守的), 교육을 받음, 안정적(安定的), 순수(純粹), 포용성(包容性), 자상함, 자발적이지 않음, 어른을 존중함, 선량(善良), 간소화(簡素化), 말이 적음, 쉽게 만족함, 교양적(敎養的), 발전성(發展性)이 부족함, 나태(懶怠)함, 자비심(慈悲心).

5) 정인의 단독성분(單獨成分)

정인(正印)은 직관력(直觀力)을 타고났기 때문에 무슨 일이 진행될 적에 미리 느낌으로 성패(成敗)나 가부(可否)를 알아내는 재주가 있다. 그리고 예감(豫感)이 무척 강하기 때문에 물증(物證)이 없는 상태에서 항상 심증으로 결론을 내릴 수가 있으니 자칫하면 모함을 한다고 비난을 받을 수도 있다. 물론 이러한 것이 길한 작용이 될 수도 있고, 흉한 작용이 될 수도 있다는 점을 참고한다. 수용성이 좋은 성분은 교육을 받는 입장에서는 매우 유용한 적성으로 나타나게 된다. 가르침을 주는 선생님을 그대로 다 믿고 따르기 때문에 뭐든지 열심히 배우고자 하는 모범학생이 되는 것이다. 하지만 혹 불량선생을 만나게 된다면 올바르지 못한 길로 들어가게 되더라도 그대로 수용을 하게 될 것이므로 이 경우 매우 불리한 결과를 가져올 수도 있다는 것을 생각하게 된다.

정인(正印)은 순수한 면을 타고났기 때문에 의심하고 부정하는 마음이 부족하므로 어떻게 교육을 받느냐에 따라서 결과가 달라질 수 있다. 맹자의 어머니가 이러한 사정을 깨달았던 것으로 생각이 된다. 교육에 따라서 달라질 변수가 있는 성분이 바로 정인이다. 다른 성분보다 우선해서 영향을 받게 되므로 가르치고자 한다면 정인의 성분이 있는 사람을 가르치는 것이 그에 대한 결과도 만족할 수 있게 된다. 교육이 가장 되지 않는 성분은 편재(偏財)로 아무리 때리고 가르쳐도 결국은 자신이 하고 싶은 대로 하고 만다. 그런 점에서 정인과 많이 비교된다.

정인(正印)은 좋은 것이 좋다는 식으로 생각을 한다. 그래서 주변에서 다툼이 일어나면 그러한 것을 중재하고자 노력을 하는데, 모두가 좋은 결과로 돌아가는 것을 가장 좋아한다. 서로에게 좋은 방향으로 결론이 나기를 원하는 것이다. 그러다 보니 물에 물을 탄 것과 같은 결과가 되기도 하는데, 정인의 성분으로는 그것이 전부이다. 별도의 다른 생각을 하기는 어렵기 때문이다. 그래서 뜨뜻미지근하다는 말도 나오게 되는 것이다. 그러므로 중재에는 나서지 않는 것이 가장 좋다.

정인(正印)은 안정적(安定的)인 성분이다. 가만히 누워만 있어도 만사가 해결된다고 생각한다. 그러므로 변화를 추구하는 것에 대해서는 별로 좋아하지 않는 반면에, 재성(財星)은 항상 활발한 변화를 추구한다. 이러한 점에서 인성(印星)과 재성은 영원히 결합될 수가 없는 상극(相剋)이라고 하게 된다. 이와 같이 안정적인 것을 좋아하는 성분이기 때문에 느긋하게 쉬는 것을 좋아하는 작용이 나타나는데 그러다 보니 게으르다는 평을 듣게 되는 것도 자연스러운 결과라고 하겠다. 인성은 그래서 게으르게 되는 것이다. 즉 게을러도 태평스럽게 게으르다. 아무리 바쁘게 서둘러도 느긋하다. 이러한 사람이 옆에 있으면 편재(偏財)는 마음에 불이

난다. 그렇지만 정인은 편재가 왜 그렇게 서두르는지 이해를 못 한다. 서두르지 않아도 이르게 되는 것이 자연인데, 그렇게 서두른다고 뭐가 달라지느냐는 생각이다. 그러다 보니 늘 다툼이 일어나지만 결국은 정인이 이긴다. 아무래도 목마른 놈이 우물을 판다는 말이 맞겠다.

정인(正印)은 스승을 존경한다. 자신의 못난 그릇을 올바르게 세상에서 쓰이도록 만들어줬다는 생각에서이다. 그러므로 스승님께는 두고두고 효성을 다한다. 군사부일체(君師父一體)라는 말은 정인이 한 말이라고 봐도 된다. 과연 스승은 부모와 같다는 의미를 그대로 수용하는 성분은 정인 말고는 없다고 해야 하겠다. 가령 편인(偏印)이라고 한다면, '그야 수업료를 냈으니까 가르쳐 주는 거지 수업료를 내지 않아 봐라 아무리 스승님이라고 해도 가르쳐 주는가.' 라고 하게 될 것이다. 그대로 부정 수용의 형태로 나타나게 될 가능성이라고 하겠는데, 반면에 정인은 아무리 돈을 낸다고 해도 스승이 없으면 가르침을 받을 수가 없다는 것을 철저하게 믿고 있는 것이다.

정인(正印)은 수동적(受動的)이다. 누군가 건드려줘야 움직인다. 자극을 받지 않으면 하루 종일이라도 이불속에서 잠을 잘 수 있는 성분이기도 하다. 방금 태어난 아기와 같이 먹고 자고 먹고 자는 것이 정인의 혜택이라고 할 수가 있다. 물론 성인이 이와 같다면 더 이상의 진화가 없다고 봐도 좋을 것이다. 그러므로 일정한 시기에 얼마 동안의 현상이라고 한다면 용납이 되지만 2살만 되어도 이러한 행위는 비정상으로 간주하게 된다. 그런데 어린아이라고 해도 편재(偏財)가 붙어 있다면 아마도 먹여 달라고 보채고, 재워 달라고 보채고, 놀아 달라고 보채게 될 것이다. 그야말로 엄마를 파김치로 만들어버릴 작정인가 싶을 정도로 애를 먹일 수도 있다.

정인(正印)은 온화(溫和)한 성분이다. 그래서 주변의 사람들과 마찰을 가급적 피하고 편안하게 대하려고 노력하는 성분이기도 하다. 그리고 남들의 불행한 모습을 보게 되면 마음이 아파서 눈시울이 젖기도 한다. 이러한 것도 또한 모정(母情)이 강한 정인의 성분으로 인해서 나타나는 현상이다. 그렇게 마음이 약해서 어쩌느냐고 주변에서 말을 하더라도 그것도 자기 마음대로 되지 않아서 남자의 경우에는 자주 고개를 돌리고 눈물을 찍어내는 행동을 하기도 한다. 특히 드라마를 보면서 그러한 경우가 많은 것도 주변의 상황에 바로 동화(同化)가 되어서 현실과 가상의 세계를 구분하지 못하는 현상이 발생하기 때문이다. 이러한 감성은 직관력으로 이어지기 때문에 그러한 것에 대해서 조작이라고 생각하는 편인(偏印)과 뚜렷한 차이를 보이고 있는 것이다. 이러한 것을 보면서 정인과 편인의 차이를 이해하도록 한다.

6) 정인이 많거나 없는 경우

정인(正印)이 너무 많은 경우에는 아무래도 세상에서 살아갈 수가 있을 것인지를 염려하게 되는 성분이기도 하다. 왜냐면 지나치게 수동적이기 때문에 무엇 하나라도 일일이 지시를 하지 않으면 스스로는 처리를 하지 못하기 때문이다. 이것이 '인성과다(印星過多)의 폐해(弊害)'라고 하게 된다. 그야말로 '게을러터졌다.'라고 하는 말을 주변사람들이 하게 될 것이기 때문이다. 인성이 많은 것에는 게으름뿐만 아니라 망상이 과다한 것도 포함이 된다. 왜냐면 수용성이 뛰어난 데다가 그 수용성의 경로가 많다는 것은 그만큼 생각의 고리들이 많이 발생할 가능성이 높다는 것을 의미하는 것이며, 그러한 것이 그대로 머릿속에서 망상의 늪을 형성하고 있을 것이기 때문에 생각만 복잡한 것이다. 그야말로 스스로 할 수 있는 것은 아무것도 없다고 할 정도이다. 이렇게 인성이 과다하면 문제를 유발시키는 요인도 함께 발생하는 것이다.

그렇다고 인성(印星)이 없으면 교육이 되지 않으며 눈치도 없는 사람이 된다. 그야말로 막무가내가 될 가능성이 있다. 어른의 말도 듣지 않고 가르쳐도 되지 않는다는 새로운 문제에 부닥치게 되는 것이다. 그래서 인성의 존재 또한 적당히 필요한 성분이다.

제 5 부
육십갑자

제16장 경금(庚金)의 일주(日柱)

필자가 심리학에 관심을 둔지도 적지 않은 시간이 흘렀다. 아마도 이 공부를 시작하기 이전부터 관심을 계속해서 두고 있었다고 해야 할 것이다. 처음에 프로이트의 《꿈의 분석》을 구입해서 읽으면서 그 두께에 질리고, 내용에 머리가 혼란스러웠던 기억도 나는데 이때가 10대 중반이었던 것을 생각하면 아마도 심리학과는 인연이 많았던 것 같다. 이렇게 한 방면에 대해서 꾸준한 정진을 하는 과정에서 심리를 바라다보는 관점에도 많은 변화의 시간도 있었다고 하겠는데, 그러한 결실로 얻어진 것이 여기에서 말씀을 드릴 내용이라고 하는 점을 참작하셔서 연구에 혼란이 없도록 하라는 당부의 말씀을 먼저 드리게 된다.

앞의 천간(天干)대목에서도 그랬지만 여기에서도 경금(庚金)을 우선으로 놓고서 설명을 드리도록 한다. 이것은 주체성에 해당하는 부분이 항상 최우선으로 작용을 하기 때문이며 여기에서부터 출발을 하는 것이 순서에도 부합이 된다는 점을 이해하고 연구하기 바란다.

기본적인 원리를 이해하는 것이 무엇보다도 중요하므로 이러한 관점에서 60조(條)의 간지를 잘 이해할 필요가 있으며, 여기에서 대충 알고 넘어가면 나중에는 두고두고 혼동될 수도 있으므로 급하게 서두르지 말고 차근차근 이해를 해나가기를 권한다.

비견(比肩)에 해당하는 천간(天干)이 경금(庚金)이니, 기본적인 의미는 해당 천간을 보고 참고하면 된다. 여기에서는 이러한 기본적인 성분을 바탕으로 삼고, 해당 지지(地支)의 구성에 따라서 변화하는 의미를 관찰하고자 하는 것이다. 그리고 지지에 따른 변화는 여섯 가지가 된다. 여기에 대한 각각의 변화를 정확하고 깊게 이해하면 해당 간지(干支)가 어느 위치에 있더라도 해석하는 원리는 같다는 확대해석이 된다. 즉 일주(日柱)가 경자(庚子)가 되어 나타나는 의미를 이해하게 된다면 그다음에는 연주(年柱)에 경자가 있어도 이해하는데 어려움이 없고, 월주(月柱)나 시주(時柱)에 있더라도 또한 그대로 적용시키면 된다.

경금(庚金)의 특성이 투명한 것이라고 봤는데, 이러한 특성은 주변의 글자에 따라서 변수가 많아진다는 것을 의미하기도 한다. 그러므로 일주(日柱)만으로 관찰되지 않는 점이 있다고 하더라도 크게 걱정을 할 일은 없다. 적어도 여기에서 없다고 하는 성분은 일지와의 관계에 대해서만 논하는 것이며, 주변 즉 월간(月干)이나 시간(時干)의 글자에 따라서 달라질 수가 있으므로 이러한 점을 감안하고 살펴야 한다.

【주의】

여기에서 주의를 해야 할 것이 있다. 지금부터 설명을 하는 것은 순수하게 일주(日柱)의 조건에 대해서만 설명을 하는 것이라는 점이다. 그러므로 월간(月干)이나 시간(時干)에서 합(合)이나 극(剋)이 되는 것에 의해서 변화가 생기는 것이나, 지지(地支)에서도 충극(沖剋)이 있는 것에 대해서는 고려하지 않는다는 점에 주의가 필요하다. 이러한 바탕에서 변화되는 과정은 좀 더 자세한 연구가 필요하기 때문이다.

1. 경자(庚子) [比肩→傷官]

　주체(主體)인 경금(庚金)이 상관(傷官)인 계수(癸水)를 만난 형태이다. 자신의 주체적인 기준으로 독립적인 능력을 발휘하게 된다. 다만 느긋하고 태평스럽게 행동하는 성향이 되므로 주변에서 급하다고 독촉을 하는 것은 별 의미가 없다. 이것은 일지에 있는 계수의 상관이 작용하기 때문이며, 스스로 이야기에 대해서 판단을 하고 전개하는 과정으로도 토론을 즐길 수가 있는 성분이다. 다만 윤리적인 부분이나 도덕적인 부분에 대해서는 크게 개의치 않으며 그렇다고 남을 무시하지도 않는다. 그래서 다소 보수적인 사람이 본다면 버릇이 없다는 말도 할 수가 있으나 원래 악의가 있어서 그러한 것이 아니고 천성이 그러하다는 것을 알고 나면 이해를 할 수가 있다.

　경자(庚子)는 낙천적이고 미래지향적인 성향을 띤다. 다만 미래지향적이라고는 하지만 현재의 상황에 안주(安住)하고자 하는 면에 조금 더 가까울 수 있다. 왜냐면 확실한 미래지향은 재성(財星)의 영역에서 더욱 뚜렷하므로 상관(傷官)에 해당하는 자수(子水)의 경우에는 조금 미래적이라고 할 수 있으며, 성급하지 않고 이성적(理性的)이며 토론을 즐기는 면도 있다.

　그리고 두려움이 없는 것 또한 상관(傷官)의 여유로움이라고 하겠고, 시간에 대해서도 쫓기지 않고 물이 흘러가듯이 흐름에 맡기는 것으로 이해를 할 수 있다. 기본적인 심성은 천진난만하다. 그래서 어린아이와 같은 태평스러움이 배어나기도 한다. 이러한 성분을 사회적으로 적용하게 되면 강사(講師)나 교육자(敎育者)의 방향이 되겠고, 특히 사교적인 방향에서도 재능을 발휘하게 될 가능성을 참고한다.

경자(庚子)는 종속적인 형태로 살아가는 것에는 흥미가 없다. 자신이 주인격이 되어서 지시를 하는 것이 즐겁다고 하겠는데, 그러한 의미로 본다면 직장에서 종업원의 형태로 일을 하는 것은 힘이 든다고 하겠고, 자칫하면 스트레스를 받아서 사장과 마찰을 일으키고 회사를 그만두게 될 가능성이 매우 높다. 그래서 적성을 찾지 못하면 고통스러운 나날을 보낼 수도 있으므로 이러한 성분이 직장생활을 하게 될 경우에는 조건들을 잘 살펴서 판단해야 할 것이다.

가장 적합한 분야는 외교관(外交官)이다. 자신의 뒤에는 국가라고 하는 든든한 배경이 있고, 자신은 특사의 자격으로 각국의 대표자들을 만나서 환담하고 국정을 논하는 것은 무엇과도 바꿀 수가 없는 매력이다. 사주의 조건에 따라서 변수가 있으므로 참고를 하는 것은 당연하겠지만 이러한 방향으로 가능성이 있는가를 살피는 것은 적성을 분석하는 과정에서는 제1순위라고 할 수가 있겠다.

2. 경인(庚寅) [比肩→偏財+偏官]

주체(主體)인 경금(庚金)이 편재(偏財)인 갑목(甲木)과 편관(偏官)인 병화(丙火)를 만난 형태이다. 자신의 마음대로 강요하게 되는 면이 나타나는 것은 편재를 만났기 때문이다. 갑목의 성분이 그대로 드러나게 되어서 관리하고 통제하고자 하는 마음이 강하기 때문에 남의 지시에 의해서 움직이지 않고 스스로 판단에 의해서 결과를 추구하고자 하는 마음이 된다.

그러나 내면적으로는 두려워하는 마음이 존재하고 있다. 이것은 병화(丙火)로 인해서 소심하는 마음이 나타나게 되고, 자신이 마음대로 추진을 하면서도 결과에 대해서는 자신감이 없어서 오히려 불안해하는 형태가 되기도 하지만 겉으로는 이러한 모습을 보이지 않으려고 한다. 그리고 은근히 조바심을 내는 것은 내면에 편관(偏官)의 작용이 있어서인데, 이러한 성분은 염치를 알게 만드는 작용이 되어 생각보다 남의 입장을 배려하는 점도 있다.

하지만 감정적이면서 성급한 모습으로 나타날 적에는 남의 입장은 안중에도 없는 것처럼 보인다. 그래서 오해를 불러올 수도 있는데, 이러한 점을 수정하여 인내심으로 단련하게 된다면 좋은 평판으로 용감하게 자신의 일을 처리한다는 이미지를 가질 수가 있다. 사회에서 적응하는 분야를 보게 되면, 관리자(管理者)의 역할이나 감독(監督)이 좋다.

3. 경진(庚辰) [比肩→偏印+正財+傷官]

주체(主體)인 경금(庚金)이 편인(偏印)인 무토(戊土), 정재(正財)인 을목(乙木), 상관(傷官)인 계수(癸水)를 만난 형태이다. 편인인 무토는 특히 신비(神秘)한 영역에 대해서 뛰어난 직관력을 갖고 있다. 그래서 영감(靈感)이 발달했다고도 하는데, 이러한 편인은 선기(禪機)에도 밝아서 참선(參禪)을 하여 직관적(直觀的)으로 큰 깨달음을 얻을 수도 있다. 즉 화두(話頭)를 깨닫는 것도 사주의 성분이 협조를 한다면 더욱 얻기가 쉬워지는데, 그 이유는 화두의 구성이 신비스러움을 포함하고 있어서이다. 그래서 편인은 뭔가 말로 할 수가 없는 오묘한 그 무엇을 이해하는데 능력을 발휘하는 것이다.

그래서 역학(易學) 분야를 공부하게 되면 그 신비하고 오묘한 결과에 빠져들어서 다른 사람이 무슨 말을 하더라도 귀에 들어오지 않게 되는데, 이러한 성분이 좋게 작용을 한다면 역학분야에서 크게 성공을 할 수가 있다. 특히 주역(周易)과 같은 점술(占術) 분야에서 탁월한 능력을 발휘할 수가 있으며, 이론적인 분야보다는 직관적(直觀的)인 분야에서 좋은 결과를 기대할 수 있다.

내부에 정재(正財)가 있는 것은 이러한 신비로움에 치우쳐서 빠지지 않도록 방지하는 기능이 되기도 한다. 현실적이고 구체적으로 작용을 하기 때문에 이성(理性)을 잃지 않고 자신의 중심을 지킬 수가 있는 것이다. 정재는 극히 현실적인 부분에 작용하는 성분이기 때문에 편인(偏印)

의 비현실적(非現實的)인 성분을 일깨워서 치우치지 않도록 해 준다.

  상관(傷官)은 우월감을 그 속에 내재하고 있는 성분으로 나타나게 된다. 즉 자신의 모습을 남들과의 관계를 통해서 표현하고자 하는 성분이 있는 것이다. 그래서 깨달은 것을 남들이 알아준다면 그것을 표현하는데 총력을 기울이게 되는데, 이러한 상관이 정재(正財)와 호흡을 맞추게 되면 구체적으로 결실을 이루도록 하는 작용도 가능하다.

  신비한 영역에 대해서 연구를 하되 남에게 나누어 줄 적에는 정확하게 수치적으로 정리하여 설명할 범위를 결정하게 되는 면이 발생하게 된다. 마음이 내킨다고 해서 모두를 털어놓는 것이 아니고 일정 범위까지를 정해 놓고 그 선에서 약간의 변수를 고려하여 전달하게 되는 것이다. 그러므로 자신이 깨달은 영역이 있다 하더라도 사람에 따라서 나오는 내용이 같지 않을 수가 있는데, 그 조건은 비용을 어떻게 지불하느냐에 따라 달라질 가능성이 크다. 이러한 것은 편인(偏印)의 신비함과 정재(正財)의 치밀함과 사교성의 상관(傷官)이 합작으로 이뤄낼 수 있는 하나의 형태이기도 하다. 교육의 형태도 일대다(一對多)의 방법보다는 일대일(一對一)의 전수(傳受) 방식을 선호하게 된다.

4. 경오(庚午) [比肩→正官]

주체(主體)인 경금(庚金)이 정관(正官)인 오화(午火)를 만난 형태이다. 이러한 구성은 주체적으로 규칙을 준수한다고 대입을 하게 된다. '규칙은 지켜져야 한다.'라는 주의라고 할 수도 있다. 그만큼 규칙에 대해서는 절대적이다. 정관의 성분이 작용하기 때문에 잔꾀는 통하지 않는 심리구조이다. 주변에서는 융통성이 없는 사람이라는 평가를 얻기도 하고, 또 신용이 있는 사람이라고도 한다.

경오(庚午)일에 태어난 사람을 식상(食傷)이 보면 융통성이 없는 것으로 보고, 관인(官印)이 보면 원칙적이어서 믿을 만한 사람이라고 생각한다. 그러므로 모두를 만족시키는 사람은 존재할 수가 없는 것이다. 한쪽에서 환영을 하게 되면 다른 한쪽에서는 불만세력이 나타나서 반대를 하게 되는 것이 사바세계의 법칙이고 음양의 이치이기 때문이다.

성향으로 본다면 공무원의 성향이 된다. 이러한 경우에는 남의 지배를 받는 것에도 익숙하다. 다만 서열(序列)의 순서가 명확할 경우에 수용을 하는 것은 정관(正官)의 구성이 갖는 특성이다. 나에게 명령을 내릴 사람이 누구인지를 판단하는 것이 중요하다. 아랫사람이 말을 하면 듣지 않고, 윗사람이 말을 하면 듣게 되는 것이기도 하다. 그래서 일지에 정관이 있으면 원칙적인 면에서 두드러진 수용성(受容性)을 나타낸다. 그래서 능동적(能動的)으로 일을 하기보다는 수동적인 형태가 편안하고, 무엇이든지 시키면 잘하는데 알아서 하기는 어렵다는 것도 알아 두어야 할 사항이다.

　악법(惡法)도 지켜야 한다는 생각을 갖고 있기도 하다. 모두가 지켜야 할 것이라고 한다면 반발을 하지 않는다. 만약에 상관(傷官)의 성분이 이러한 장면에 처하게 된다면 법을 고치려고 할 것인데 정관(正官)은 일단 법을 따르고 지킨다. 해온 그대로를 따르면 되는 것이기 때문이다. 그래서 보수적이라고 하게 되는 것이며, 보수적이면서도 주체적으로 강경하게 지켜야 한다고 주장을 하는 것은 일간(日干)이 주체성(主體性)을 갖고 있는 경금(庚金)이기 때문이다.

5. 경신(庚申) [比肩→比肩+食神]

주체(主體)인 경금(庚金)이 다시 비견(比肩)인 경금과 식신(食神)인 임수(壬水)를 만난 형상이다. 비견이 겹쳐진 형상이라고 할 유일한 성분이다. 이러한 것은 투명한 성분이 더욱 뚜렷하다고도 관찰을 하게 된다. 그 투명한 것에는 뭔가 있긴 있는데, 그 경계가 잘 보이지 않는다고 봐야 하겠고, 누군가 공격을 하면 그 경계에 부닥치게 되지만 우호적으로 적의(敵意)가 없이 대한다면 주체가 어디론가 사라지고 없는 형태로 나타나기도 한다. 순수함의 화신(化身)이라고 할 수도 있는 성분을 갖고 있어서 있는 그대로를 보여 주는 형태라고 하겠고, 너무 투명해서 내면의 생각조차도 그대로 드러나는 것처럼 느껴지기도 한다.

경신(庚申)은 비겁통기(比劫通氣)에 해당하는 간지이기도 하다. 속에 들어 있는 임수(壬水)가 크게 방해를 하지 않을 것으로 봐서 그대로 반영이 되는 구조인데, 이러한 경우에는 우선 고려해야 할 심리구조(心理構造)에서 월간(月干), 시간(時干), 월지(月支), 시지(時支)가 모두 거의 동시에 작용하고 있는 것으로 대입을 할 수가 있으므로 경우에 따라서는 상당히 복잡한 심리구조를 나타낼 수도 있다는 것을 의미하므로 이러한 것을 살펴서 분석하게 되면 더욱 구체적인 관찰력을 키울 수가 있다.

경신(庚申)일에 태어난 것만으로 사회성을 논하기는 어색하다. 뭔가 놀고 있는 어린아이의 장면이 자꾸 떠오른다. 열심히 자신의 일을 하고 있는 모습이기는 하지만 그것으로 먹고살 수가 있을지에 대해서는 판단이 되지 않는 느낌이기 때문이다. 그래서 사회적인 성분은 주변에서 영향을 주고 있는 십성에 의해서 결정이 되는 경우가 더 많다. 그러므로 경신(庚申)만으로 적성을 판단하는 것은 성급하다고 하겠다. 다만 속에 들어 있는 임수(壬水)의 작용을 고려한다면 순수하게 학문을 연구하는 것은 가능하다. 자신이 관심을 갖고 있는 분야에 대한 연구를 통해서 새로운 영역에서 창조(創造)를 할 가능성을 내재하고 있는 것으로 해석을 하게 된다.

6. 경술(庚戌) [比肩→偏印+劫財+正官]

주체(主體)인 경금(庚金)이 편인(偏印)인 무토(戊土)와 겁재(劫財)인 신금(辛金), 그리고 정관(正官)인 정화(丁火)를 만난 형태이다. 이러한 불균형(不均衡)의 배합(配合)을 이루고 있는 구조는 상당히 복잡한 양상을 띠게 되는데, 심리적으로도 이러한 내용은 그대로 반영이 된다. 이러한 성분을 구체적으로 살펴보게 되면 신비적(神秘的)인 현상을 수용하고자 하는 면이 나타나게 된다. 이것은 경진(庚辰)에서 나타나는 것과 같은 것으로 보면 된다. 그다음에 나타나는 정관의 성분은 합리적으로 수용하고자 하는 형태가 된다. 즉 신비적인 현상을 합리적으로 수용하고자 하는 것이므로 신비현상에 대한 이론적인 납득을 하고자 하며, 이러한 것은 신비현상을 해설하고자 하는 형태로 나타날 수도 있다.

그리고 겁재(劫財)는 경쟁심이 되는데, 경쟁심이 합리성에 눌려서 크게 활동을 하지는 않을 것이지만 그렇다고 없어지는 것은 아니므로 언제라도 경쟁심은 밖으로 드러날 수 있다. 상당히 가까운 사람이라도 이러한 면을 잘 알지 못하고 있다가 발견하게 되면 의외의 모습이라고 하게 된다. 이렇게 지장간(支藏干)에서도 서로 견제를 하는 것으로 이해를 하는 것이 타당하다.

경진(庚辰)과는 서로 상반되는 현상으로 경술(庚戌)은 내면적으로 상당히 보수적인 형태를 띠고 있다. 겉으로는 비슷하게 보여도 실상 작용을 할 적에는 여간해서 남의 말대로 따르지 않으며 이야기의 이면(裏面)

도 살피면서 합리성에 대해서도 냉정히 판단을 하기 때문에 얼렁뚱땅해서 해결을 하고자 하는 것으로는 설득을 시킬 수가 없는 면도 있다. 이러한 것은 윗사람이 어떻게 해 보고자 할 경우에는 복종을 하기는 하면서도 상당히 거북한 장면이 발생하게 될 수 있으므로 직장의 적성으로 보기에는 다소 아쉬움이 있다.

그중에도 신비적인 현상을 이해하는 분야에서 종사를 한다면 적당하다는 해석을 하게 된다. 즉 기(氣)에 대해서 해설을 하거나, 눈에 보이지는 않지만 오로라와 같은 현상들에 대해서 자료를 찾아서 남들이 이해할 수 있도록 자세히 설명해 줄 것이다.

제17장 신금(辛金)의 일주(日柱)

　신금(辛金)의 별칭은 경쟁심(競爭心)이다. 세상을 살아가는 과정에서는 선량하기만 해서는 먹고살기 힘이 든다. 어쩌면 힘이 든다고 하기보다는 굶어 죽는다고 생각을 하는 것이 더 타당할 수도 있겠다. 그것은 약육강식(弱肉强食)의 경쟁사회에서는 더욱 심화되는 것이며, 농경사회(農耕社會)에서는 오히려 덜하다고도 하겠다. 지금은 치밀한 구상으로 상대방보다 앞서지 않으면 생존(生存)의 기반이 위태롭다고 생각하는 것이 보편적이다. 그만큼 현실은 초경쟁적(超競爭的)인 사회로 진입을 하고 있는 것이다.

　하다못해 취직(就職)을 하고자 했을 때에도 그 일이 그리 대단한 일이 아니더라도 일단 마음을 낸다면 적어도 수십 대 일이라고 하는 경쟁에 부닥치게 될 것이며, 수백의 경쟁자를 만나는 것도 그리 어려운 일이 아니다. 그만큼 생존이 날이 갈수록 어려워지는 마당에서 겁재(劫財)의 의미는 더욱 크게 다가온다. 예전에는 겁재를 사흉신(四凶神)에 넣어서 쳐다보지도 않으려고 했지만 그것도 한가로웠던 옛날의 이야기일 뿐이다. 현실에서 겁재가 없는 사람은 도태된다고 해도 과언이 아닐 정도로 경쟁력(競爭力)이 최우선에서 작용하고 있는 시대이다.

신금(辛金)은 생존경쟁력(生存競爭力)이 강하다. 그러므로 누구라도 자신과 대항을 하려고 하면 결코 양보하지 않으려는 마음이 내재되어 있어서 만만치 않은 자세를 취한다. 그래서 잘못 건드리게 되면 후회막급(後悔莫及)이 되기도 한다. 조심해서 다루지 않으면 곤란한 것이 겁재(劫財)이기 때문이다. 다만 이것이 부정적으로 작용하게 되면 수단과 방법을 가리지 않고 이기기만 하면 된다는 방향으로 흐를 수도 있다. 이렇게 부정적으로 나타나는 경우에는 조심해야 할 것이며, 이로 인해서 큰 화를 불러올 수도 있다는 것을 명심한다면 겁재의 부정적인 면은 해소가 될 것이다.

1. 신축(辛丑) [劫財→偏印+食神+比肩]

경쟁심(競爭心)의 신금(辛金)이 편인(偏印)인 기토(己土)와 식신(食神)인 계수(癸水), 비견(比肩)인 신금으로 구성이 되었다. 이러한 것은 내부적으로 식신과 편인의 대립으로 인해서 상당히 갈등적인 요소를 갖게 된다. 식신은 미래지향적으로 방향을 잡고자 하고, 편인은 그러한 식신을 잡아 누르는 역할을 하기 때문이다. 여기에서 비견은 어정쩡한 자세를 취하게 되는 역할이다. 다만 가능하면 식신의 방향으로 지원을 하고자 하는 정도라고 하겠다.

겁재(劫財)가 편인(偏印)을 만난 인연은 부정적인 성분으로 작용이 될 가능성을 암시하고 있다. 편인의 부정적인 수용성이 내 것을 빼앗길 수도 있다는 겁재와 연결이 되기 때문이다. 여기에서 신금(辛金)은 음금(陰金)이라는 것에 주목을 할 필요가 있다. 양금(陽金)은 적극적(積極的)인 반면에 음금은 소극적(消極的)이다. 그래서 양의 성분은 남의 것을 빼앗고자 할 것이고, 음의 성분은 내 것을 빼앗기지 않으려고 하는 것이다. 물론 양금인 경금(庚金)에게 그러한 마음은 없다.

그렇기 때문에 신금(辛金)은 자신의 것을 지키고자 하는 마음이 강하게 작용을 해서 누군가 주변에서 어른거리게 되면 자신의 밥을 빼앗으려고 하는 것이 아닌가 하는 경계심을 가지게 되는 것이다. 이것은 본능이라고 할 수가 있다. 우선 경계부터 하고 보는 것인데, 이것이 대인관계에서는 상당히 불리한 결과를 초래하게 되는 것 또한 어쩔 수 없는 인과관계이다. 그래서 늘 몸을 웅크리고 탐색을 하는 형태로 영상이 떠오르기도 한다. 그리고 내재되어 있는 식신(食神)은 궁리를 하는데, 어떻게 하면 내 것을 빼앗기지 않을 것인가를 궁리하게 되고, 그러기 위해서는 더욱더 경계의 눈빛을 보내게 된다고 해석을 한다. 뭔가 발전적인 방향으로의 궁리가 되어야 할 성분이 자신의 것을 지키고자 하는 방향으로 궁리가 된다면 이것은 에너지 낭비라고 할 수도 있겠지만 그것이 마음대로 되지 않는 것은 주변의 관계로 인해서이다.

  이러한 성분이 사회적으로 뭔가 일을 하고자 한다면, 자료를 관리하는 것과 같은 일을 잘할 수가 있겠다. 남들이 접근하여 자료를 가로채지 못하도록 엄중하게 관리를 할 것이기 때문이다. 범죄수사(犯罪搜査)를 전담하는 형사(刑事)도 가능하다. 이러한 방향으로 진로를 삼게 된다면 타고난 천성을 잘 활용하여 멋진 역할을 수행할 수 있을 것이다. 다만 단독으로 사업을 벌이는 것은 어울리지 않을 것으로 보는데, 그것은 결단력이 부족해서이다. 또한 생산적인 일에 대해서도 다소 능력이 부족하다고 해석을 할 수 있다.

2. 신묘(辛卯) [劫財→偏財]

경쟁심의 신금(辛金)이 편재(偏財)인 을목(乙木)을 만난 형상이다. 이러한 성분의 결합은 상당히 강력하게 자신에게 복종을 강요할 수가 있는 것으로 해석을 한다. 자신의 소유에 대해서 누구라도 손을 대면 그냥 두지 않겠다는 형태로도 작용을 한다.

신묘(辛卯)는 남의 지배를 받지 않으려고 하는 면도 강하게 나타난다. 그리고 주변의 상황을 크게 고려하지 않고 자신의 생각대로 밀고 나아가는 면도 강하며, 스스로 알아서 마무리를 지어버리기 때문에 누군가 간섭을 하게 되면 상당히 거부하는 마음이 일어나게 된다. 그래서 남의 명령을 받지 못하고 스스로 자신의 생각과 계획대로 추진하는 것이 가장 즐거운 일에 속한다. 이러한 성분은 직장생활과는 무관하며 자신의 능력대로 일을 벌여서 결과를 취하게 되는데, 주로 능력을 발휘하는 것은 관리(管理)나 통제(統制)의 적성 분야이다.

내성적(內省的)으로 작용하는 것을 본다면 내심 혹독(酷毒)하다는 말을 할 수도 있다. 평소에 불만이 있어도 바로 터뜨리기보다는 시간을 두고 쌓아 둔 다음에 한꺼번에 쏟아 낼 가능성도 있다. 그렇게 되면 걷잡을 수가 없을 정도로 당황하게 되는데, 한 번 이러한 일을 당하고 나면 접근을 경계하게 될 수가 있으며 대인관계에서 이러한 현상은 바람직하지 않겠지만 천성이 그러하므로 스스로 노력을 통해서 원만한 타협이 되도록 하는 것이 가장 중요한 요점이다. 그리고 자신에게 해를 끼친 사람에게는 두 번 다시 마음을 열지 않을 가능성이 높다. 이것은 편재(偏財)의 단정적인 결론이 작용을 하게 되는 까닭이다. 한번 결론이 난 것에 대해서는 다시 고려하지 않으려고 한다.

대인관계에서 단점을 수정하기 위해서는 보다 넓은 지식으로 남의 입장을 이해하고 상대방의 관점에서 사물을 관찰하는 훈련을 할 필요가 있다. 그렇지 않으면 자신의 입장에서만 모든 것을 판단하고 성급하게 결론을 내리게 되는데, 이와 같은 현상이 남에게 영향을 미치게 되면 불리한 결과를 초래하게 되므로 가능한 만큼이라도 노력이 필요하다고 하겠는데, 주변의 십성이 자신을 자제할 수 있는 관살(官殺)의 성분이 된다면 훨씬 성공을 할 가능성이 높아지게 된다. 사실 신묘(辛卯)의 성분은 혼자 자신의 생각대로 명령하고 시행하는 것을 지켜보는 것이 적성인데 세상이 그와 같은 것을 허용하지 않으므로 타협이 필요하게 되는 것이다. 그래서 이기적이라는 말을 듣지 않도록 노력하는 것이 중요하다.

3. 신사(辛巳) [劫財→正官+劫財]

경쟁심의 신금(辛金)이 정관(正官)인 병화(丙火)와 겁재(劫財)인 경금(庚金)을 만난 형상이다. 비록 경쟁심이 본성(本性)이라고 하더라도 앉은자리에 정관을 만났으므로 자중(自重)하게 되고 이성적으로 관찰을 하여 수용할 것은 수용하고 거부할 것은 거부를 하자는 생각이다. 이러한 것은 덮어놓고 막무가내는 아니라는 의미이다. 그리고 남들보다 합리적인 성향을 띠는 것에도 경쟁적인 마음을 갖게 되므로 오히려 적당한 자극을 받게 되면 합리적인 성향으로의 발전이 빨라질 수도 있다.

다만 묘한 구성이라고 할 수가 있는 것은 겁재(劫財)가 정관(正官) 속에서 다시 겁재를 만난 것이다. 이러한 현상은 겁재의 성분이 더욱 강하게 작용할 수가 있는데 정관의 감시로 인해서 완화된다고도 해석을 하게 된다. 다만 정관으로 인해서 자중을 하더라도 그 내면에 잠재되어 있는 경쟁성은 어디로 가지 않을 것이며, 만약 해수(亥水)라도 만나 사화(巳火)가 손상을 당하게 된다면 바로 노출이 되어 본색을 드러낼 수도 있음을 의미한다. 물론 이러한 것은 상황에 따라서 작용하는 것이고 기본적으로는 합리적으로 주변의 상황을 수용하는 것으로 이해를 하면 된다.

내성적인 성향의 신금(辛金)이 정관(正官)을 만났으므로 자신의 소견을 시원하게 표현하지 못하는 면이 나타나게 되어서 스트레스를 받게 된다. 그래서 겉으로는 수용성이 좋은 것으로 보이지만 내심 자신의 경쟁심을 억압하느라고 힘들 수가 있다. 그래서 때로는 순박하고 천진난만한 어린아이와 같은 형태가 되어 자신이 직접 모든 것을 하고자 하기도 하고 또 때로는 걱정도 많고 생각도 많아서 스스로 결정을 하기가 어려운 면도 나타나게 된다. 이러한 면이 서로 엇갈리게 나타나는 것은 간지의 구성에서 화극금(火剋金)이 되고 있는 것과 연관이 있으며, 특히 지지로부터 극을 받기 때문에 때로는 거부를 하고자 하는 마음도 발생하는 것으로 관찰을 한다.

4. 신미(辛未) [劫財→偏印+偏官+偏財]

경쟁심의 신금(辛金)이 편인(偏印)인 기토(己土)와 편관(偏官)인 정화(丁火), 편재(偏財)인 을목(乙木)을 만난 형상이다. 일지(日支)에 진술축미(辰戌丑未)를 만나게 되면 그 천간(天干)에 어떤 글자가 오더라도 복잡할 수밖에 없다는 것은 정해진 결과이다. 미토(未土)를 만난 신금의 경우에도 당연히 복잡한 심리구조를 갖게 되는 것으로 해석을 하게 된다.

우선 겁재(劫財)가 편인(偏印)을 만났다는 것은 신축(辛丑)과 같은 형상이 된다. 경쟁심과 부정수용이 함께 작용을 하는 것으로 관찰을 해야 하는 것이다. 내성적인 면이 그대로 드러나게 되고, 속마음에서 부정적인 면이 발생하게 되는데, 여기에다 다시 편관(偏官)의 억압(抑壓)이 들어오기 때문에 표현을 확실하게 하지 못하고 관망하는 형태가 된다. 그러면서도 편재(偏財)의 성분으로 다시 자신의 생각대로 추진하고자 하는 마음이 일어나게 되는 것은 신묘(辛卯)의 형태와 유사한 면이기도 하다.

여기에서 갈등의 소지가 되는 것은 편관(偏官)대 편재(偏財)의 갈등에, 다시 편인(偏印)까지 가세를 하게 되어서 내부적으로는 상당히 복잡한 마음으로 모두 내성적이면서 감정적인 형태가 되는 바람에 갈등의 바람이 멈추기 어렵다고 본다.

내면의 깊은 곳에서는 자신의 생각대로 모든 상황을 몰고 가려는 마음이 도사리고 있다. 그리고 기본적으로 겁재(劫財)의 성향이 어디를 가는 것이 아니므로 경쟁에 대해서는 단호하다고 하겠는데 이러한 성향은 자신과 겨루고자 하는 대상에 대해서는 용납하지 않고 그에 대항하다가는 다친다는 말을 하기도 한다. 언뜻 보기에는 어린아이와 같이 순수하면서도 내심으로는 도리어 상당히 민첩하게 상황을 파악하는 성분도 작용을 하게 된다. 그러므로 서두를 적에는 사납게 몰아치다가도 너그러울 적에는 매우 너그러운 모습이 되기도 하므로 속마음은 무척이나 복잡하다. 언뜻 느끼기에는 음침(陰沈)하다는 생각이 들 수도 있는데, 이것도 편인(偏印)의 솔직하게 속마음을 표현하지 않는 성분과 편관(偏官)으로 인해서 위축이 되면서 나타나는 현상으로 해석을 하게 된다.

 신미(辛未)의 성분을 사회적으로 본다면 경찰관(警察官)과 같은 분야에 종사하게 되면 적성에 잘 어울린다. 공부를 많이 한다면 검사(檢查)의 역할도 잘 어울리는데 이는 속마음을 함부로 드러내 보이지 않고 진실을 말하지 않는 상대방을 부담스럽게 조여갈 수가 있기 때문이다. 주로 단체의 참모(參謀)와 같은 역할을 하게 된다면 혹시라도 알 수 없는 상황에 대해서 미연에 방지할 수 있는 능력이 있기 때문에 관리를 잘할 수가 있다. 항상 문제가 일어날 수 있는 것을 살피는 것은 편인(偏印)의 의심(疑心)에서 비롯되기 때문이다.

5. 신유(辛酉) [劫財→比肩]

경쟁심의 신금(辛金)이 비견(比肩)인 신금을 만난 형상이다. 그야말로 단순하면서도 용감하다고 하면 적당한 형상이다. 처음부터 끝까지 초지일관 경쟁적인 주체로 뭉쳐져 있기 때문이다. 그야말로 남의 말을 듣고자 하는 마음도 없고 들을 줄도 모른다. 그저 자신의 생각대로 일을 추진하고 경쟁에서는 지기 싫으므로 무슨 일을 하거나 이기고자 하는 호승심(好勝心)으로 뭉쳐져 있는 성분이다.

그리고 일지의 비겁통기(比劫通氣)에서도 최우선으로 작용을 하는 간지(干支)이기도 하다. 그래서 신유(辛酉)가 되면 일간의 주변뿐만 아니라 일지의 주변도 살펴야 하는 것으로 이해를 하면 된다. 그러한 작용이 바로 나타나기 때문이다.

이러한 주변의 구성과 무관하게 일주만으로 관찰을 한다면 긍정도 부정도 아니지만 지지 않겠다는 정도의 기본심리로 구성이 되어 있는 것이므로 특별하게 변화를 읽기는 어렵다. 그리고 이 경쟁심은 주변의 글자에 따라서 어떻게 변화를 하더라도 강력하게 갖고 있는 성분이라고 이해를 하는 것이 중요하다. 예를 들어 주변에 관살(官殺)의 성분이 포진하고 있어서 봉사심이 많을 경우라고 하더라도 경쟁적으로 봉사를 하게 된다는 것으로 해석을 하는 것이다. 신유(辛酉)는 직장도 가능하고, 사업도 가능하다. 무엇을 하거나 승부근성(勝負根性)이 있어서 뒤지지 않고 열심히 쟁취하게 된다.

6. 신해(辛亥) [劫財→傷官+正財]

경쟁심의 신금(辛金)이 상관(傷官)인 임수(壬水)와 정재(正財)인 갑목(甲木)을 만난 형태이다. 일지(日支)에 상관을 놓고 있는 간지이다. 이것은 경자(庚子)와 유사한 면이 있다고도 하겠는데, 그중에서도 차이가 나는 점은 특히 일간이 겁재(劫財)라서 경쟁심을 바탕에 깔고 있으면서 일지에는 정재를 품고 있다는 것이다. 이것은 알뜰한 결실을 의미하게 된다.

신해(辛亥)는 자신의 능력을 남들이 알아주기 바라는 마음이다. 자신의 능력을 보여주기만 하고 경쟁적인 자존심이 있어서 직접 그렇게 말은 못 하고 남들이 알아주기를 바라는데 이것은 음간(陰干)의 특성이라고 본다. 그리고 상관(傷官)이 식신성(食神性)이다. 이것은 자신의 내면을 표현하기 위해서 연구를 한다는 의미가 되는 것이다. 그냥 남들이 알아주면 좋아하는 것이 아니고, 좋아할 만큼의 뭔가를 보여주고 나서 좋아할 적에 비로소 만족이 되는 형태이기도 하다.

지장간의 정재(正財)인 갑목(甲木)은 통제적인 성분을 갖고 있는 것이므로 늘 결과에 대해서 내심으로 계산을 하고 있는 성분이다. 그래서 겉으로 보기에는 무척이나 차분해 보이는 현상을 띠기도 하는데, 그것은 속으로 생각을 하면서 저울질을 하는 치밀함이 겉으로 보이는 것이라고 판단을 한다. 그리고 이러한 흐름은 자연스럽게 진행이 되는데, 그것은 금생수(金生水)하고 다시 수생목(水生木)으로 일지에서 흐름이 이루어지기 때문에 질서정연하게 정리하는 성분이라고 관찰을 하게 된다.

신해(辛亥)는 속이 편한 사람이고 스트레스도 잘 받지 않는다. 다만 자신의 우월감이 있기 때문에 자존심에 상처를 입으면 어떻게 해서라도 갚아줘야 한다는 생각은 잊지 않는다. 그래서 金水의 심리를 자극하게 되면 그 영향을 오랫동안 간직한다고 볼 수도 있는데, 특히 신금(辛金)의 성분은 확실하게 무쇠 판에다가 기록을 하는 것으로 이해를 해도 되겠다. 철판에 기록을 해 두었으므로 두고두고 잊지 않는다고 하는 것이다.

이러한 신해(辛亥)가 사회적으로 맡아서 할 일은 사교적(社交的)인 분야에서 능력을 발휘할 수가 있는데, 오히려 내성적인 사람이 크게 성공을 할 수가 있다는 것을 이런 구성에서 이해할 수도 있다. 그리고 옳지 못한 것에 대해서는 날카로운 비판을 할 수도 있는데, 그것을 말로 하기보다는 속으로 되씹는 형태가 된다. 그러다가 어느 순간에 자극을 받게 되면 모두 쏟아져 나오는 것으로 보게 되므로 말을 하지 않는다고 해서 생각도 없을 것이라고 본다면 이것도 실수를 하는 것이다.

그리고 손해를 볼 일은 하지 않는다는 것도 갑목(甲木)의 작용이 된다. 그러므로 차분하고 이성적이며 언변이 좋고, 결과에 대한 꼼꼼하고 세밀한 부분이 결합을 이루면 협상가(協商家)로 명성을 얻을 수가 있는 적성이 되기도 한다. 그리고 두려움이 없다는 것은 처음에는 다소 수줍은 듯이 보이지만 시간이 경과하면서 점점 대담해지는 형태를 띠게 되고, 마침내 자신의 페이스로 몰고 가는 능력이 발휘되는 것이니 상대방이 처음에는 쉽게 생각을 했다가 끈질기고 집요한 성분에 오히려 질려버릴 수도 있는 것이다.

제18장 임수(壬水)의 일주(日柱)

　임수(壬水)의 기본형은 식신(食神)이다. 그래서 언제라도 새로운 것에 대한 호기심(好奇心)이 대단하고 여기에 대해서는 지칠 줄을 모르는 성분이기도 하다. 임수로 태어난 사람의 주변에는 언제나 공부하는 자료가 쌓여있기 마련이다. 이러한 것은 자신이 관심을 두고 있는 것에 대해서 지식을 얻고자 하여 늘 책을 접하는 것이며, 실제로 배울 기회가 된다면 학원에 등록을 하는 것도 망설이지 않는다. 그렇게 해서 스스로 알고자 하는 정도를 만족하게 되면 이번에는 또 다른 궁금증이 생겨서 새로운 방향으로 모색을 하게 된다. 이러한 성분으로 본다면 임수는 전생에 공부를 다 못해서 다시 태어난 사람이라고 해도 좋을 정도이다.

　임수(壬水)의 특성이 식신(食神)이듯이 임(壬)도 뜯어보게 되면 가운데에 있는 십(十)자는 상하좌우로 뻗어 나가는 것으로 보이고, 위의 삐딱한 한일자는 미완성의 하늘을 의미하고, 아래의 바른 일자는 땅을 의미하는 것이기도 하다. 다른 글자와 달리 임(壬)은 하늘[대기권(大氣圈)] 아래와 땅 위에 존재하는 모든 것에 대해서 관심을 갖는 것은 아닐까 싶은 생각도 드는데 이것과 식신의 관계를 생각해 보면 '생각과 관심에 거침이 없고 다함도 없다.'라는 의미로 해석을 해도 무리가 없다고 본다.

이렇게 식신은 모든 분야에 대해서 관심을 갖고 살피게 되며 이것은 세상의 모든 영역에서 진화(進化)를 가져오게 되는 것이다.
 이러한 성분의 임수(壬水)가 어떤 지지(地支)를 만나느냐에 따라서 그 모양은 다시 많은 변수가 나타나게 되는데, 하나하나 연구를 하면서 이해를 하도록 한다.

1. 임자(壬子) [食神→劫財]

　궁리(窮理)인 임수(壬水)가 겁재(劫財)인 자수(子水)를 만난 형상이다. 오행(五行)으로는 水가 水를 본 것인데, 음양(陰陽)이 다를 뿐이다. 궁리를 하는 성분이 경쟁심(競爭心)을 갖고 자신의 능력을 과신(過信)하여 남에게 절대로 지지 않는다는 신념을 갖고 있는 성분으로 작용한다. 그래서 기본적으로도 연구하고 궁리를 잘하지만 경쟁의 상대가 있다면 더욱 열심히 분발해서 노력하게 되므로, 결과적으로 선의(善意)의 경쟁이 되므로 이러한 성분을 갖고 있는 사람에게는 적당한 경쟁자가 필요하다.

　임자(壬子)는 심각하지 않다. 임수(壬水)는 식신(食神)이고, 자수(子水)는 상관(傷官)에 해당하는 성분이기 때문이다. 시간에 구애를 받지도 않는다. 그래서 유유자적(悠悠自適)이라는 말이 잘 어울리는 심리구조(心理構造)를 갖고 있어서 바쁜 사람이 임자(壬子)를 만나게 되면 그야말로 임자를 만난 셈이 되는 것이다. 마치 고양이가 잡은 쥐를 갖고 놀듯이 그렇게 오락 삼아서 노닥거리고자 할 것이기 때문에 결국은 비명을 지르면서 항복을 해야 할 것이다. 이러한 성분은 무슨 일이든 시간에 쫓기는 것에는 질려버린다. 그래서 스스로 그러한 환경에는 처하지 않으려고 하기 때문에 일반적으로 직장생활보다는 자신의 일을 갖고 살아가게 된다. 물론 직장생활을 하더라도 간섭을 받지 않는 일이라면 감당이 될 것이고, 또 해 볼 마음이 들 것이다. 여하튼 허둥대는 것은 질색이다.

무엇이든지 내가 하고 싶어야 그것을 하는 성분이라서 옆에서 시키게 되면 하고 싶다가도 거부하는 마음이 들기도 한다. 그러한 점에서는 성질이 나쁘다고 하는 비난을 받을 수도 있지만 그러한 말에 구애를 받지 않는다. 왜냐하면 그 모든 것은 즐거운 오락이 되기 때문이다. 즉 자신을 헐뜯는 사람이라고 하더라도 그 사람과 이야기를 나누면서 즐기게 되고 또 그 가운데에서 새로운 지식을 습득하기 때문에 세상의 모든 것이 공부가 아닌 것이 없다고 하는 생각으로 임하게 된다.

사회적으로 마땅한 일은 개인전문업이 좋다. 출근이나 퇴근에 신경을 쓰지 않아야 하고, 언제라도 문을 닫을 수가 있으며, 오고 감에 자유로운 일이라고 한다면 그런대로 할 만하다. 여하튼 책임을 지고 시간을 지켜야 하는 일이라고 한다면 견디기 어려울 것으로 보면 된다. 물론 그러한 일을 하고 있다면 속으로 하기 싫어서 스트레스를 받을 가능성이 많다고 하겠고, 호시탐탐(虎視眈眈) 도망갈 기회를 노리고 있을 것이다.

2. 임인(壬寅) [食神→食神+偏財]

 궁리(窮理)인 임수(壬水)가 다시 식신(食神)인 갑목(甲木)과 편재(偏財)인 병화(丙火)를 만난 형태이다. 이러한 구성이 되면 그야말로 책벌레라고 할 만하다. 한 방향으로 파고들기 시작하면 주변에서 죽이 끓는지 밥이 타는지도 모르고 그대로 파고들어 가는 성분이다. 그래서 방향만 잘 잡으면 크게 성공을 할 암시가 되는 것으로 해석하게 된다. 그것은 식신이 다시 식신을 본 것이며, 또한 식신만 본 것이 아니고 다시 그 식신이 식신을 본 것이기 때문에 중단 없는 궁리가 되는 것이다. 이러한 구성의 형태가 임인(壬寅)이다.
 임인(壬寅)은 궁리하고 파고들어 가는 성향이 구체적이면서 강력한 추진력을 갖게 된다. 그것은 임수(壬水)의 식신(食神)이 편재(偏財)의 기본형에 해당하는 갑목(甲木)이기 때문이다. 이러한 성분으로 인해서 구체적이고 확실한 마무리까지 가능한 방향으로 파고들어 갈 수 있는 능력이 되므로 방향을 잘 잡으면 크게 성공할 수가 있는 자질이 된다. 마치 포경선(捕鯨船)의 줄이 달린 창과 같은 느낌도 든다. 자신이 원하는 방향으로 창을 쏘아 놓고 그 흐름을 따라서 줄기차게 나아가는 형상이 느껴지기 때문이다. 이것은 갑목과 임수의 합작품이다.
 임인(壬寅)은 세상을 복잡하게 생각하지 못한다. 단순하게 추진만 하므로 남의 생각이 어떤가에 대해서는 크게 비중을 두지 않는다. 그러므로 대인관계에는 서투른 형태가 되기도 한다. 자신에게 이로운지 해로운

지를 생각하는 면이 부족하고 계교(計巧)가 없으며, 주는 것을 좋아하기 때문에 누가 내 물건을 달라고 하면 그냥 줘버리기도 한다. 그래서 인심이 후하다는 평을 얻을 수도 있지만 헤프다는 별명을 얻을 수도 있다. 문학이나 학문연구에 적성을 보이기 때문에 학자(學者)의 성향으로 관찰을 하게 된다.

그리고 무슨 일이든지 하고 말고는 자신이 결정한다. 무엇이라도 마음이 내킨다면 남들이 뭐라고 하더라도 스스로 좋아서 시작을 하게 되고, 누가 뭐라고 하더라도 자신이 싫어지면 바로 중단하게 되는 면도 나타나게 되므로 끈기가 없다는 평을 얻을 수도 있다. 그래서 적성에 맞는 일을 찾아내는 것이 시행착오를 줄이고 시간낭비를 없애는 지름길이 된다. 남들이 자신의 일에 대해서 간섭을 하면 수용하지 않는다. 수용하지 않을 뿐만 아니라 공격을 할 수도 있다. 그래서 가만두는 것이 상책이다.

임인(壬寅)은 창의력이 뛰어나다. 연구하고 궁리를 한 다음에는 스스로 그러한 것을 만들어야 속이 시원하다. 그래서 시행착오를 열 번, 스무 번 겪어가면서 반복적으로 실험을 하는 과정에서 결국 뭔가 세상을 놀라게 할 물건을 만들어 낼 수 있을 것이다. 이것은 식신(食神)이 식신을 본 형태이기도 하며, 다시 그 식신이 결과에 해당하는 재성(財星)을 봤기 때문에 가능한 것으로 해석을 한다.

3. 임진(壬辰) [食神→偏官+傷官+劫財]

궁리(窮理)인 임수(壬水)가 편관(偏官)인 무토(戊土)와 상관(傷官)인 을목(乙木), 겁재(劫財)인 계수(癸水)를 만난 형태이다. 기본적으로 편관을 만나게 되었으니 인내심(忍耐心)을 갖고 있는 성분으로 관찰을 하게 된다.

임진(壬辰)은 일지의 편관(偏官)이 가장 크게 작용하므로, 항상 긴장하는 마음이 된다. 이러한 성분은 기억력이 좋은 것으로 나타나게 되며, 스스로 많은 스트레스를 받기도 한다. 편관의 부담으로 인해서 스스로 남들로부터 비난이나 불이익을 당하지 않을까 염려를 하게 되고, 그래서 웬만하면 순종을 하고자 하는 마음상태가 되기도 한다.

임진(壬辰)은 내심 자신의 능력이 남보다 못할 것이 없다는 생각을 하게 되는 까닭에 술기운이 들어가게 되면 과감해지고 평소에 하지 못한 말들에 대해서도 강하게 나올 가능성이 있다. 눌려 있던 상관(傷官)인 을목(乙木)이 작용을 하기 때문이다. 너무 억압을 받게 되면 논리적으로 자신이 억압을 받는 것이 부당하다는 것을 이야기할 수가 있다. 그러면서도 평소에는 잘 참고 견디는 것은 상관성분이 내재되어 있기 때문에 보통은 잘 드러나지 않게 되는 것이다. 우선 보기에 수용적(受容的)인 면이 많다고 해도 내면에 들어 있는 상관의 성분으로 인해서 기회가 주어지면 멋진 표현을 하고자 하는 마음도 함께 들어 있으므로 표현력이 없다고 하지는 못한다.

임진(壬辰)은 경쟁심(競爭心)을 포함하고 있어서 남에게 부당한 대우를 받으면 반발을 하고자 하는 마음이 나타나게 되는데 이는 계수(癸水)의 작용으로 인해서이다. 그래서 겉으로는 묵묵히 시키는 대로 일을 수행하고 있을지라도 내심 자신도 남과 비교해서 부족할 것이 없다는 생각이 있으므로 때로는 사람이 달라 보일 수가 있다. 겉으로 억압을 받고 있는 것에 대한 반발심리가 작용하기 때문이며, 특히 그 속에 상관(傷官)까지 있어서 기회가 되면 따져보고자 하는 마음이 강하다.

임진(壬辰)을 생동감(生動感)이 넘치는 것으로 관찰을 하는 것은 을목(乙木)이 생명력(生命力)을 나타내는 정재(正財)의 구성이고, 계수(癸水)가 활동성(活動性)을 의미하는 상관(傷官)의 본질이 되기 때문이다. 이러한 것으로 인해서 명예심(名譽心)이 강한 권위적(權威的)인 교육자(敎育者)의 형태로 나타날 수도 있다. 누구에게라도 당당하고자 하는 명예심이 강한 것은 편관(偏官)의 봉사심(奉仕心)에 의해서 인정을 받고자 하는 마음이 작용하게 되는 까닭이다.

임진(壬辰)은 암기력(暗記力)이 좋아서, 여러 분야에 대해서 수용을 하더라도 혼란이 일어나지 않는다. 그 모두를 내면에 저장하는 능력이 되는 까닭이다. 그래서 다양한 방면에 대해서 어느 정도의 깊은 이해를 하고 있어서 박학(博學)하고 다식(多識)하다는 평가를 받을 수 있다. 중요한 것은 편관(偏官)과 내재되어 있는 성분들이 충돌을 일으키지 않는다는 것이다. 그래서 서로 교차되는 방향에서 대립하지 않고 각자의 능력을 특성으로 나타낼 수 있는 것이다. 이것은 입체교차로(立體交叉路)와 같은 분위기가 된다.

4. 임오(壬午) [食神→正財]

　궁리(窮理)인 임수(壬水)가 정재(正財)인 오화(午火)를 만난 형태이다. 자유로운 연구심리를 갖고 있으면서 치밀하고 꼼꼼하게 살피는 성분이 함께 하게 된다. 이러한 경우 엉성한 논리는 발을 붙이지 못하고 스스로 떠나게 될 것이며, 치밀하고 구체적인 논리가 가능한 분야에 대해서 연구하고 궁리하여 결론을 내리는 성분이 된다.

　미래지향적이며 낙천적이기도 하다. 지나간 일에 대해서는 연연하지 않고 앞으로 나타날 일을 생각하면서 모두 자신이 통제할 수 있으므로 두려워할 필요가 없다는 생각을 한다. 그래서 자신의 말을 듣지 않는다면 무척 화를 내겠지만 말을 잘 듣도록 끝까지 설명을 할 것이므로 웬만하면 임오(壬午)의 통제를 피할 수가 없게 된다. 그야말로 강력하고 원칙적인 통제가 되는 것이다.

　정재(正財)인 오화(午火)는 정관(正官)의 성분을 포함하고 있다. 그래서 원칙적이고 객관적이며 합리적인 결론이 나와야만 하고 그렇지 않은 결론은 결론으로 간주하지 않는다. 식신(食神)과 정관이 결합하여 이와 같은 형상을 만들어 내는 것으로 판단하면 된다.

　임오(壬午)는 식욕(食慾)이 좋다. 무슨 일이 있더라도 끼니를 거르면 안 된다. 먹는 것에 대해서 양보한다는 것은 절대불가(絕對不可)이다. 건강이 유지되기 위해서 반드시 하루 세끼를 찾아 먹어야 하며 실제로 일지(日支)의 신체(身體)에 해당하는 글자가 정재(正財)성분이니 아무것이나 먹는 것은 아니고 반드시 효과적인 음식물을 적당하게 먹는 것이 중요하다. 물론 운동도 그만큼 해줘야 하므로 규칙적으로 자신의 몸을 관리하는 데에 매우 부지런하다.

임오(壬午)는 치밀한 반면에 시야가 좁은 편이다. 그것은 식신(食神)의 영역도 자신의 관심분야에 대해서만 궁리를 하고, 정재(正財)도 구체적인 부분에 대해서만 관심을 두기 때문에 자신과 무관한 부분에 대해서는 비교적 이해하는 정도가 떨어진다. 그래서 대화를 하더라도 서로 소통이 잘되지 않을 수도 있다. 그러다 보니 자신이 알고 있는 전문적인 영역에 대해서만 주장을 하게 되는 현상이 나타나게 되고, 이것은 대인관계에서 불리한 입장이 될 수도 있으므로 폭넓게 이해를 하는 방향으로 노력을 하는 것이 필요하다.

임오(壬午)는 남의 입장은 이해하기 어려운데, 이것은 자신의 생각에 대해서만 집착을 하기 때문이다. 그래서 대하는 사람들도 이기적이라고 생각하게 되는데, 음식을 먹어도 자신이 먹을 것은 함께 먹자는 말을 하지 않는다. 그것은 한국적인 사고방식에는 어울리지 않고, 오히려 서양식(西洋式)에 잘 어울린다고 할 수가 있다. 개인플레이라고 하는 말을 듣게 될 수 있는 것은 이와 같은 사고방식에 의해서 나타나는 현상이다. 자신이 먹은 것은 자신이 지불한다는 생각이 있기 때문이다.

임오(壬午)는 몸을 잘 관리하기 때문에 무리하게 혹사하지 않고 신경도 지나치게 많이 쓰지 않는다. 정재(正財)가 일지에 있기 때문에 몸에 해당하는 부분에 대해서 민감하고, 그중에서도 성욕(性慾)에 대해서 잘 유지하는 편이며 상당한 비중을 두게 된다. 그것은 삶의 과정에서 그만큼 자신에게 큰 영향을 미치고 있기 때문이다.

5. 임신(壬申) 〔食神→偏印+比肩〕

　궁리(窮理)인 임수(壬水)가 편인(偏印)인 경금(庚金)과 비견(比肩)인 임수를 만난 형태이다. 연구하고 궁리하는 성분이 신비(神秘)한 분야에 대해서 궁금증을 갖게 된다면 일상적인 현상은 시시하게 느껴진다. 그래서 오묘한 이치를 쫓아서 연구하는 방향으로 삼게 되고, 이러한 성향으로 인해서 세속적(世俗的)이지 못하고 현학적(玄學的)인 방향으로 자신의 진로를 삼게 될 가능성이 높다.

　비견(比肩)도 내재되어 있으므로 주체적인 성향을 띠는 것은 자신이 생각하는 것이 옳다고 하는 고집스러움으로 전개될 수 있다. 이러한 성향은 남의 의견을 참고는 하겠지만 결국은 자신의 주장을 관철시키고자 하는 노력을 하게 되며, 그러기 위해서 더욱 신비한 영역에 대해서 연구하게 된다. 그리고 주체적인 경금(庚金)의 성분도 갖고 있으므로 자신의 영역을 지키면서 탐색하는 노력이 나타나게 된다.

　임신(壬申)은 의심을 하는 성분이기도 하다. 그리고 의심이 될수록 더욱더 그 분야에 대해서 파고들어야 하며, 그 과정에서 많은 연구의 수확을 이루게 된다. 새로운 이론을 찾아내고 전개를 시키는 것을 학문의 분야에서 본다면 더욱 높은 완성도를 갖게 되는 것이기도 하다. 그리고 감정적(感情的)이면서도 내성적(內省的)으로 보이는 것은 음체(陰體)이기 때문이며 인성(印星)으로 인해서 온화할 적에는 많이 너그럽고 그렇지 않을 적에는 상당히 부정적인 견해를 나타내기도 하는 것은 편인(偏

印)의 특수성이다. 또 부정적인 견해를 남에게 쉽게 말하기보다는 속으로 궁리를 하면서 원인을 찾는 과정이 필요하므로 남들이 봐서는 사교적이라고 하기보다는 폐쇄적(閉鎖的)이라고 할 수 있는 성분이다.

내면적으로 동정심도 있고, 칭찬을 할 마음도 있으나 겉으로 드러내는 것에 서투르기 때문에 주변에서는 잘 이해를 하지 못할 수도 있는데, 이러한 것은 교육자(敎育者)의 방향으로 진행을 한다면 좋은 적성이 된다. 자신의 경험과 고민한 부분에 대해서 남들에게 가르치는 것이 즐겁기 때문이다. 밖으로 활동하기보다는 내면으로 여행하는 것을 더 좋아하고, 신비한 영역에 대한 책을 보면서 연구하는 것이 무엇보다 즐겁다. 이러한 성분이 있으므로 서가(書架)에는 동양철학(東洋哲學)이나 영적(靈的)인 깨달음에 대한 이야기를 담은 책들이 많이 있고, 특히 직관적(直觀的)인 깨달음을 의미하는 오도(悟道)의 경지에 대해서 무척 궁금해하고 알고 싶어 하기도 한다. 그야말로 '언어도단(言語道斷), 불립문자(不立文字)'의 영역에 대한 관심이 크다. 이러한 영역이 모두 편인(偏印)에게 매력을 주기 때문에 수행자(修行者)의 적성이기도 하다.

6. 임술(壬戌) 　[食神→偏官+正印+正財]

　궁리(窮理)인 임수(壬水)가 편관(偏官)인 무토(戊土)와 정인(正印)인 신금(辛金), 정재(正財)인 정화(丁火)를 만난 형태이다. 임술(壬戌)은 일지에 편관을 본 임진(壬辰)과 비교가 된다. 내부적으로 지장간을 살펴보게 되면 전혀 다른 모습을 하고 있는 임진은 인내심으로 자신의 욕망을 억제하고 타인의 의견을 따르는 형태로 작용하게 된다.

　임술(壬戌)은 내부적으로 지장간(支藏干)에서 정인(正印)과 정재(正財)가 대립을 하게 된다. 이러한 작용으로 인해서 직관력(直觀力)이 손상을 받게 되며, 사익(私益)을 중시하는 현상이 발생하게 되어서 갈등을 일으키는 결과가 될 수 있다. 그러한 연고로 남을 위해서 노력을 한 다음에 결과적으로는 자신에게 무엇이 이로운지를 다시 계량(計量)해야 하는 과정이 나타나게 되는데, 이 과정에서 재극인(財剋印)으로 나타나는 현상으로 손해 볼 일을 왜 해야 하느냐는 반문을 내심으로 하게 된다.

　임술(壬戌)은 공익(公益)을 위한 방법이 무엇인지를 궁리하면서도 자신에게 어떤 결실이 주어질 것인지를 생각하는 면도 나타나게 된다. 그리고 정재(正財)로 인해서 치밀하게 연구해서 남을 돕거나 자신이 맡은 일을 수행한다. 여기에 비록 약하기는 하지만 직관력(直觀力)을 갖고 있으므로 어떤 상황의 일들이 진행되는 과정을 사전에 짐작하는 능력을 발휘할 수 있다. 다만 그것을 살리는 것은 극을 받아 쉽지 않다.

　임술(壬戌)은 자신이 할 수 있는 일이거나 해야만 하는 역할이 주어진다면 최선의 노력으로 수행을 하고자 한다. 그래서 사회적으로 타당한 일이라고 한다면 험한 일이나 궂은일도 가리지 않고 성실하게 수행하는 면이 나타난다. 이처럼 충실한 신하가 되어서 자신의 몫을 다하게 되는데, 겉으로는 감정적인 수용을 하면서도 내심 무척 침착하고 차분하기 때문에 감정적으로 격하게 되지 않는 점을 살려서 이성적으로 잘 처리하는 능력도 있다.

제19장 계수(癸水)의 일주(日柱)

 계수(癸水)는 그 본질이 상관(傷官)의 성분이다. 이러한 부분에 대한 성질은 십성(十星)에서의 상관에 해당한다. 계수는 자연성분으로는 액체(液體)라고도 한다. 물과 같은 성분으로 이해를 하게 되면, 유연한 성분으로 구석구석에 잘 스며드는 역할을 하는 것은 보다 구체적이고 실질적이 된다. 기체(氣體)에 해당하는 임수(壬水)와 비교를 한다면, 계수의 특성은 임수보다는 느린 속도를 갖는다. 그래서 임수의 성급한 반응에 비해서 계수는 한 수 뒤지게 작용한다. 그런 의미에서 순발력이 다소 느리다고 느낄 수도 있다. 여기에서의 다소 느리다는 것은 만 분의 1초 정도의 차이이므로 큰 차이가 나는 것으로 볼 것은 아니다. 상대적으로 약간의 차이가 있다고 생각하면 된다.
 임수(壬水)는 남에게 흔적을 남기지 않지만 계수(癸水)는 흔적을 남긴다. 오래도록 여운을 남기게 되므로 상관(傷官)의 성분에 해당하는 계수는 물질적으로 본다면 구체적이고 분명한 성분이 된다. 상관은 추상적(抽象的)인 것은 싫어하고 구체적(具體的)인 것을 좋아하며, 논리적으로 파고들더라도 막연한 이야기를 하기보다는 현실적(現實的)인 이야기를 주제로 택하게 된다. 그러므로 남을 설득시키는 면에서 본다면, 더욱 구체적인 설명으로 상대방을 납득시킬 수 있다. 이러한 것은 임수가 추상적일 수도 있고 감정적일 수도 있는 현상이 배어있는 것으로 자신의 감정에 휩싸이게 되는 것과 대비를 이룬다.

계수(癸水)는 귀신(鬼神)의 이야기보다는 사업하는 이야기에 관심을 두게 되고, 또 옛날의 이야기보다는 지금 현재의 이야기에 관심을 두게 된다. 그러므로 현실적인 사람이라고 하는 평을 얻게 될 수도 있는데, 그로 인해서 항상 실질적인 분야에 능력을 발휘하게 되어 시사성(時事性)이나 상황(狀況)에 대응하는 순발력이 뛰어나게 발달하는 면모를 보이게 된다. 이러한 면으로 인해서 실질적인 능력이 더욱 강하게 작용하게 되므로 식신(食神)이 갖는 공상(空想)을 생각하지 않는 것도 상관(傷官)인 계수의 특성으로 보게 된다.

계수(癸水)는 급하지 않은 심리상태로 느긋하게 대응하는 면모를 발휘한다. 이러한 면은 '유수부쟁선(流水不爭先)'이라는 말로도 통하는데, '흐르는 물은 앞을 다투지 않는다.'라는 의미이다. 남보다 빨리 목적지에 도달하려고 서두르지 않는다는 의미도 되는데, 누가 말리지만 않는다면 밤을 새워 시국(時局)을 토론하고, 국가(國家)를 걱정하는 토론을 해도 끝날 줄을 모른다. 현실감이 뛰어나기 때문에 이야기를 잘도 끌어가면서 그침이 없으니 그야말로 흐르는 물을 보는 듯하다.

1. 계축(癸丑) [傷官→偏官+比肩+偏印]

사교(社交)인 계수(癸水)가 편관(偏官)인 기토(己土)와 비견(比肩)인 계수, 편인(偏印)인 신금(辛金)을 만난 상태이다. 기본적인 심리는 내성적(內省的)이며 소극적(消極的)이다. 그리고 활발하지 않으므로 안으로 움츠러드는 형태를 띠기도 한다. 본래의 상관(傷官)이 편관을 봤으므로 활발한 성분이 내재되어 있지만, 그것이 음(陰)의 성분이기 때문에 겉으로 드러나기 보다는 내면으로 존재하여, 편관의 작용에 의해서 위축이 되는 것으로 이해할 수 있다. 이러한 경우에는 상관의 면모는 뒤로 숨게 되고, 오히려 남의 입장을 존중하고 수용하게 되는 면이 작용을 하게 되어서 눈에 잘 띄지 않는 사람이라고 생각을 하게 된다.

계축(癸丑)은 비록 편관(偏官)을 봐서 주눅이 들기는 하지만 내심으로는 주체를 포함하고 있다. 이러한 성분으로 인해서 자신이 옳다고 생각하는 것에 대해서는 상당히 강경한 고집을 갖게 된다. 기본적으로 상관(傷官)의 성분에다가 다시 비견(比肩)의 주체성이 추가됨으로 해서 자신이 주장하는 것은 다른 사람을 위해서라고 생각을 하게 되며, 그로 인한 결과는 자칫 옹고집처럼 느껴질 수도 있다.

계축(癸丑)은 부정적인 생각이 내면에 깔려 있다. 남들이 나에게 무슨 이익을 바라고 원하는 것이 있는지를 생각하는 직관력이 내재되어 있기 때문이다. 물론 맘에 드는 일이라고 한다면 그대로 따라 주지만 그렇지 않은 경우에는 거부를 하게 되는 면도 발생하게 된다. 이것은 일지(日支)

의 편인(偏印)으로 인해서 나타나는 성분이다. 특히 편인인 신금(辛金)은 본성이 겁재(劫財)이기 때문에 경쟁적인 마음이 내재되어 있다. 이로 인해서 스스로 하고자 하는 마음이 있더라도 누가 시킨다면 반발하고 거부하고자 하는 마음이 발생하게 되는데, 그렇다고 해도 곧바로 거부하지는 않고 수용을 하면서 적당한 기회를 보아 거부하고자 한다.

계축(癸丑)은 편관(偏官)이 기토(己土)이기 때문에 포용성을 갖고 봉사하고자 하는 마음이 일어나는 면도 나타난다. 그래서 인정이 많다는 평을 얻기도 한다. 다만 너무 음적(陰的)으로 치우친 구성으로 인해서 대인관계에 원활한 성분으로 작용하기는 어려우며 대인관계에서도 아무나 믿지 못하기 때문에 늘 만나는 사람만 만나게 되고 새로운 사람은 일단 경계를 하게 되므로 타인이 생각하기에는 사귀기 쉽지 않은 사람이라고 보게 된다. 그러다 보니 생각하는 폭이 다양하지 않은 면도 가지고 있으며 비교적 제한된 환경에서 살아가는 성분으로 이해를 하게 된다.

2. 계묘(癸卯) [傷官→食神]

사교(社交)인 계수(癸水)가 식신(食神)인 을목(乙木)을 만난 형태이다. 이것은 상관(傷官)이 다시 식신을 본 형태이기도 하다. 이러한 것은 자신의 내면에 있는 재능을 발휘하고자 하는 마음이 강하게 작용하게 되며, 구체적으로 적용을 시키고자 한다. 그 이유는 을목의 본질이 정재(正財)이기 때문이다. 남에게 베풀기를 좋아하지만 그에 대한 보상이 없으면 흥미가 없어진다. 문학이나 소설에 대해서도 관심이 많으며 스스로 창작을 할 수 있는 능력도 되어서 작가(作家)의 영역에 도달할 수 있으며, 주변의 사물을 연구하고 관찰하는 것에 민감한 반응을 보이게 된다.

계묘(癸卯)는 조바심을 내지 않고 유유자적(悠悠自適)하게 살아가는 것을 좋아하며, 낭만적인 분위기를 추구하고 구차하지 않은 삶을 살고자 하는 열망이 내재되어 있다. 감성적(感性的)인 성분이 풍부해서 감정의 지배를 받게 되며, 자신의 마음이 내키면 무엇이든지 시행하고, 내키지 않으면 누가 뭐라고 해도 관심을 보이지 않는다. 그리고 사람과 연관된 일에 대해서 특히 관심을 많이 갖는다. 그것은 생명체에 대해서 관심을 갖는 것도 포함이 되는데, 식신(食神)이 또한 을목(乙木)이기 때문에 정재(正財)의 영향을 받아서 그렇게 작용을 한다.

계묘(癸卯)는 생각하는 것이 민첩하며 시간을 두고 뜸을 들이지 않는다. 그때그때 바로 반응을 보이게 되고, 싫고 좋은 것에 대해서 바로 나타나기 때문에 대인관계에서 다양한 사람과 사귀는 것은 서투르고 자신과 통하는 사람과의 인연에 대해서만 오래도록 유지가 된다. 그리고 깊이 사귀는 사람이 상처를 주면 잠시 시름에 잠기지만 오래도록 담아두지 못하기 때문에 바로 잊어버리고 다시 자신의 리듬을 찾아간다.

계묘(癸卯)는 자유로운 직업에 어울린다. 그래야 가고 싶으면 가고, 오고 싶으면 오는 자유에 부합(符合)이 되기 때문이다. 그리고 사람이나 생물과 연관된 분야에 관심을 두게 되어 인문학(人文學)이나 물리학(物理學) 보다는 생물학(生物學)이나 의학(醫學) 분야에서 능력을 발휘할 수 있다.

3. 계사(癸巳) [傷官→正財+正印]

　사교(社交)인 계수(癸水)가 정재(正財)인 병화(丙火)와 정인(正印)인 경금(庚金)을 만난 형태이다. 정재를 깔고 있는 성분으로 인해서 치밀하고 알뜰하여 상당히 검소하고 절약하는 성분이다. 언뜻 보아서는 인정도 없어 보일 수 있지만 그 속에 정인이 들어 있기 때문에 내면적으로 잠재되어 있을 뿐이다. 무엇보다도 경제관념에 뛰어난 것은 정재가 병화이기 때문에 밝고 명석한 현상을 일으키는 까닭이다. 치밀하고 꼼꼼하여 정확한 수치를 좋아하고 대충대충 넘어가는 것은 싫어한다.
　자신의 판단으로 결단을 신속하게 잘 내리고, 일단 결정한 일에 대해서는 수정을 잘하지 못한다. 그 판단이 잘못되었더라도 그대로 마무리까지 하고 나서야 다시 시작을 할 수 있기도 하다. 그리고 자신의 결론에 대해서 거부하는 사람이 있으면 용납하기가 어렵다. 어떻게 해서라도 자신의 주장을 관철시키고자 하는 마음이 크기 때문에 이러한 성분은 관리자(管理者)나 감독(監督)의 역할을 하게 되면 최대한의 능률을 올릴 수가 있다. 그래서 사회적으로 사업(事業)을 하는 것은 권하지 않는다.
　계사(癸巳)가 사업을 하게 되면 자기의 생각대로 독재적(獨裁的)인 지휘를 할 가능성이 높기 때문에 아랫사람이 붙어 있기 어렵다. 임금도 넉넉하게 주지 않는 편이기 때문에 직원들은 호감을 갖지 않을 것이고, 그렇게 되면 운영이 어렵게 되고, 객관적(客觀的)인 판단력까지 떨어지기 때문에 자신의 생각대로만 진행하다가 망하게 될 가능성이 매우 높다.

그래서 사업은 하지 않는 것이 좋으며, 직장에서 간섭을 받지 않고 감독과 같은 일을 하게 된다면 오히려 타고난 능력을 최대한 발휘해서 인정을 받을 수 있을 것이다.

계사(癸巳)는 사물(事物)이나 재물(財物)에 대해서 집착이 강하다. 돈이 되는 일이라면 최선의 노력을 다하고, 돈이 되지 않는 일에 대해서는 반응조차 보이기 싫어하며, 하고 싶지 않은 일이라도 돈이 되는 방향으로 진행이 되면 다시 하고 싶어지게 되는 경우도 발생한다.

계사(癸巳)는 도덕심(道德心)에 구애를 받지 않기 때문에 이성(異性)의 인연에 대해서도 자유롭다. 심하면 배우자가 있더라도 개의치 않고 밖에서 이성 인연을 만날 수도 있다. 그리고 오래된 것에는 싫증을 내기 때문에 새로운 것에 대한 호기심으로 이성의 인연이 바뀌게 될 가능성이 많아진다. 그리고 일단 마음에 들었다고 하면 무슨 방법을 써서라도 자신의 목적을 이루고자 많은 노력을 하기 때문에 때로는 강제로 취할 수도 있으므로 맘에 드는 이성을 얻게 될 가능성이 높다.

계사(癸巳)는 육체(肉體)의 편안함에 관심이 많은 반면에 힘들고 고통스러운 일은 피하고자 한다. 그리고 자신의 목표를 이루기 위해서는 최대한 열정을 기울이는 가운데 불법적(不法的)인 방법이라도 시도를 하고자 하는 성분도 있다. 기본적으로 범법(犯法)의 유혹에 약한 것은, 상관(傷官)인 계수(癸水)와 정재(正財)인 병화(丙火)의 영향을 받게 되는 까닭이다. 그리고 인성(印星)인 경금(庚金)은 그러한 생각이 옳다고 생각하게 만들 수 있는 성분으로 작용한다.

4. 계미(癸未) [傷官→偏官+偏財+食神]

사교(社交)인 계수(癸水)가 편관(偏官)인 기토(己土)와 편재(偏財)인 정화(丁火), 식신(食神)인 을목(乙木)을 만난 형태이다. 편관으로 인해서 긴장하는 성분이 있는데, 이는 상관(傷官)의 계수가 극을 받아서 반응이 민감하게 나타난 것이다. 여기에 편재가 작용을 하므로 통제 관리를 하는 일에도 무척 신속하게 처리를 하게 되며, 무슨 일이든지 주문을 받으면 끝까지 처리를 하기 전에는 다른 일을 볼 수가 없을 정도로 열심히 한다. 그리고 식신이 있기 때문에 전문성에 대한 능력이 내재되어 있다. 이 식신은 편관을 극하고 있으므로 심하게 극을 하는 상사(上司)를 만나게 된다면 반발을 하게 된다. 이러한 모든 것이 감정적(感情的)인 형태로 진행이 되기 때문에 스트레스를 많이 받는 성분이기도 하다.

계미(癸未)는 자신의 능력을 살려서 열심히 노력하여 목적을 이루는 성분이 있다. 긴장을 하고 추진하는 구성으로 이루어진 지장간(支藏干)의 배합이기 때문에 지지(地支)에 축토(丑土)를 본 계축(癸丑)과는 사뭇 다른 분위기가 된다. 계미(癸未)에서는 인내심으로 목적을 향해서 돌진하다가 쓰러지는 현상이 발생할 수도 있다. 그 이유는 생조(生助)를 받을 인겁(印劫)이 없고 목적지를 향해서 진행하는 성분과 참고 견디는 구성으로 이루어진 배합이기 때문에, 그야말로 운이 좋으면 크게 성공을 하고, 운이 나쁘면 고생만 하게 되는 경우도 발생하게 된다.

계미(癸未)는 차분하게 안정을 취하는 성분이 부족하다. 그래서 늘 서두르게 되고 뭔가 들떠 있는 것 같은 느낌이 있다. 주어진 여건에 대해서 최선을 다하느라고 자신의 건강을 돌볼 겨를이 없는 것은 주의해야 할 부분이다. 노력을 하다가 40대에 돌연사하는 많은 직장인들의 모습에서 계미(癸未)를 느낀다. 인정을 받기 위해서 무리를 한 결과일 수도 있기 때문이다. 너무 앞으로만 나아가는 성분이고, 자신을 억압하는 십성이 부담스러워서 집에 가서도 일을 놓지 못하는 현상이 발생하게 될 수 있다.

계미(癸未)는 올바른 안내자를 만나게 되면 크게 성공을 할 수 있다. 다만 올바르지 못한 안내자를 만나게 되면 또한 실패할 수도 있는 것은 음양의 이치이다. 기억력이 뛰어나기 때문에 한 번 보고 들으면 잊지 않는다. 그리고 자신에게 주어진 일은 포기하지 않고 끝까지 마무리하기 때문에 이러한 능력을 인정해 주는 상사(上司)를 만나게 되면 발탁되어서 대접을 받을 수도 있다. 전문성이 가능하기 때문에 학문의 분야로 진출을 해도 크게 성공을 할 수 있다. 다만 그 분야는 인문(人文)보다는 공학(工學) 계통의 응용분야(應用分野)로 진출을 하면 최대한의 능력을 발휘할 수 있을 것이다.

5. 계유(癸酉) [傷官→偏印]

사교(社交)인 계수(癸水)가 편인(偏印)인 신금(辛金)을 만난 형태이다. 겉으로 보기에는 매우 안정적으로 보이는데, 이것이 심하면 폐쇄적인 형태로 나타나게 된다. 다만 내심으로는 상당히 활발한 생각을 하고 있다는 것을 가까운 사람은 알 수 있다. 편인이 겁재(劫財)의 성향을 띠기 때문에 다른 사람이 나에 대해서 어떻게 생각하는지에 대해서도 관심이 많다. 경쟁적인 관찰을 수용하기 때문이다. 자신에 대해서 부정적인 판단을 하는 것이 보이면 내심 많은 불만을 갖게 된다. 그래서 기회가 오면 자신을 그렇게 생각하는 것에 대해서 설명을 하고 싶기도 하지만 또한 쉽게 나서지는 않는다.

계유(癸酉)는 지나간 일에 대해서 환상(幻想)을 갖게 되는데, 이것은 일간이 미래지향적인데 반해 일지는 과거집착적(過去執着的)인 심리구조를 갖고 있기 때문이다. 그리고 생각만 한 것에 대해서도 실제인 것처럼 다른 사람에게 이야기를 할 수도 있는데, 이러한 것은 정도에 따라서 정신과(精神科) 치료를 받아야 한다는 의혹을 살 수도 있으니 정도를 살펴서 통제하는 것이 중요하다.

계유(癸酉)는 고독감(孤獨感)을 품고 있는 성분이다. 편인(偏印)이 고독으로 나타나기 때문이다. 배우자에 대해서도 마음을 터놓고 이야기하지 못하고 혼자 여러 가지로 생각만 많이 하고 있는 형태가 되기 때문에 상대방은 청승을 떤다고 할 수도 있다. 자신은 내심으로만 여러 가지로 생각하고 저울질을 하니, 대인관계에서도 이러한 현상이 발생하여 타인은 속을 모르겠다는 반응을 보이기도 한다.

계유(癸酉)는 상당히 감정적(感情的)인 심리형태를 갖게 된다. 음대음(陰對陰)으로 수용하는 성분이기 때문에 감수성(感受性)이 민감한데 자신에 대해서 남들이 어떻게 생각하고 반응하는지에 많은 관심을 보이는 것은 회의심(懷疑心)이 내재되어 있어서이다. 회의심은 상관(傷官)이 편인(偏印)을 만났을 적에 생겨나는 현상인데, 마음대로 자신의 생각을 표현하지 못하므로 내심으로만 소화시키고자 하는 노력의 변형(變形)이다. 이러한 성분에게 어떤 권한이 주어지게 된다면 과감하게 무력행사도 불사(不辭)하게 되는데 그러한 동기발생은 바로 감정적인 억압이 밖으로 표출된 것으로 보게 된다.

6. 계해(癸亥) [傷官→劫財+傷官]

사교(社交)인 계수(癸水)가 겁재(劫財)인 임수(壬水)와 상관(傷官)인 갑목(甲木)을 본 형태이다. 이러한 형태의 심리구조는 오락적으로 자신의 라이벌과 경쟁을 하는 형태로 나타난다. 차분하게 대응하여 상대방으로 하여금 속이 터지게 만드는 능력을 갖고 있는 것으로 해석을 할 수 있는데, 자신은 상관의 성분으로 이성적(理性的)인데 반해서 겁재는 식신(食神)의 성분인 임수이기 때문이다.

계해(癸亥)는 공격을 하되 차분하고 이성적인 방법을 취하게 되는데, 궁리를 하면서 공격하기도 하므로 좀처럼 이기기가 어렵다고 생각한 상대방은 이에 질려버리게 될 수 있다. 여기에 갑목(甲木)도 다시 상관(傷官)이 된다. 물론 상관이면서도 본성이 편재(偏財)의 성분이므로 자신의 표현력으로 마침표를 찍으려고 하는 단언(斷言)적인 형태의 말을 하게 되어 상대방을 더욱 초조하게 만들 수가 있는 성분이 된다. 만약 계해가 임자(壬子)와 붙어서 논쟁을 한다면 사흘 낮과 사흘 밤을 이야기해도 끝이 나지 않을 것이다. 서로 비슷한 성향의 오행과 구성을 하고 있기 때문에 임자의 고집과 계해의 언변이 한 치의 양보도 없을 것이다.

계해(癸亥)는 급할 것이 없는 상태이다. 자신의 생각을 밖으로 표현하고자 하지만 단독으로 나타내는 것은 어렵기 때문에 타인과 연결해서 표현하게 되는 성분인데, 흔히 이러한 형태를 '걸고넘어진다'라는 말을 하기도 한다. 즉 경쟁심이 생겨야 자신의 생각을 쉽게 표현하는 형태가 되는 것으로 볼 수 있는 것이다. 그리고 겁재(劫財)가 발동을 해야 비로소 해수(亥水) 속의 갑목(甲木)이 작용을 하기 쉬워지는 것도, 시간을 기다려서 분위기가 되었을 적에 비로소 나타나는 상관(傷官)의 성분이라고 볼 수 있다.

　한편 계해(癸亥)는 음기(陰氣)가 과중하여 발산하고자 하는 욕구가 내재되어 있다. 그래서 조용한 것처럼 보이지만 분위기가 잡히면 활발하고 적극적으로 자신의 의견을 발표하게 되는 성분으로 변한다. 경쟁적(競爭的) 주체의 성분으로 인해서 웅크리고 기회를 보다가 적당한 기회가 되면 적극적으로 자신의 생각을 활발하게 표현하게 된다. 자칫하면 음기에 치우쳐서 사람과 더불어 살지 못할 수도 있을 것이나, 갑목(甲木)의 작용으로 인해 다시 적극적인 형태가 발생하게 되는 것은 간지(干支)의 조화(造化)이자 자연의 묘리(妙理)라고 하겠다.

제20장 갑목(甲木)의 일주(日柱)

 갑목(甲木)의 기본형은 편재(偏財)이다. 무슨 일이거나 편재의 작용으로 인해서 과감(果敢)하게 결과를 보고자 하는 구조가 된다. 그래서 결단력(決斷力)이라고 하기도 하고, 통제성(統制性)이라고 하기도 한다. 마무리에 대해서 상당히 집착을 하고 성급하게 서두르는 면도 나타나게 되는데, 이러한 것도 모두 편재의 영향으로 나타나는 현상이다.

 갑목(甲木)은 누구의 말도 듣지 않고 자신의 주장대로 일을 판단하고 밀고 나아가는 성분이다. 그래서 감독과도 같고, 독재자와도 같은 성분이 된다. 모든 것에 대해서 자신의 명을 어기게 된다면 그대로 두지 않고 제거를 해야만 된다. 이러한 성분으로 인해서 갑목의 적성은 통제(統制)가 되는 것이며, 공간적(空間的)인 것에 대해서도 예외가 될 수 없다. 공간조차도 통제를 하고자 하기 때문이다. 그래서 세상만사는 손바닥에서 벗어나지 않아야 하며 그렇게 되어야 비로소 자신의 뜻대로 되었다고 생각하고 편안하게 휴식을 취할 것이다. 갑목(甲木)은 동물계(動物界)를 대표하기도 한다. 동물은 모두가 자신이 하고 싶은 대로 행동을 하게 되며, 누구의 지배도 받지 않으려고 한다.

1. 갑자(甲子) [偏財→正印]

통제(統制)인 갑목(甲木)이 정인(正印)인 계수(癸水)를 만난 형태이다. 직관(直觀-正印)을 통제(統制-偏財)하는 능력을 타고났으니 신비한 직관의 세계를 구체적으로 통제하게 되므로 신비한 현상을 설명하는 능력을 나타낸다. 편재(偏財)의 능력은 물질을 통제하는 것이기도 하므로 정신세계를 물질화시켜서 통제를 할 수도 있으니 이러한 것을 직업으로 삼게 되면 정신분석(精神分析)이나 종교(宗敎)를 분석(分析)하는 분야에서도 능력을 발휘할 수 있다.

갑자(甲子)는 생명공학(生命工學)과 같은 분야에 해당하는 적성이기도 하다. 현묘(玄妙)한 자연의 구조를 직관적으로 받아들여서 해석하는 능력이 뛰어나기 때문에 영감(靈感)이 많은 사람이다. 이러한 사람은 구도(求道)의 길로 나아가면 큰 깨달음을 얻을 수도 있고, 그러한 결과물을 남들에게 구체적으로 설명을 할 수 있는 능력이 되기도 한다.

갑자(甲子)는 역동적(力動的)인 심리구조를 갖고 있다. 편재(偏財)와 상관(傷官)의 조합으로 인해서 두려움이 없이 자신의 생각을 그대로 밖으로 나타내는 성분이 되고, 이러한 것이 속으로 고민하고 사색하는 형태가 아닌 느낌이 오는 그대로를 바로 보여주는 형태로 나타나기 때문이다. 이는 신비한 현상을 구체적으로 설명하는 능력이기도 하다. 동양철학(東洋哲學)과 같은 분야에 대해서도 깊은 인식을 할 수가 있어서 철학(哲學)의 분야나 종교의 분야에서도 적성이 잘 나타난다.

갑자(甲子)는 물질적(物質的)인 분야에 대해서는 관심이 적고 정신적인 분야에 관심이 많다. 감각(感覺)으로는 느낄 수 없는 영역에 대해서 직각(直覺)적으로 깨달음을 얻기 때문에 종교와 같은 영역에서 진리를 느낄 수가 있으며, 그러한 것을 체험한 다음에는 배우는 사람에게 자세하게 설명을 할 수 있으므로 강사(講師)의 자질도 갖추고 있다. 물질에 대해서는 집착이 크지 않으며 정신계(精神界)의 현묘(玄妙)한 세상에 대해서 대단한 관심을 보이고 있으므로 세속적(世俗的)이 아니라고 할 수도 있다.

갑자(甲子)의 두뇌회전은 명철(明哲)하지만 신체적으로 움직이는 것에는 게으르다. 남들이 대신해 주기를 원하고 스스로 움직이는 것을 귀찮아한다. 이것은 음양(陰陽)의 이치로, 정신(精神)에 치중을 하게 되면 육체(肉體)에는 둔감해지게 되므로 수행자(修行者)의 모습으로 몸은 가만히 있고 상념(想念)이 활발하게 움직이게 되는 것과는 무관하지 않은 것으로 보게 된다. 자수(子水) 속에는 다른 성분이 섞여 있지 않아 사념(思念)이 무척 맑으므로 직관력(直觀力)이 강한 반면에 정신적으로 치우치다 보니 육체적으로는 둔하다고 할 수 있다.

2. 갑인(甲寅) [偏財→比肩+食神]

통제(統制)인 갑목(甲木)이 비견(比肩)인 갑목과 식신(食神)인 병화(丙火)를 만난 형태이다. 통제하는 성분이 주체를 더욱 강화시키고 있으므로 강경한 주장(主張)을 하게 되며 남의 의견을 무시하는 것은 별로 신경 쓰지 않는다. 그리고 통제를 하기 위해서 궁리(窮理)를 하고 자신이 내린 판단에 대해서는 번복이 불가하다는 입장을 고수(固守)한다.

갑인(甲寅)은 '천상천하(天上天下) 유아독존(唯我獨尊)'이다. 자신의 통제를 벗어나게 되면 더욱 억압하는 형태로 반복이 되므로 자신의 아래에 있는 사람은 절대복종(絶對服從)만이 유일한 방법이라는 것을 깨닫게 된다. 특히 물질적인 통제에 흥미를 보이므로 정신적인 부분에 대해서는 신경을 쓰지 않는다. 사람이나 사물에 대해서 대하는 태도가 같으므로 사람도 물건으로 취급할 수 있는데, 이러한 처리법에는 감정적(感情的)인 성분이 나타나게 되어 대항을 하고자 하는 사람이 눈에 띈다면 그 즉시로 공격을 가하게 되므로 주의해야 한다.

갑인(甲寅)은 연구를 하면서도 힘들어한다. 속에 들어 있는 병화(丙火)의 본질이 편관(偏官)적 식신(食神)이기 때문이다. 그래서 궁리를 하면서 힘들어하게 되는데, 힘들어하는 것이 안타까워서 궁리를 하지 말라고 해도 그럴 수도 없는 일이니 이것도 팔자이다. 힘들게 궁리를 하는데, 그 목적은 결국 사물을 통제하는 것에 있으며, 어떻게 하면 보다 효과적으로 관리를 할 수 있을 것인가에 대해서 연구를 하게 된다. 그러면서도 연구를 하기 싫다는 말도 함께 한다. 이것은 병화의 자극을 받아서 나타나는 현상이다.

갑인(甲寅)은 자존심(自尊心)으로 뭉쳐진 성분이다. 자신의 영역에 누구라도 침범을 하면 심한 반발심을 일으키게 되어서 공격도 불사(不辭)하게 되므로 건드리지 않는 것이 좋다. 비록 나이가 많은 사람이라고 하더라도 자신의 자존심에 공격을 받으면 얼굴의 색이 변하면서 반격을 할 준비를 하게 되는 것으로 보면 된다. 다만 자신의 마음에 부합이 된다면 무엇이든 다 들어줄 수가 있는 마음이기도 하다. 즉 감정적으로 일을 처리하는 형태이다. 이러한 성분은 남의 아래에서 일하기에는 적합하지 않으며 스스로 사장(社長)이 되어서 직원들을 통솔하는 것이 훨씬 편안한 형태가 된다. 그러므로 젊어서는 고생을 하고, 나이가 들면서 자리를 잡아가는 방향으로 전환이 된다.

3. 갑진(甲辰) [偏財→偏財+劫財+正印]

통제(統制)인 갑목(甲木)이 편재(偏財)인 무토(戊土)와 겁재(劫財)인 을목(乙木), 정인(正印)인 계수(癸水)를 만난 형태이다. 겁재는 경쟁심으로 나타나게 되고, 편재는 통제력으로 작용을 하게 되며 정인은 직관력으로 나타나게 되어서 이것을 묶으면, 직관적인 판단력으로 사물을 통제하는데 남에게 지지 않으려고 하는 마음이 된다. 그래서 목적이 정해지게 되면 맹목적인 돌진도 가능하고, 자신의 추진력에 누군가 간섭을 하게 되면 반발을 심하게 하는 성분이다.

갑진(甲辰)은 성급(性急)한 통제자이다. 지시사항이 떨어지면 바로 접수하여 시행하여야 하며, 지체하게 되면 대항하는 것으로 간주할 수 있다. 이러한 사람은 일반직원으로는 어울리지 않으며 반드시 감독의 형태에 해당하는 지위를 보장받아야 비로소 일을 할 맛이 난다. 그래서 나이가 어린 경우에는 자신의 적성에 맞는 일을 못 찾아서 방황을 할 수도 있는 성분이다. 일단 일이 주어지면 그 일을 즐기면서 열심히 매진해서 최대한의 능률을 올리게 된다. 그래서 운영자의 입장에서는 이러한 직원이 있다면 나이나 경력이 미흡하더라도 일을 맡겨 볼 필요가 있다. 능력이 되어서 사업이 번창한다면 그 나머지는 그리 중요하지 않을 것이다.

갑진(甲辰)은 통제를 하면서도 직관력이 있어서 어떤 일의 진행상황에 대해서 예지(豫知)하는 능력이 작용하게 되는데, 이것은 계수(癸水)로 인해서이다. 그리고 상당히 원활(圓滑)한 직관력이 되는 것은 계수의 상관(傷官)성분 때문이다. 그러므로 논리적으로 자신의 직관력을 대입하여 사물을 통제하고자 설명을 하게 된다. 이러한 성분은 기술분야(技術分野)에서 강사(講師)를 할 수 있는 적성도 되는데, 강사를 하더라도 인내심에 해당하는 성분인 관살(官殺)이 없어서 단기형이 좋고 6개월이나 1년을 해야 하는 일은 힘들다. 아울러서 직장에서 시키는 일을 하는 것과는 적성이 어울리지 않는 것으로 보게 된다. 그래서 자신의 생각대로 진행이 가능한 일에 대해서 흥미를 보이게 되는 것이다.

　갑진(甲辰)은 무토(戊土)의 편인성 작용으로 인해서 상당히 추상적이면서도 거대한 통제의 욕구를 갖게 된다고 관찰한다. 마치 끝없는 공간은 관리하는 사람의 소유라는 느낌을 가질 수도 있다. 특히 양보하는 것이 서툰 것은 겁재(劫財)인 을목(乙木)으로 인해서인데, 을목은 구체적인 물질에 해당하므로 이러한 것도 포함해서 결코 양보를 할 수가 없다고 생각한다. 다만 스스로 인정을 하고 확실하게 물러나야 한다고 판단이 되면 이때에는 또 미련 없이 포기하게 된다. 이러한 형태는 양목(陽木)이 갖는 특성이라고 하겠는데, 자신의 생각이 틀렸다고 결정이 난 것에 대해서는 뒤도 돌아보지 않는다.

4. 갑오(甲午) [偏財→傷官]

　통제(統制)인 갑목(甲木)이 상관(傷官)인 정화(丁火)를 만난 상태이다. 자신이 설계를 한 목적에 대해서 변화하는 수단이 뛰어나기 때문에 앞으로 나아감에 있어서 두려움 없이 진행한다. 그리고 장애가 생겨도 언제든지 자신의 능력으로 처리가 가능하다고 생각을 한다. 그리고 상관에 해당하는 성분은 정화로 본질이 정관(正官)의 성분이기 때문에 자신의 표현이 가장 적법하다고 생각을 하고 양보를 하지 않으려는 생각을 품고 있기도 하다. 여기에 기본적으로 통제하는 갑목이기 때문에 남의 의견을 수용하기보다는 자신의 의견을 강요하게 되는 형식이 용이하다.

　갑오(甲午)는 사물의 질서를 찾는 것에 관심이 많다. 그러므로 순서대로 줄지어 있으면 마음이 편안하고 무질서하면 바로 잡아야만 마음이 편해진다. 물론 이러한 질서는 자신의 주관적인 생각이기 때문에 타인이 그렇게 생각을 할 것인지에 대해서는 미지수이다. 다만 스스로 그와 같은 판단을 하고 진행하는 것이 최선의 방법이라고 여긴다. 질서가 잘 잡혀 있는 군대의 행군과 같은 장면들을 보면 아름답게 생각을 하기도 한다. 이러한 것을 보고 좋아하는 것은 갑목(甲木)의 특성이고, 자신의 명령에 의해서 시행이 된다면 상관(傷官)의 즐거움이다.

　갑오(甲午)는 담론(談論)을 즐긴다. 시간에 대한 급함이 없기 때문에 하루나 이틀 동안이라도 주제를 놓고 대화를 이끌어 갈 수 있는 성분이 된다. 그리고 심하면 십 년이 걸리더라도 급하게 서두르지 않는다. 이야기를 하는 것에 흥미를 느끼기 때문에 강연(講演)을 하거나 강사(講師)의 역할을 하는 것도 사회적성에서 무척 잘 어울리는 직업이 된다. 직장에서도 시키는 대로 일하는 일반 사무직보다는 스스로 변화를 얻어가면서 새로운 방향으로 전개가 가능한 분야의 일에 대해서 더욱 관심을 갖게 된다. 이것은 시간을 맞춰야 하는 일보다는 공간을 즐기는 일이 더 즐겁기 때문이다.

갑오(甲午)는 소박한 방식으로 자신의 능력이 출중하다는 것을 드러낸다. 그래서 옆에서 보기에는 어린아이와 같은 모습이 되기도 하여 천진난만한 분위기도 들어 있다. 좋게 보면 천진하고 꾸밈이 없다고 생각을 하게 되고, 나쁘게 보면 자신의 능력을 과신하고 잘난 체한다고 인식을 하게 된다. 이러한 사람에게는 충고(忠告)를 하면 반발을 하기 쉽다. 그래서 칭찬하는 방법으로 조언을 하는 것이 효과적이다. 내심 발산하고자 하는 마음이 강하기 때문에 속에 담아 두는 것은 잘하지 못한다. 누군가를 잡고 이야기를 해야 속이 시원하기 때문이다. 혹 조언을 해 달라고 한다면 잘하는 것에 대해서만 말하고 못하는 것은 매우 조금만 말을 해야 반발을 사지 않는다. 좋은 뜻으로 한 말이 나쁜 결과를 가져올 수도 있다는 것을 생각하고 주의해야 후회가 없다.

갑오(甲午)는 자신의 능력에 대한 우월감이 상당하다. 그래서 누구에게라도 머리를 숙인다는 것에 대해서는 별로 생각을 하지 않는다. 만약 학교에서 선생님이 무슨 말을 훈시(訓示)하게 되면 감히 정면으로 대들지는 못하더라도 내심 '자신도 실제로는 그렇게 하지 못하면서 선생이라는 지위를 이용해서 억압하는 군.'이라고 생각할 것이다.

5. 갑신(甲申) [偏財→偏官+偏印]

통제(統制)인 갑목(甲木)이 편관(偏官)인 경금(庚金)과 편인(偏印)인 임수(壬水)를 만난 형태이다. 앞서가기를 좋아하는 갑목이 장벽을 만난 느낌을 갖게 되는 구성이다. 그래서 절망을 할 수 있는 배합이기도 하다. 이러한 조건에 그래도 숨통을 터주고자 하는 배려로 임수의 편인이 포함되어 있다는 것은 무척 다행이다.

갑신(甲申)의 형태를 물상적(物像的)으로 관찰한다면 주사기(注射器)를 연상시킨다. 갑목(甲木)은 주삿바늘이고 경금(庚金)은 주사기(注射器)의 유리관이며, 임수(壬水)는 속에 들어 있는 주사액(注射液)과 같은 형태이다. 이러한 연상을 직업에 연결시키게 되면 의사(醫師)가 떠오른다. 그리고 실제로 고지식한 의사의 적성도 가능하다고 하겠으니 우연이라고 하기에는 묘하다고 하겠다. 자신의 역할이 환자에게 주사액을 주입하는 소임이라고 생각하므로 환자에 대해서 강경하게 통제를 하게 되는 것이기도 하다. 동양의학도 같이 볼 수 있는데, 이때에는 영감(靈感)을 살려서 치료에 응용할 수 있는 능력도 나타나게 된다.

갑신(甲申)은 분명하게 땅에 발을 딛고 진행하듯이 조심스럽게 생각하고 진행한다. 이러한 현상은 편관(偏官)인 경금(庚金)이 주체적이기 때문에 매우 부담스러워서 그와 같은 현상으로 나타나게 되는 것이다. 그리고 조심스러움은 다시 기억력(記憶力)으로도 연결이 되고, 처리하는 일은 매우 민첩(敏捷)하게 진행을 하는데, 이는 긴장된 갑목(甲木)의 편재(偏財)가 가지고 있는 모습이다. 내부적으로 궁리하는 편인 임수(壬水)는 신비한 영역에 대해서도 긴장을 하면서 수용을 하기 때문에 매우 민감(敏感)하게 작용한다.

갑신(甲申)은 물리학(物理學)이나 물질계(物質界)에 대해서 사고하는 것에 흥미를 갖는다. 물질의 내면에 들어 있는 원질(原質)에 대해서도 통찰력(統察力)을 갖고 관찰을 하다 보면 깊은 곳에서 살아 있는 자연의 이치를 터득(攄得)할 수가 있다. 그러므로 눈에 보이는 것만이 모두가 아니므로 깊은 이치를 찾아가는 과정의 통로로 물질을 도구로 삼게 되는 방법을 취한다. 갑목(甲木)이 물질적인 통제를 의미하는 것이기 때문에 이러한 방법을 취하기 용이하다. 이렇게 연구를 하는 과정에서 천부적으로 타고난 추상력(抽象力)이 좋아서 물질에 나타나는 약간의 힌트로 바탕을 삼아서 신비한 세계를 연구하는 능력이 되기 때문에 새로운 세상으로 빠져들어 가게 된다. 그리고 영적(靈的)인 체험도 가능하며, 귀신에게 시달릴 수도 있다.

갑신(甲申)은 순발력이 매우 뛰어나다. 이러한 성분은 군대의 질서에 적응하는 능력이 되기도 한다. 또 위험한 사물에 대해서 조작하는 것에도 흥미를 보이게 되는데, 이러한 것은 편관(偏官)인 경금(庚金)의 작용으로 인해서 나타나는 현상이다. 그리고 집중력이 무척 좋기 때문에 망상이 없다. 항상 긴장을 하고 있기 때문에 명령하는 사람이 말을 하기만 하면 바로 시행하면서도 그러한 과정에서 왜 나에게 이러한 것을 시켜서 힘들게 하느냐고 따지거나, 혹은 다른 사람과 비교해서 자신이 불리한 대우를 받는다고 생각하기보다는 일단 자신에게 주어진 일은 시행을 하자는 마음이 더 강하게 작용하는 것으로 나타난다.

6. 갑술(甲戌) [偏財→偏財+正官+傷官]

통제(統制)인 갑목(甲木)이 편재(偏財)인 무토(戊土)와 정관(正官)인 신금(辛金), 그리고 상관(傷官)인 정화(丁火)를 만난 형태이다. 사물이나 정신적인 세계를 통제하고자 하는 것은 갑진(甲辰)과 유사하게 작용한다. 다만 내부적으로는 차이가 나는데, 정관의 신금으로 인해서 나타나는 것은 자신의 감정을 억제하고자 노력하는 것이 되고, 상관의 정화로 인해서는 자신의 능력이 출중하다는 것을 남에게 보여 주고자 하는 마음이 내재되어 있다.

갑술(甲戌)은 일상생활에서의 지각력(知覺力)이 강하다. 이러한 현상은 결과적으로 사물을 통제하는 것으로 진행이 되는데, 사물을 통제하면서도 엉거주춤하는 스타일이 되기도 한다. 그것은 내부적으로 상관견관(傷官見官)의 형태로 인해서 나타나는 현상이다. 갑진(甲辰)이 거침없이 밀고 나아가는 것과 비교를 하면 참고가 될 것이다. 그러므로 통제를 하기는 하지만 내심으로는 불안정(不安定)한 형태의 불안심리가 작용하게 되는 것은 어쩔 수가 없다. 그래서 항상 조심하고 살피는 마음이 내재하고 있으며 이러한 것은 혹시라도 돌발 상황이 발생하게 되면 갑자기 방향을 전환할 수 있도록 하는 것이기도 하다. 그러므로 곁에서 보기에는 불안정한 형태라고 인식이 되는 것이다.

갑술(甲戌)은 생물(生物)에 대해서나 신체적(身體的)인 구성에 대해서 깊은 지식(知識)을 알아가는 것에 대해서 관심이 많다. 정신적(精神

的)인 부분에 대한 관심보다는 물질적인 것이나 신체와 연관된 것에 대해서 통제하고자 하는 마음이 발생하게 되는 것은, 또한 편재(偏財)가 구체적인 사물을 통제하는 것에 흥미를 느끼기 때문이다. 그리고 공간(空間)에 대한 개념도 뛰어나다. 공간(空間)은 물질계가 되므로 또한 통제를 하고자 한다. 이러한 관점에서 본다면 갑술(甲戌)의 구성에서도 공간개념이 발달하게 되는 것이다.

갑술(甲戌)은 객관적(客觀的)이고, 비교적 실제(實際)하는 상황을 중시하게 된다. 이러한 구성은 현실적(現實的)인 면에서 두드러진다고 하겠고, 이러한 것이 앞으로 어떻게 작용하게 될 것인가에 대해서도 관심을 갖는다. 그러므로 현재 진행이 되는 과정은 나중에 어떤 형태로 마무리가 될 것인지를 추론하게 되어서 보다 합리적(合理的-正官)인 관찰을 하게 되며, 통제를 하게 되는 것이다.

갑술(甲戌)의 사회성을 보면, 과학자(科學者)나 생물학자(生物學者)의 영역이 잘 어울리고 의학자(醫學者)와 관리자(管理者)의 영역도 모두 감당이 되는 영역이다. 중요한 것은 자신이 통제를 하는 입장이 되어야 하므로 남의 지시를 받는 것에는 적응이 잘되지 않아서 신경성 질병이 발생할 암시도 있다. 그래서 간섭을 받지 않고 해야 하므로 교육자(敎育者)의 방향이거나 남들이 관여하지 못할 정도의 고도(高度)로 숙련(熟練)된 전문직(專門職)에 종사하는 것이 좋다. 의사나 과학자도 모두 이러한 맥락에서 가능하며, 생물학자도 또한 마찬가지이다.

제21장 을목(乙木)의 일주(日柱)

을목(乙木)의 기본형은 정재(正財)이다. 치밀(緻密)하고 꼼꼼하며 빈틈이 없고, 또 물질적(物質的)인 분야에 대단히 민감한 성분이기도 하다. 그야말로 재물(財物)이라고 할 수도 있다. 이러한 성분은 생명력(生命力)을 의미하기도 하며, 생명력이 끈질긴 모양은 식물(植物)을 닮아 있다. 식물은 끈질긴 생명력을 갖고 있기 때문이다. 즉 동물은 겨울이 되면 땅속으로 들어가서 동면(冬眠)을 하여 겨울을 나지만 식물은 그렇게 하지 못하기 때문에 얼게 되는 수분(水分)은 뿌리로 방출하고, 잎은 떨어뜨리고 최소한의 상태로 겨울을 맞이하며 여간 추워서는 얼어 죽지 않도록 환경에 대한 적응을 잘하고 있는 성분이다.

을목(乙木)은 눈에 보이지 않는 현묘(玄妙)한 세계를 생각하기보다는 당장 먹을 수 있는 물 한 방울을 더 소중하게 생각한다. 그만큼 현실에 대한 적응력(適應力)이 강하다고 하겠고, 이러한 힘으로 인해서 어떠한 환경에서라도 생존을 할 수가 있는 식물이 된 것이라고도 보게 된다. 식물은 자신의 환경에 따라서 때로는 물을 많이 저장하기도 하고, 때로는 물을 거의 흡수하지 않기도 한다.

사막에서 살아가는 식물인 선인장(仙人掌)의 경우에는 물을 저장하기 위해서 몸을 저장고로 만들어서 생존하고, 바다 속이나 강바닥에서 살아가고 있는 식물의 경우에도 염분이나 수분을 과량으로 흡수하지 않도록 환경에 적응하면서 생존하게 된다. 이렇게 메마른 사막이나 과습(過濕)한 물속과 심지어 바위벼랑에서도 생명력을 유지하고 있는 식물을 생각하게 된다.

  을목(乙木)은 사람의 생명이기도 하다. 물론 사람은 동물이지만 살아 있음을 의미하는 생명력(生命力)은 식물이나 동물이 모두 같은 꼴이다. 그래서 을목의 성분은 끈기와 인내로 목적을 향해서 최대한의 양분(養分)을 흡수하여 자신을 조절하며 생존하는 법칙에 적응하고 있는 것이다. 그래서 현실성(現實性)이 뛰어나고, 공상(空想)은 하지 않으며 가장 절실한 마음으로 항상 삶의 여정을 진지하게 관리하는 성분이다. 이러한 연고로 검소(儉素)하고 절약(節約)하는 마음이 내재하게 되는데 사회적으로 이러한 성분이 필요한 영역은 경제계(經濟界)의 방면이 된다. 금융계(金融界)도 같은 의미로 적성에 잘 어울리는 분야이다.

1. 을축(乙丑)　[正財→偏財+偏印+偏官]

생명력(生命力)인 을목(乙木)이 편재(偏財)인 기토(己土)와 편인(偏印)인 계수(癸水), 편관(偏官)인 신금(辛金)을 만난 형태이다. 편재를 만났으므로 구체적인 물질의 세계를 통제하고자 하는 마음이 존재하고, 편관은 그러한 목적을 이루기 위해서 정진(精進)하는 마음으로 작용을 하게 되며, 편인은 직관성을 의미하므로 일에 대한 예감이 살아 있는 형태가 된다.

을축(乙丑)은 구체적인 물질의 세계를 통제하는 마음이 강하다. 그래서 현실적인 세상에 대해서 집착이 강하고, 특히 재물에 대해서도 강력한 통제심을 갖는다. 재물이 자신의 마음대로 되지 않으면 몸이라도 죽이고자 하는 마음도 생겨나게 되는데, 그 정도로 강력한 물질통제를 한다는 것은 다른 간지와 비교해서 을축(乙丑)만의 특별한 성분이다. 재물에 대해서 목숨과 같이 소중하게 여기므로 만약 비행기 안에서 돈다발이 흩어져서 깨어진 유리를 통해 밖으로 날아간다면 다른 사람들은 모두 포기를 하고 바라다보기만 하겠지만 을축은 그 돈을 잡으러 뛰어내려야 하느냐 마느냐를 놓고 고민하게 된다. 이 정도로 현실적인 문제에 집착이 강하다.

을축(乙丑)은 눈앞의 현실이 나에게 이익이 되는지 해로울 것인지에 대해서 관심이 많다. 그리고 해롭다면 거부하게 되고, 이롭다면 수용을 하게 되는데 이것은 현실성(現實性)이 매우 뛰어나기 때문이다. 세상살이가 그야말로 생존경쟁(生存競爭)의 현장이라고 하는 것을 온몸으로 절실(切實)하게 느끼고 있다는 것을 의미하며, 웬만해서는 난관에 좌절하지 않고 극복할 수 있는 힘이 내재되어 있다. 그러므로 가장 열심히 살아가는 간지 중에 하나이다. 지금의 상황이 앞으로 어떻게 전개될 것인지에 대해서도 민감하게 반응을 하며, 특히 결과적으로 자신에게 어떤 이익이 돌아오게 될 것인지를 생각하면서 진행하는 형태이다. 물론 이익이 없다고 판단이 되면 계획은 바로 변경이 되어서 다른 곳으로 전환하는 것도 어려운 일이 아니다. 그리고 이익이 보이면 적극적으로 매달려서 끝을 보고자 하는 집중력도 뛰어나다.

을축(乙丑)은 사물에 대한 통제(統制)와 조작(造作)에 큰 관심을 보인다. 다만 내성적(內省的)인 성분이 되기 때문에 겉으로 강력하게 드러내는 것은 아니지만 내심으로 그러한 욕구를 품고 있다가 기회가 되면 행동으로 옮기게 된다. 그리고 목적이 정해지면 추진을 할 인내심이 내재되어 있어서 힘들게라도 목적을 이루고자 노력하는 사람이 된다. 그래서 남들이 느끼기에 '저렇게 힘이 들면 그만두는 것이 좋겠다.'라는 생각을 할 수도 있지만 을축의 경우에 힘든 것은 당연하다는 생각을 하기 때문에 중요한 일이 아니다.

을축(乙丑)은 풍부한 사고력(思考力)과 상식(相識)으로 세상을 바라다본다. 즉 관찰하는 시야가 매우 넓은 형태이다. 그러므로 일반적으로 잘 모르는 구석까지도 어느 정도는 파악하고 있으므로 자칫 무시하게 된다면 그야말로 큰코다칠 수 있게 될 것이다. 폭넓은 상식으로 세상을 바라다보기 때문에 크게 오류가 발생하지는 않는다. 그리고 미래지향적이기 때문에 또한 상황의 추이(推移)에 대해서도 주의 깊게 관찰을 하면서 물질세계를 통제해 나간다. 내부에는 편관(偏官)인 신금(辛金)이 있어서 기억을 저장하여 필요한 경우에는 언제라도 활용을 할 수가 있으며 그 기억 속에는 과거에 실패를 했던 아픈 기억도 고스란히 저장이 되어 있다. 그리고 감수성(感受性)이 민감한 것은 계수(癸水)의 작용에 의해서 나타나는 현상이다. 이러한 것을 조합해 놓으면 '역동적인 힘으로 소신(所信)있게 목적지를 향해서 나아가는 정열적인 사람'이 된다.

을축(乙丑)은 사회적으로 사업을 일으킬 수가 있으며 관리자의 역할도 능히 감당을 한다. 그리고 환경에 따라서 어떤 일이라도 모두 감당이 가능하므로 할 수 없는 일은 없다고 봐도 된다. 다만 학자(學者)의 길을 가기보다는 경제(經濟)와 연관된 계통에서 일을 하는 것이 더욱 즐거운 적성이 된다. 내성적이기 때문에 편재(偏財)가 일지에 있더라도 감독을 하기에는 부담이 되는데, 한 분야에서 성공을 한 다음에는 가능하기도 하다. 지배하는 마음이 법률로 향하게 된다면 법을 지배할 수도 있으므로 이러한 계통으로도 진출이 가능하다.

2. 을묘(乙卯) [正財→比肩]

생명력(生命力)인 을목(乙木)이 비견(比肩)인 을목을 만난 형태이다. 이러한 구성은 단순한 형태가 되어서 다른 성분이 작용하지 않으므로 을목의 정재(正財)에 해당하는 구조와 비견에 해당하는 두 가지의 성분으로 관찰을 하게 되므로 원리(原理)는 간단하다. 을묘(乙卯)는 신유(辛酉)와 유사한 형태이다. 일지에 순수하게 비견만 있기 때문이다. 다만 신유(辛酉)는 겁재(劫財)의 비견이고, 을묘(乙卯)는 정재의 비견이라는 것이 다를 뿐이다.

을묘(乙卯)는 정재(正財)의 비견이기 때문에 물질적인 것이나 생명력(生命力)에 연관된 부분에서 강력한 주체성(主體性)을 발휘하게 된다. 밖으로 향한다고 할 수도 있다. 이것은 신유(辛酉)가 내면으로 향하는 성분과는 상반된다. 그러므로 신유(辛酉)와는 한 집에서 살기 어렵다고 보기도 한다. 왜냐면 하는 일마다 서로 마찰을 일으킬 것이기 때문이다. 아마도 사사건건(事事件件)에 서로 대립을 하고 갈등을 빚게 될 것이라는 짐작이 된다. 너무 물질적으로 고집을 부리는 것이 아니냐는 평을 받을 수 있을 것이기 때문이다. 그리고 을묘(乙卯)는 생활력(生活力)에 대해서 타의 추종을 불허할 정도로 강력한 주체를 발휘하게 되고, 자신의 판단에 대해서 추호도 양보를 할 마음이 없으므로 강경한 형태가 되는데 이것은 결실(結實)을 향해서 나아갈수록 더욱 강하게 나타난다.

을묘(乙卯)는 일단 방향이 정해지게 되면 중간에 어떤 곤란한 일이 발생하더라도 그대로 밀고 나아갈 수 있는 성분이다. 목적지만 보이고 중간에 있는 과정은 보이지 않기 때문이다. 그래서 방향을 잘 잡게 되면 크게 성공을 할 수가 있는 성분이기도 하다. 기본적으로 내성적(內省的)인 심리구조(心理構造)이기 때문에 속으로 많은 생각을 하면서 자신의 주체를 지켜가고자 한다. 겉으로 남들과 타협하고 허허 웃으면서 대하는 것은 잘하지 못한다. 그 대신에 자신이 생각을 한 것에 대해서 추진하는 힘은 무척 강해서 중간에 남들이 뭐라고 간섭을 한다고 해도 전혀 움직이지 않는 강인함이 나타나게 된다.

을묘(乙卯)는 미래지향적(未來指向的)이다. 그 이유는 목질(木質)에서 읽을 수 있다. 木은 성장을 해야만 살아가기 때문에 잠시라도 멈출 수가 없는 것이다. 즉 멈추게 되면 그 순간이 바로 죽음을 의미하는 셈이기 때문이다. 물론 다른 성분들은 뒤로 물러날 수도 있고, 웅크리고 있을 수도 있지만 을묘(乙卯)는 앞으로 앞으로 중단 없는 전진을 해야 한다. 그리고 앞으로만 가는 것이 아니고, 앞으로 가기 위해서 늘 주변을 살펴보면서 준비를 철저하게 하는 성분이기도 하다. 그래서 백절불굴(百折不屈)의 정신으로 목적을 이루고자 하는 성분이기 때문에 조용히 정진하여 어느 순간에 남들의 눈에 띄는 형태로 나타나기도 한다.

을묘(乙卯)는 사회적으로 무엇을 한다고 판단하기는 어렵다. 주변의 사주 구성에 따라서 변수가 크며, 그러한 것으로 방향을 잡았을 경우에 강력하게 밀고 나간다는 것이 을묘의 특징이다. 중간에 바꾸거나 남의 이야기를 참고한다거나 하는 것은 쉽지 않은 일이다.

3. 을사(乙巳) [正財→傷官+正官]

생명력(生命力)인 을목(乙木)이 상관(傷官)인 병화(丙火)와 정관(正官)인 경금(庚金)을 만난 형태이다. 자신의 능력을 남에게 보여 주는 것으로 만족을 삼는 것이 상관이고, 내심 자신의 기준에 부합된다고 생각하는 것은 정관이니 겉으로는 상관이 작용하고, 속으로는 정관이 작용하는 특이한 구성이 된다.

을사(乙巳)는 과대망상(誇大妄想)의 심리를 갖고 있다. 자신의 능력이 세상을 덮고도 남을 것이라고 생각하는 마음이다. 그래서 능력을 인정해 주기 바라는 마음이 강하게 작용하게 되는데, 자신을 이해하지 못하는 세상 사람들을 원망할 수 있는 것은 음목(陰木)이어서 나타나는 현상이다. 양목(陽木)이라면 스스로 자신이 잘난 줄로 알고 그렇게 살아가므로 정신건강(精神健康)에 아무런 문제가 없겠지만 속으로 남들에게 의식을 두고 있는 경우에는 항상 불만사항이 발생하게 될 가능성이 많다. 여성일 경우에는 내가 맘에 드는 사람은 나를 좋아하지 않고, 나를 좋다고 하는 사람은 눈에 차지 않아서 생겨나는 불균형으로 인해서 결혼상대를 선택할 때 무척이나 어려울 수 있다. 그래서 나이 40이 넘어서도 결혼하지 못하고 혼자 고고한 학(鶴)처럼 살아가고자 하는 여성을 많이 발견하게 된다.

을사(乙巳)는 우아한 공주(公主)이다. 그래서 궂은일은 할 수가 없으며 귀하고 품위 있는 일을 하면서 높은 대접을 받고 싶어 하기 때문에 아무 일이나 하지 못한다. 그래서 일을 찾기가 쉽지 않고, 찾는다고 해도 주변 사람들이 자신의 능력을 인정해 주지 않아서 마음이 상하게 되는 경우가 발생하게 된다. 자신의 내면에 상관(傷官)인 병화(丙火)가 있으니 그렇게 강요를 하게 되는 것이다. 즉 자신도 공작부인(孔雀夫人)의 행세를 하는 것이 힘들지만 그렇다고 마음대로 그만둘 수도 없다는 것 또한 고민이고 고통이다.

을사(乙巳)의 이러한 내부 심리구조를 타인은 이해하지 못한다. 스스로 그만두면 될 일을 가지고 왜 힘들다고 하면서 그만두지 못하냐는 투의 반응을 보이기 때문이다. 그러나 일지의 병화(丙火)가 강요하는 것은 그렇지가 않다. 자신은 그럴 수밖에 없다고 여기게 만들기 때문에 심하면 정신질환(精神疾患)으로 취급이 되어서 병원에 갈 수도 있다. 남들은 현실감(現實感)이 떨어진다고 말하지만 자신은 매우 현실적이라고 생각하기 때문에 문제가 발생하게 된다.

을사(乙巳)는 속에 자신을 극하고 있는 경금(庚金)을 품고 있다. 이것은 정관(正官)이면서 주체에 해당하기도 한다. 이러한 경금이 자신에게 최면을 걸고 있는 것이다. 정관을 노비(奴婢)로 부리는 상관(傷官)과의 밀접한 관계로 인해서 모든 백성들은 나의 능력과 외모를 떠받들어야 한다는 느낌이 자꾸만 발생하게 된다. 을사에 대해서는 많은 시간을 두고 연구하고 궁리를 해 보았다. 이러한 내부의 사정에 의해서 나타나는 결과를 한마디로 '과대망상(誇大妄想)'이라고 이름 붙이게 되었는데, 본인들도 대체로 수긍을 하는 것으로 봐서 이러한 궁리는 타당성이 있는 것으로 판단한다. 좋게 말하면 '왕자(王子)와 공주(公主)'가 된다.

4. 을미(乙未) [正財→偏財+食神+比肩]

생명력(生命力)인 을목(乙木)이 편재(偏財)인 기토(己土)와 식신(食神)인 정화(丁火), 비견(比肩)인 을목을 만난 형태이다. 통제를 하는 성분인 편재가 정인(正印)의 성분을 갖고 있는 기토이므로 자애로운 통제가 될 것인데, 현실적인 문제와 연결이 되면 갈등을 일으키는 형태로 작용하게 된다. 이것은 을축(乙丑)의 경우에도 마찬가지이다. 내부적으로 자신의 소신을 밀어붙이려 하는 주체가 작용하게 되고, 식신의 작용으로 궁리하는 성분도 있다. 일지에 土가 놓이게 되면 심리구조는 무조건 3가지가 되므로 복잡한 심사(心思)가 되는 것은 어쩔 수가 없으니, 이는 모든 천간(天干)이 같은 입장이 된다. 그래서 일지에 土를 만난 사람은 생각하는 것도 항상 복잡하다. 이러한 것은 단순한 구성의 일지를 갖고 있는 사람으로서는 도저히 납득이 되지 않을 수 있는 성분이기도 하다.

을미(乙未)는 통제를 하는데 인정미가 있다. 강요하는 형태라기보다는 부드러운 어머니의 지시와 같은 느낌으로 이해를 하면 된다. 그래서 남들은 부드러운 사람이라고 인식할 수 있다. 그렇지만 빈틈이 없기 때문에 결국 강력한 통제의 현상으로 진행이 된다. 여기에 다시 정관(正官)의 본질인 정화(丁火)가 식신(食神)으로 자리를 하고 있으므로 궁리를 강제적으로 하고, 통제하면서 궁리까지 하므로 관리하는 내용은 수시로 변경이 가능하다. 식신은 원래 고정적으로 나아가기보다는 변화가 필요하면 언제라도 변경을 할 수가 있는 성분이기 때문이다.

을미(乙未)는 자신의 주장에 대해서 밀고 가려는 마음이 정도의 차이는 있을지라도 을묘(乙卯)의 구성과 완전 동일하다. 그러므로 여기에 을묘의 상황을 추가하게 된다면 을미를 이해하는데 무리가 없는 구성이다. 즉 상당한 주체성을 갖고 있으므로 자신이 생각한 것에 대해서 남들이 간여를 하여 시시비비(是是非非)를 논하게 되면 매우 불쾌하게 인식을 하게 되며, 그러한 것을 겉으로 드러내지는 않더라도 내면에서는 상당히 강한 반항으로 작용하게 된다. 이러한 것은 대인관계에서 잘못 건드리면 낭패를 본다는 느낌으로 기억이 될 수 있다. 자신의 생각이 옳고 타당해서 양보를 할 이유가 전혀 없다는 관념으로 강행하는 과정에서는 남의 조언은 별 의미가 없으므로 말을 하지 않는 것이 오히려 도와주는 결과가 된다.

을미(乙未)는 사회적으로 적성을 살필 경우, 직장생활은 맞지 않다. 부득이 직장을 택할 경우에는 자신이 관리자의 입장에서 일할 수 있는 정도의 업무가 가능할 것이다. 가장 선호하는 직업으로는 남에게 구애를 받지 않고 일하는 것이므로 직장이든 영업이든 상관없이 사회적인 규범에 매이지 않고 자기 하고 싶은 대로 활동을 하면서 자유롭게 살고자 하는 마음이 강하다. 이러한 을미가 때를 만나면 크게 성공을 할 수가 있고, 특히 미래에 대해서는 매우 긍정적인 생각을 하기 때문에 자신의 능력으로 대단히 큰 결과를 얻을 수 있다고 생각하므로 웬만한 일에 대해서는 눈에 차지 않는 것은 을사(乙巳)의 사촌 정도쯤 되는 것으로 이해하면 된다.

을미(乙未)는 눈앞의 이익에 대해서 신경을 쓸 뿐만 아니라 미래의 이익에 대해서도 관심이 많다. 그래서 부동산과 같은 형태의 투자에 관심을 많이 갖는다. 그리고 향락적(享樂的)인 면에 대해서도 관심이 많으며 속박을 싫어하므로 육체적인 쾌락을 누리는 과정에서 도덕(道德)이나 윤리(倫理)는 크게 중요하지 않은 대상이 된다. 결국에는 자기 멋대로 살아가고자 하는 형태가 되며, 자기 스스로 사물의 질서를 세우는 것을 좋아한다. 이러한 상황에서 남이 자신에게 질서를 강요한다면 크게 반발을 하게 된다.

　을미(乙未)는 공간개념이 뛰어나기 때문에 여행을 좋아하고, 민첩하게 관찰하고 처리하는 것은 새로운 환경에서도 아무런 구애를 받지 않고 적응할 수 있는 능력이 된다. 신체적인 것을 단련하는 것에도 관심을 두므로 헬스클럽과 같은 분야의 사업을 하는 것도 가능하다. 늘 건강을 위해서 몸을 통제하고자 하는 면으로 작용하는 것은 을목(乙木)은 생명력(生命力)이고, 몸은 내가 다스리는 편재(偏財)이기 때문에 힘든 운동도 능히 감당이 되며 몸이든 사물이든 내가 마음대로 통제할 수 있어야 하기 때문에 몸을 혹사할 수도 있다. 그리고 이러한 모든 것에 대해서 내성적(內省的)이고 감정적(感情的)인 형태를 취하게 된다.

5. 을유(乙酉) [正財→偏官]

생명력(生命力)인 을목(乙木)이 편관(偏官)인 신금(辛金)을 만난 형태이다. 생명력이 편관을 만났으니 생명에 대한 두려움이 가장 크게 작용하게 된다. 항상 돌발적으로 죽게 되지 않을까에 대한 우려로 인해서 늘 긴장한 형태로 살아가는 것으로 나타난다.

을유(乙酉)는 집중력(集中力)이 뛰어난 구조이다. 그리고 물질에 대한 집착(執着)이 강하여, 물질을 획득하기 위해서 최선의 노력을 하게 된다. 강인한 인내심으로 역경(逆境)을 만나도 굴하지 않고 진행하는 면은 성공을 할 수 있는 요소이기도 하다. 다만 일지에 편관(偏官)이 있으므로 몸의 반응에 대해서 두려움을 갖게 된다. 이러한 것은 엄살이 심하다는 말로 대신할 수도 있는데, 실제 상황보다 더 힘들어하게 되는 것을 의미한다.

즉 배가 아프면 남들은 '체했나 보다' 하는데, 을유(乙酉)는 '위암인가?' 하는 마음이 드는 것이다. 이렇게 신체의 고통에 대해서 두려움이 많기 때문에 항상 몸을 상전으로 대하므로 무슨 일을 추진하다가도 몸이 거부하게 되면 중지하게 되는 현상이 발생할 수 있으며, 인내심은 강하지만 신체의 반응에는 약하다고 하는 말로 대신할 수가 있다. 즉 마음으로 하는 일이라면 얼마든지 견딜 자신이 있는데 몸이 거부하게 되면 갈등이 생기는 현상이다.

을유(乙酉)는 직장생활(職場生活)이 적성이다. 주어진 일에 대해서 최선의 노력으로 목적지에 도달할 수가 있기 때문에 개인적인 사업을 하기보다는 직장생활을 권하게 된다. 그리고 조용하게 자신의 일을 하는 것은 크게 눈에 띄지 않는 성품이기도 하다. 내성적으로 자신이 혼자 끙끙 앓는 형태로 아무리 힘이 들어도 맡은 일은 끝까지 수행해야 한다는 생각을 하게 된다. 그러기 위해서 몸이 병을 얻으면 안 되기 때문에 매우 절제(節制)있는 생활을 하며, 정확하게 시간표(時間表)에 따라서 질서정연하게 생활하는 것이 기본이다.

을유(乙酉)는 검소(儉素)하고 절약(節約)하는 면이 강하다. 마음이 소박(素朴)하기 때문에 사치스러운 점이 크게 드러나지 않는다. 현실적으로 생존(生存)만 가능하다면 그 나머지는 그리 중요하지 않은 것으로 인식되어 절제가 가능하다고 해석한다. 그리고 재물에 대해서는 무척 아끼는 마음이 작용하게 된다. 이러한 것도 검소하게 생활을 할 수가 있는 요인으로 직장에서도 상사(上司)로부터 좋은 인상을 주게 되는데, 직장의 상사에 해당하는 사람들은 묘한 사상이 있어서 부하가 자신보다 더 좋은 차를 타고 다니게 되면 마음에 상처를 받는다는 것이다. 그러나 검소한 부하라면 그러한 불편함이 없으므로 오히려 편안할 것이며, 아울러서 그러한 부하를 보면서 사람이 되었다고 판단하고 평가하게 될 것이다.

6. 을해(乙亥) [正財→正印+劫財]

생명력(生命力)인 을목(乙木)이 정인(正印)인 임수(壬水)와 겁재(劫財)인 갑목(甲木)을 만난 형태이다. 정인을 만났으니 직관력이 뛰어나고, 겁재를 만난 것은 경쟁심으로 작용을 하게 되어서 자신과 대항하는 사람이 있으면 양보하지 않으려는 마음이 내재하게 된다.

을해(乙亥)는 신비한 세계의 현상에 대해서 관심이 많아서 영적(靈的)으로 많이 진화를 한 사람의 형태가 된다. 보통 사람은 느낄 수 없는 직관(直觀)의 세계에 대해서 일상적인 느낌처럼 이해를 하게 되므로 남들이 이해하지 못하는 것이 오히려 납득이 되지 않을 수도 있다. 그리고 신비현상인 정인(正印)이, 식신(食神)에 해당하는 임수(壬水)가 되므로 신비현상에 대해서 늘 궁리하고 탐구하는 마음으로 파고들어 가게 된다. 그래서 신비한 세계에 대해서 더욱 깊은 이해를 하게 되므로 형이상학(形而上學)의 세계에서 노니는 영혼이 되는 것이다. 다만 현실감이 없는 상상(想像)의 세계를 좇는 것이 아니고 이러한 세계를 구체적인 영역으로 끌고 들어와서 손에 잡힐 듯이 이해를 하기 때문에 막연한 추상성이 아니다. 그야말로 또 다른 하나의 현실이라고 관찰을 하게 되는 것이다.

을해(乙亥)는 운명(運命)을 예측(豫測)하는 것에도 관심이 많은데, 특히 관상(觀相)이나 수상(手相) 방면에 더 관심이 많은 것은 을목(乙木)이 구체적인 물질계에 대한 관심이기도 하고 몸에 해당하기도 하는 정재(正財)의 성분이기 때문이다. 그래서 이론적인 학문보다는 구체적으로 대입이 되는 분야에 관심을 두게 되고, 그 판단하는 자료를 취하는 것에는 직관력(直觀力)이 포함된다. 그러므로 명리학(命理學)이나 수리학(數理學)보다는 풍수학(風水學)이나 골상학(骨相學) 분야에 흥미를 보이게 되는 것이다.

을해(乙亥)는 평화주의자(平和主義者)이다. 남의 영역에 침범을 하지 않기 때문이다. 그리고 이해심이 풍부하기 때문에 남의 입장을 잘 이해하고 수용하는 형태를 취한다. 그러다 보니 이런저런 입장을 고려하느라고 매사에 적극적(積極的)인 면으로 행동하기보다는 소극적(消極的)으로 처리를 하고자 하여 매듭짓는 일을 처리하는 능력이 매우 약하다.

그래서 직장에서 주어진 일을 하는 것에는 능숙하지 못하다는 평을 받을 수도 있으므로 이러한 경우에는 직장보다는 정신적인 방향으로 추구하는 수행자(修行者)의 형태로 삶의 길을 다듬어 가는 것이 더 현명하다고 하게 된다. 다만 주변의 글자에 대한 영향이 있다는 것은 참고를 해야 할 일이다.

제22장 병화(丙火)의 일주(日柱)

　병화(丙火)의 기본형은 편관(偏官)이다. 십성(十星) 중에서 가장 강력하고 난폭하며 통제불능(統制不能)의 상태에 처하게 되는 성분이다. 고서(古書)에 병화를 태양(太陽)이라고 했는데, 그러한 면에 부합되는 작용으로는 한 여름의 폭염(暴炎)을 예로 들 수가 있다. 더위에 숨이 턱에 닿아서 헐떡이는 사람들의 고통스러워하는 모습에서 병화의 모습이 느껴지고, 길게 늘어진 개의 혀와 더위를 못 견디겠다는 듯한 표정에서도 병화가 느껴진다.

　병화(丙火)는 빛이다. 직선적(直線的)인 구조를 하고 있어서 굽어지는 이치를 모른다. 오로지 직선적으로 파고들어 가는 성분이므로 수용을 하거나 하지 않거나 개의치 않는다. 그래서 원하는 대상은 고맙게 수용을 하겠지만 원하지 않는 경우에는 견디기 힘들 만큼의 강압적(强壓的)인 현상으로 나타나기도 한다. 이러한 느낌은 폭염(暴炎)이라는 말로 표현할 수가 있으며, 땡볕이라고도 한다. 그만큼 삼복더위의 강력한 햇볕과 같은 역할에 해당하는 것이 병화이며, 감히 어느 누구도 대들지 못하는 성분이다.

　병화(丙火)는 두려움을 모른다. 자기 소신대로 강력하게 추진하는 것만이 존재한다. 추진이라는 말이 어울리지 않으면 폭발이라고 하는 것이 오히려 근접하다고 할 수 있다. 이성적(理性的)인 성분이 거의 없으므로 그야말로 적나라한 감정을 그대로 나타내는 모습이 된다. 강경한 병화가 인정을 베풀게 되면 한없이 자비로워진다. 호랑이가 새끼를 돌보는 모습을 떠올려도 좋다. 그러한 병화이기 때문에 상황에 따라서는 약한 자를 돌보느라 자신의 모습은 생각하지 못하는 장면도 연출된다. 그야말로 강자에게 강하고 약자에게 약하다는 것은 병화에게 잘 어울리는 말이기도 하다.

병화(丙火)는 극양(極陽)이다. 양이 극에 달한 상황이기 때문에 오히려 꺾이게 될 지경에 처하기도 한다. 병화에게는 자신의 난폭함에 대해 전혀 두려워하지 않는 성분이 바로 두려움의 대상이 되는데, 바로 빛을 흡수(吸收)하는 성분이다. 흡수당한 빛은 이미 그 존재가 의미 없음을 말한다. 그래서 병화는 빛을 흡수하는 존재를 만나지 않고자 희망한다. 어둠이 두렵다. 그래서 더욱 밝아지고자 하는 노력을 기울이게 된다. 이것은 극단적(極端的)으로 선택하게 되는 성분이기도 하다. 어쩌면 극한 상황까지 도달한 용(龍)이 땅으로 떨어지지 않기 위해서 온갖 몸부림을 치는 것과 같은 모습이다.

병화(丙火)는 신령(神靈)이다. 영계(靈界)에서 만물을 통제하는 주재자(主宰者)가 되는 것으로 해석을 한다. 노자(老子)가 말하는 '천지(天地)는 불인(不仁)이다.'라는 의미와도 연결이 된다. 자연계의 만물을 목적에 의해서 사용하고 버리는 것을 자연의 이치에 따라서 시행하므로 사정(私情)이 없다. 무심(無心)으로 통제하므로 그 사이에서 죽는 자도 있고 성장하는 자도 있지만 신령(神靈)은 개의치 않는다. 이러한 성분을 닮은 것이 병화이다.

병화(丙火)는 만물을 성장의 극한 지점으로 끌고 올라가는 역할을 한다. 마치 땅에서 수증기나 열기가 난류(暖流)를 타고 상승하여 거의 정상(頂上) 지점에 도달하게 되는 경우를 말하게 된다. 병화는 뭔가 편안한 모습이 아니라 강경한 이미지를 갖고 있음을 의미한다.

병화(丙火)는 무지하게 빠르다. 물리학자의 말에 의하면 1초에 약 30만 km를 달린다고 한다. 그러므로 성급(性急)하기가 천간(天干) 중에 으뜸이다. 갑목(甲木)은 빠르지만 고속(高速)은 아니고 꾸준하게 진행하는 로켓과 같이 한 방향으로 전진하는 형태로 이해를 한다. 그런데 병화는 방사형으로 뻗어나간다. 이것은 木과는 사뭇 다른 분위기이다. 이렇게 다각도(多角度)의 방향으로 확산되면서 속도 또한 엄청나게 빠른 성질을 갖고 있다. 사람에게 이러한 현상을 대입했을 적에는 상상도 못 할 정도의 성급(性急)함으로 이해를 한다. 다만 표현을 할 적에는 성격(性格)이 불같다는 정도의 말로 대신할 뿐이다. 실은 불보다 훨씬 빠른 빛과 같다고 해야 할 것이다. 다만 빛에서 난폭한 이미지를 얻기는 어려워서 일상적으로 쓰는 말로 불이 되어 있을 뿐이다. 때로는 이치적으로는 틀렸지만 정서적으로 타당하면 그대로 수용을 해도 무방하다.

1. 병자(丙子)　[偏官→正官]

　난폭성(亂暴性)의 병화(丙火)가 정관(正官)인 자수(子水)를 만난 형태이다. 이것은 불행한 만남이라고 할 수가 있다. 앞으로만 나아가는 팽창의 성분인 병화가 수축(收縮)하고 응고(凝固)하는 자수(子水)를 만났다는 것은 애초에 균형이 맞지 않는 궁합이기 때문이다. 그럼에도 이러한 성분의 간지(干支)가 존재하는 이상 여기에 대해서 관찰을 해야 하는 것이 학자의 몫이다. 병자(丙子)는 기본적으로 스트레스를 내재하고 있다. 밖으로 뻗어 나가면서도 발아래에 있는 자수(子水)에 대해서 자유로울 수가 없기 때문이다. 마치 '줄에 묶인 원숭이'가 떠오른다.

　병자(丙子)는 권위적인 것에 대해서 복종을 한다. 다른 것에는 복종하지 않는다. 그리고 스스로 권위적인 것을 얻고자 하는 부분에 대해서도 노력한다. 하는 일에 대해서 자신의 마음대로 하고자 하지만 규칙을 위반하지는 않는다. 그리고 무슨 일을 강행하더라도 생각 속에서 억압을 하기 때문에 항상 긴장을 하는 형태가 된다.

　병자(丙子)는 객관성(客觀性)을 갖고 있다. 그것은 이성적(理性的)으로 작용을 하는데, 본바탕은 치우친 감정인 반면에 일지(日支)의 자수(子水)로 인해서 이성적으로 전환되는 분위기를 포함한다. 그러니까 기본적으로 밖을 향해서 나아가는 감정이 억압을 당하는 것이기 때문에 자신을 억압하는 힘이 강하다. 이러한 것은 자제력이 강한 것으로 나타나는데, 병화(丙火)가 자제력을 갖고 있다는 것은 납득하기 어려우나 병자

(丙子)의 경우에는 최대한의 자제력을 발휘하게 되는 것으로 해석을 한다. 이외에 이와 같은 자제력을 갖고 있는 간지(干支)는 없다. 병진(丙辰)정도 이겠는데, 이미 다른 이야기이다. 그 속에는 식신(食神)이 들어 있기 때문이다. 순수하게 자제력을 갖고 병자는 병화의 색다른 면이기도 하다.

병자(丙子)는 일을 할 적에 획일적(劃一的)인 방식을 선호하고 정리정돈을 좋아한다. 그리고 사치스럽지 않고 소박한 것을 선호하기도 한다. 이것은 권위적인 것을 바탕으로 삼고 자신의 능력을 평가받고자 하는 면으로 나타난다. 기본적으로 단순한 형태를 띠게 되어서 사회적으로는 군인(軍人)과 같은 방향으로 진로를 잡는 것도 좋은 적성이 된다. 물론 공무원도 같은 선상에서 적용이 가능하다.

병자(丙子)는 일지에 정관(正官)인 자수(子水)를 만났기 때문에 상관의 명령을 기다리는 형태가 된다. 상사가 어떤 명령을 내리다가 또 갑자기 변경을 할지 모른다는 생각을 하기 때문에 늘 긴장하고 있는 형태가 되며 이러한 것은 자신의 부하에게로 전이(轉移)가 될 수도 있다. 그리고 복잡하지 않아서 합리적(合理的)이고 객관적(客觀的)인 성향으로 질서 정연한 조직에서 능력을 발휘할 수가 있으며, 알아서 해야 하는 자유업(自由業)을 하게 된다면 또한 적성에 부합되지 않아서 힘들어하는 현상이 발생하게 된다. 누군가 지시를 하지 않으면 능동적으로 수행하면서도 항상 자신이 하고 있는 것의 옳고 그름에 대한 분별이 잘되지 않아서 머뭇거리기도 한다.

2. 병인(丙寅) [偏官→偏印+比肩]

 난폭성(亂暴性)의 병화(丙火)가 편인(偏印)인 갑목(甲木)과 비견(比肩)인 병화를 만난 형태이다. 매우 빠른 병화가 추진력에 해당하는 갑목을 얻었으므로 더욱 명석하게 두뇌 회전을 할 수가 있다. 여기에 다시 주체적인 성분이 되는 병화가 지장간에 있으니 자신의 판단이 최선이라고 하는 주체성(主體性)으로 강화되는 작용을 한다. 그러므로 앞으로 쏘아져 나가는 힘이 무척 강하며 자신의 판단에 거침이 없음을 의미한다.
 병인(丙寅)은 정의감(正義感)이 있다. 자신은 위엄(威嚴)이 있고 남의 위엄은 받아들이지 않는 성분이기도 하다. 원래 내가 위엄을 갖추려면 남들은 위엄이 없어야 하는 것이 자연의 풍경이다. 즉 주연(主演)이 둘이 될 수는 없는 일이므로 자신에게 대항하는 사람이 있으면 꺾어야 한다고 생각하기 때문에 강력한 통제력(統制力)을 갖고 주변을 억압하게 된다. 그러면서도 일지(日支)의 편인(偏印)은 고독감(孤獨感)을 가져다준다. 남들은 이해를 못하겠지만 스스로는 무척 고독한 사람이라고 생각을 하여 그러한 것으로부터 피하고자 하는 마음으로 더욱 통제하는 일에 매달릴 수 있지만 그렇다고 해도 근본적으로 내장되어 있는 고독감은 해소가 되지 않는다. 그래서 자기 마음대로 모든 것을 할 수가 있으면서도 스스로 고독하게 된다. 그리고 고독한 것을 벗어나고자 하는 행동들이 괴벽(怪癖)으로 나타날 수도 있다.
 병인(丙寅)은 질서가 있는 명령체계에서 능력을 발휘하게 된다. 그래서 군인(軍人)이나 공무원이 잘 어울리는데 기본적인 병화(丙火)의 적성이 손상되지 않고 그대로 강화되는 면으로 이해를 하면 된다. 직장에서 한 단계 한 단계 승진(昇進)이나 승급(昇級)하는 것에 대해서 쾌감을 느낀다. 편인(偏印)이 갑목(甲木)이므로 본질에는 편재(偏財)적인 요소가 있기도 한다. 내면에 들어 있는 비견(比肩)은 자신의 소신을 더욱 확고하게 믿는 결과가 되기도 한다. 그래서 길이 정해지게 되면 그대로 추진을 하게 되고 중간에 방향전환을 하는 것은 쉽지 않다.

  병인(丙寅)은 영적(靈的)인 부분에 대해서도 감각이 뛰어난 성분이므로 영계(靈界)와 서로 통하는 통신(通神)의 인연도 가능하다. 다만 이러한 작용이 나쁜 암시로 나타나게 되면 정신적인 착란(錯亂)도 염려하게 된다. 이러한 것이 난폭한 본성(本性)과 연결이 되면 통제 불능의 상황에 처하게 될 수도 있으므로 주변의 상황을 살펴서 판단해야 한다. 주변에서 이러한 성분을 통제하게 되면 뛰어난 영감으로 활용이 되겠지만 그렇지 못한 경우에는 정신적으로 문제를 일으킬 암시가 되기도 한다. 병인은 남의 이야기에 귀를 기울이지 않고 자신의 영감을 의지하는 형태가 되므로 문제가 발생하게 되면 복구하는 것이 쉽지 않다. 이것도 기본적인 병화(丙火)의 성분으로 인해서 나타나는 암시이다.

3. 병진(丙辰) [偏官→食神+正印+正官]

　난폭성(亂暴性)의 병화(丙火)가 식신(食神)인 무토(戊土)와 정인(正印)인 을목(乙木)과 정관(正官)인 계수(癸水)를 만난 형태이다. 궁리하고 연구하는 것으로 목적을 삼으며 자신의 궁리에 장애가 되는 것은 무조건 내쳐야 속이 시원한 형태이다. 이것은 난폭한 편관(偏官)인 병화가 식신을 만났기 때문이다. 그리고 직관력(直觀力)이 그 안에 내재되어 있어서 자신의 생각에 대한 확고한 신념도 가지고 있다. 그리고 자신의 생각이 개인적으로 판단한 것이 아닌 객관적(客觀的)이라는 점에 대해 강력한 주장이 발생하게 된다. 이러한 점은 궁리하는 것은 표면적으로 작용을 하고, 객관성과 직관성은 내부적으로 작용을 하게 되어 우선 겉보기에는 난폭하게 자신의 주장을 하는 형태로 인식이 될 수 있다.

　병진(丙辰)은 자신이 생각하는 것은 모두 합리적이고 객관적이기 때문에 수정을 할 필요가 없다고 하는 생각을 내심으로 하게 된다. 그래서 강경(强硬)한 어투를 사용하게 되고, 남들은 자신의 주장을 그대로 수용(受容)하고 접수(接受)만 하면 되므로 아무런 문제가 없다고 판단을 하게 된다. 이것이 잘못 진행이 되면 자신의 능력을 과신(過信)하여 남의 의견을 무시하는 형태로 강행하여 독재(獨裁)의 형태가 될 수도 있는 성분을 포함하고 있다.

　병진(丙辰)은 순수(純粹)한 면을 갖고 있다. 그야말로 사심(私心)없이 순수한 마음으로 자신의 생각을 따라오라는 마음이 강하게 작용하며 더욱 힘차게 그 생각을 널리 전하고자 하는 투사(鬪士)와 같은 면을 갖기도 한다. 순수하게 수용을 하게 되면 기쁜 마음에 자신의 생각을 전달해 주지만, 누군가 반발을 하게 되면 그에 대해서는 끝까지 물고 늘어져서 자신의 생각이 옳고 상대방의 생각이 틀렸다는 것을 증명하려고 집착을 하게 된다. 다만 이러한 행동은 자신이 옳다는 것을 증명하기 위해서라기보다는 상대방에게 잘못된 것을 알려줘야 한다는 사명감(使命感) 때문인데 이로 인해서 오해를 할 소지는 있지만 그러한 것을 두려워하지는 않는다.

병진(丙辰)은 직관력(直觀力)을 내재하고 있으므로 연구를 하는 과정에서 문득문득 파악되는 순간포착이 잘 이루어지는 능력을 갖고 있다. 그래서 강의(講義)를 하게 되면 그러한 과정에서 깨달아 가는 것이 적지 않으므로 그냥 생각만 하기보다는 훨씬 더 효과적인 결과를 얻게 되는 점이 있기도 하다. 이것은 월등한 효과를 얻을 수가 있으므로 상당히 진취적인 학습능력으로 학자(學者)로 진출하게 되면 크게 성공을 할 암시가 된다.

병진(丙辰)은 난폭한 성분이면서도 순수함이 있는 심리구조로 강력한 카리스마의 효과를 갖는다. 그래서 나를 따르는 사람은 어떻게 해서라도 보호를 하고 지도를 하게 되면서 관심을 두게 되지만 나에게 공격을 하고자 하는 사람에게는 본연(本然)의 난폭성(亂暴性)이 자극을 받아서 집요하게 파고들면서 상황에 따라 대응을 달리하는 면으로 나타날 수가 있는데 이러한 것은 대상에 따라서 다르게 작용을 하게 된다. 다만 스스로 반발을 하기보다는 상황에 따라서 반응을 보이게 된다.

4. 병오(丙午)　[偏官→劫財]

난폭성(亂暴性)의 병화(丙火)가 겁재(劫財)인 정화(丁火)를 만난 형태이다. 난폭하기로 들면 육갑(六甲) 중에 최고라고 해야 한다. 기본적인 난폭성에 경쟁심(競爭心)까지 추가되었기 때문이다. 그야말로 임전무퇴(臨戰無退)의 심리구조를 갖고 있어서 방향을 잡기만 하면 그대로 치달리는 형태가 되므로 감당이 되지 않는 성분으로 작용을 하게 된다.

병오(丙午)는 강력한 주체를 그 본색으로 삼는다. 누구라도 대항을 하게 되면 그대로 두지 않으며 자신이 쓰러지는 한이 있더라도 양보를 하지 못하므로 피할 수 없는 한판이 된다. 병오는 남들과 분쟁(紛爭)에 휩싸일 수도 있으므로 대인관계에서 좋은 평판을 얻기가 어렵고, 상대하기 불편한 사람으로 인식이 될 가능성이 더 높은 형태이다. 이러한 특성을 사회적으로 발휘한다면 직장에서는 라이벌들과의 마찰이 불가피하다. 그래서 융통성 없이 자신의 주장으로 상대방을 공격하다가 큰 화(禍)를 입게 되는 경우를 염려하게 된다. 대인관계에서는 이러한 부분에 대해서 깊은 관찰이 필요하다.

병오(丙午)는 자신의 생각이 옳기 때문에 경쟁자와 대항을 하게 된다. 그것은 정화(丁火)의 정관(正官)성분으로 인해서 더욱 확고하게 자리를 잡게 되는 것이다. 그러므로 나를 위해서가 아니고 전체를 위해서 반드시 자신의 주장이 관철되어야만 한다. 또한 이러한 생각이 자신의 입장에서는 매우 중요하고 그래야 할 당위성(當爲性)이 있지만 상대방이 봤을 적에는 이기적으로 자신의 주장만 강요하고 남의 의견과는 타협하지 않는 것으로 보이게 된다. 그래서 상대방은 함께 부닥치는 것을 피하게 되고, 그러한 현상은 결국 대인관계에서의 고립(孤立)으로 이어지게 될 가능성이 많다. 결과적으로 홀로 살아가는 독불장군이 되는 셈이다.

병오(丙午)는 독립적(獨立的)이다. 남에게 의지하고 소속되는 것을 싫어한다. 자신의 주장이 대단히 강경한 것은 자신의 생각이 객관적(客觀的)이라고 하는 확신(確信)으로 인해서이다. 그것은 겁재(劫財)가 정화(丁火)이므로 정관성(正官星)을 포함하고 있기 때문이다. 여하튼 기본적으로 직장생활을 하기에는 어울리지 않는 성분이므로 자신의 일을 추진하는 방향으로 미래를 설계하는 것이 최선이다. 자신이 수긍할 수 없는 일들로 지배를 당한다면 아마도 미쳐버릴 가능성이 매우 크다. 그래서 난세(亂世)의 영웅이 될 소질도 다분하다. 이러한 성분이 안내를 잘하는 참모를 만난다면 큰일을 이룰 수도 있겠지만, 참모를 잘못 만난다면 큰 낭패를 당할 수도 있다는 것은 어차피 상대적인 음양의 이치이다.

5. 병신(丙申) [偏官→偏財+偏官]

난폭성(亂暴性)의 병화(丙火)가 편재(偏財)인 경금(庚金)과 편관(偏官)인 임수(壬水)를 만난 형태이다. 편재로 인해서 내 마음대로 상대를 관리하는 마음이 강력하게 작용한다. 그리고 상대뿐만 아니라 자신의 몸에 대해서도 강력한 통제를 가하게 되므로 굶기거나 먹이는 것에 대해서도 몸의 요구를 무시하고 마음대로 끌고 다니고자 하므로 몸이 고생을 하는 구조이다. 다만 그렇게 하면서도 내심으로는 두려움이 도사리고 있으니 이것은 지장간에 임수가 있기 때문이다. 그러므로 겉으로는 강력한 통제를 하면서도 내심으로는 상당히 두려운 마음을 갖고 있어 늘 갈등이 발생하는 형태가 된다.

병신(丙申)은 사물(事物)을 집착도 없이 통제하는 힘이 강력하다. 이러한 것은 무정(無情)한 통제(統制)로 해석을 할 수가 있다. 오히려 통제를 통해서 자신의 권위적(權威的)인 것을 확보하고자 한다. 그렇게 되면 독재자의 형태로 작용을 하게 되는데, 자신이 통제하는 것은 경금(庚金)이므로 비견(比肩)이 되니까 통제를 가하는 것이 당연하다고 생각을 하게 된다. 그러므로 남의 아래에서 일을 해야 하는 입장이 된다면 힘이 들어서 견디지 못하게 된다. 권위적이라는 것을 그렇게 지키고자 무리를 하는데, 남의 지시를 받게 되면 모양새가 나지 않기 때문에 그만큼 반발을 하게 되는 것이다.

병신(丙申)은 통제를 하는 것에 대해서는 구체적이고 현실적이어서 확실하게 계획을 세우고 한발 한발 진행을 시킨다. 그리고 어려운 일이 닥치는 것에 대해서는 염려를 하지 않는데, 이는 난폭한 병화(丙火)가 편재를 봤기 때문이다. 그리고 인성(印星)이 없으니 망상(妄想)도 없다. 하는 일은 신속하게 진행이 되어야 하며 우물쭈물하는 일은 성미에 맞지 않는다. 앞으로 나가는 것을 선호하며 머뭇거리는 것은 거부하기 때문이다. 또한 내심 편관(偏官)의 작용으로 기억력(記憶力)이 강하다. 한번 한 실패에 대해서는 반복하지 않으려고 노력하고 편관이 식신(食神)에 해당하는 임수(壬水)가 되므로 힘들 때마다 궁리를 해서 돌파하고자 한다. 그러한 과정을 진행하는 동안에는 놀라울 정도의 인내심을 발휘하는데 중요한 것은 이러한 인내심으로 연구하는 것도 통제를 확실하게 하기 위해서이다.

병신(丙申)은 군대의 적성으로 잘 어울린다. 사병(士兵)을 통제하는 것에 추호(秋毫)의 사정이 없다. 그러므로 병사의 정신 상태는 무척 강력한 형태가 된다. 자신의 입맛에 맞게 훈련을 시키기 때문에 어정쩡한 군인은 사정없이 호통을 당한다. 지시대로 하지 못하면 매를 들기도 한다. 구타를 할 수도 있는 성분이기 때문이다. 그리고 알찬 훈련방법을 강구하기 위해서 연구를 하게 되면 밤잠도 자지 않고 연구에 몰두하게 되기도 한다. 그렇게 함으로써 다른 사람은 따라올 수가 없는 재능을 발휘할 수 있게 되니, 그야말로 일등 교관(敎官)인 셈이다. 자신의 지위를 남에게 자랑하거나 내세우지 않으며 일에만 몰두하는 형태가 되기도 하지만, 위엄이 무너지면 명령체계가 잡히지 않기 때문에 위엄(威嚴)을 갖추고자 노력은 한다. 이러한 작용으로 인해서 명예에 살고 명예에 죽는다는 말이 나오는 것이다.

6. 병술(丙戌) [偏官→食神+正財+劫財]

　난폭성(亂暴性)의 병화(丙火)가 식신(食神)인 무토(戊土)와 정재(正財)인 신금(辛金), 겁재(劫財)인 정화(丁火)를 만난 형태이다. 식신 무토의 작용에 의해서 남에게 베풀어 주는 마음이 강하게 나타나고, 정재로 인해서 치밀하고 꼼꼼하며, 경쟁심(競爭心)을 나타내는 것은 겁재로 인해서이다.

　병술(丙戌)은 동정심(同情心)에 의해서 남에게 베풀어 주는 마음이 많다. 이것은 자식(子息)에게 베푸는 마음과 같은 것으로 병진(丙辰)에서도 함께 나타나는 성분이다. 다만 그렇게 베풀면서도 결국은 공허(空虛)한 느낌이 드는 것은 식신(食神)인 무토(戊土)가 편인(偏印)이기 때문이다. 그래서 궁리를 하되 신비로운 영역(領域)에 대해 관심이 많으며, 종교성(宗敎性)을 나타내기도 한다. 이것이 병진에서는 나타나지 않는 것은 정관(正官)의 합리성(合理性)과 정인(正印)의 직관력(直觀力)에 의해서 현실적(現實的)인 부분에 관심을 두기 때문이다.

　반면에 병술(丙戌)은 정재(正財)가 있어서 신비로운 현상에 대한 결과(結果)를 보고자 하는 마음이 있고, 식신(食神)인 무토(戊土)가 손상을 받지 않았기 때문에 그대로 편인적인 성분을 갖고 있는 것으로 관찰을 한다. 이러한 점에서 병진은 정관(正官)인 계수(癸水)에게는 극을 받고 식신 무토(戊土)가 계수와 합(合)이 되어서 제 기능을 발휘하지 못하기 때문에 신비한 영역을 연구하는 방향으로 진행하더라도 결말을 보기까지는 어려움이 있는 것으로 판단한다.

병술(丙戌)은 낙천적(樂天的)이면서 명랑(明朗)하고 쾌활(快活)한 성품이 된다. 그것은 식신생재(食神生財)의 형태가 지장간에 들어 있어서 나타나는 현상이며, 미래지향(未來指向)에 대한 감각이 발달되어 있어서이다. 여기에 비해 병진(丙辰)은 과거지향(過去指向)의 형태라고 할 수가 있으니 이러한 점이 서로 구분되는 현상으로 나타나게 된다.

여기에 경쟁심(競爭心)으로 인해서 마음으로 수용(受容)을 하지 못하는 대상에게는 절대로 물러나지 않으려고 한다. 그래서 누군가 자극을 한다면 확실하게 상대방을 제압하고자 하며, 이러한 과정에서 소란이 일어날 수도 있다. 그리고 경쟁심에 불이 붙으면 물불을 가리지 않고 승부를 위해서 몰두하게 되는데 이 과정에서 너무 감정적으로 공격하기도 하고, 또 경쟁 심리의 영향으로 상대방을 제압하기 위해서 무리한 공격으로 불리한 입장에 처할 수도 있으므로 자신의 감정조절을 잘하는 것이 중요하다.

병술(丙戌)은 사회적으로 적응하게 되면 직장생활보다는 제조업(製造業)에 해당하는 형태로 자신의 일을 하는 것이 좋고, 자신의 일을 하더라도 아랫사람이 많이 있는 상태의 조건이 더욱 만족스럽다. 그리고 내면으로 치밀하고 꼼꼼하므로 사람을 관리하는 능력이 상당하여 세심하게 살필 수 있으니 운영자(運營者)의 역할도 능히 감당을 할 수 있다.

제23장 정화(丁火)의 일주(日柱)

정화(丁火)의 기본형은 정관(正官)이다. 정관의 본성은 항상 이성적(理性的)이고 이지적(理智的)이며 객관적(客觀的)이다. 그래서 감정적(感情的)으로 좌충우돌(左衝右突)하는 사람을 가장 못마땅하게 여기고 무시한다. 그렇지만 막상 본인에게 말을 하지는 않는다. 자신의 마음속으로 그러한 결정을 내려놓고 상대를 하지 않으려고 하는 조심성이 발동하게 되는 것이다.

정화(丁火)는 열(熱)이다. 온도를 갖고 있는 주체(主體)이기도 하다. 온도(溫度)라는 것은 따뜻한 정도를 의미하는 것이다. 그래서 사주에 정화가 많으면 따뜻하게 되고, 반대로 정화가 없으면 춥게 되는 현상이 발생하게 된다. 이것은 정화의 열기(熱氣)에 대한 이해의 기준이 되기도 한다. '밝음'과 '따뜻함'은 서로 다르다. 밝은 것은 눈을 위한 것이고 따뜻한 것은 몸을 위한 것으로 서로 작용하는 경로가 다르기 때문이다. 그러므로 정화는 몸에 직접적으로 연관이 되어 건강에서 참고를 할 적에는 심장(心臟)에 의미를 두게 되며 심장의 생사여부(生死與否)를 그 사람의 생사와 직결시켜 판단하는 기준으로 삼게 되는 것이다. 인체와 정화의 관계는 대단히 긴밀(緊密)하다. 그것은 열이기 때문이며 인체에서도 열이 그만큼 중요하다는 것을 의미한다. 체온(體溫)은 36.5도를 정상수치로 간주한다. 특이한 것은 여기에서 1도만 높아도 몸은 매우 불편하고 1도만 낮아도 또한 불편하기는 마찬가지이다.

정화(丁火)는 신비(神秘)한 마음의 뿌리이다. 그래서 마음이 작동하게 되면 따뜻한 마음이라 하고, 마음이 움직이지 않으면 냉정(冷情)한 마음이라고 한다. 그만큼 정(丁)과 마음의 온도(溫度)는 밀접하게 연결이 되어 있는 것으로 이해를 한다. 다만 뜨거운 만큼 접근을 할 적에는 조심을 해야 한다. 자칫하면 화상(火傷)을 입을 수가 있는 것도 또한 정화이다. 즉 경우에 어긋나면 바로 피해를 입을 수가 있는데 이것은 마음에 상처를 의미하기도 한다. 너무 뜨거운 마음은 상처를 받기 쉬우며, 그래서 냉정하다는 것도 따지고 보면 뜨거움을 감추기 위한 방어(防禦)의 수단이라고 볼 수도 있다. 즉 냉정 속에도 뜨거운 열기가 있을 수 있는 것이므로 겉으로만 보고 판단을 하기 어려운 것도 세상만사의 모습이다.

정화(丁火)는 원칙주의자(原則主義者)이다. 오로지 원리원칙에 의해서 판단하는 기준을 삼기 때문이다. 그러한 연고로 융통성(融通性)이 부족하다는 말도 하게 되는데, 실로 융통성이 뛰어난 성분은 계수(癸水)임을 의미한다면 계수가 극하는 정화는 같은 맥락에서 융통성이 없어서 극을 받게 되는 것으로 해석을 하는 것도 가능하다. 이러한 성분은 교육자(敎育者)의 적성으로 제격이기도 하지만 법을 집행하는 영역에서도 능히 감당을 하게 된다. 다만 융통성을 발휘하는 사람들에 휩싸이게 되면 마음대로 되지 않으므로 자신의 능력을 가동시킬 수가 없어서 이용을 당한다는 말이 나오기도 한다.

1. 정축(丁丑) [正官→食神+偏官+偏財]

　합리성(合理性)의 정화(丁火)가 식신(食神)인 기토(己土)와 편관(偏官)인 계수(癸水), 편재(偏財)인 신금(辛金)을 만난 형태이다. 본기(本氣)를 살펴보게 되면 병진(丙辰)과 많이 닮아 있는 형태가 된다. 식신을 만나서 합리적으로 연구를 하게 되는데, 여기에 편관이 있어서 연구를 하면서도 조심하는 마음이 발생한다. 다시 편재가 있는 것은 스스로 통제하고자 하는 마음으로 일어나게 되어 통제를 하면서도 두려움이 내재되어 조건에 따라서 반응이 달라지는 형태로 나타난다.

　정축(丁丑)은 도덕(道德)을 가르치는 교사(敎師)와 같은 분위기이다. 정화(丁火)의 합리적인 성분과 식신(食神)의 정인(正印)적인 기토(己土)로 인해서 나타나는 현상이다. 그러므로 남들에게 올바르게 살아가는 기준을 제시하는 것에 매력을 느끼게 되고, 이러한 것에 대해서는 상당히 강요하는 듯한 느낌을 갖게 된다. 그것은 본질적인 정화의 성분으로 인해서 나타나는 현상이며 기토의 정인 성분도 또한 여기에 박자를 맞추게 되므로, 결과적으로는 말을 하고 연구하는 방향이 도덕적(道德的)인 것으로 향하게 될 가능성이 높은 것으로 해석을 한다.

　정축(丁丑)은 미래지향성(未來指向性)도 강하다. 다만 과거에 대해서 생각을 하더라도, 편관(偏官)은 계수(癸水)가 되니 상관(傷官)의 작용으로 인해서 과거의 법칙에 대해 생각할 적에는 오락적인 마음이 나타나게 된다. 이것은 고인(古人)의 가르침을 희극화(戲劇化)해서 사람들에게 가르치는 형태가 된다. 즉 경전(經典)이나 고전(古典)을 해설하는 사람이 되면서 재미있는 방향으로 풀이를 할 수가 있는 것이다.

이러한 사람이 불교(佛敎)를 선택하면 포교(布敎)를 하게 되고, 기독교(基督敎)를 택하면 설교(說敎)를 하게 되는 것이다. 과정은 달라도 결국 본질이 같은 성분으로 작용을 하게 된다. 과거의 법을 미래로 전달하는 역할을 하는데, 기본적으로 따스한 말이어야 하는 것은 정화(丁火)의 본질이고, 고전이어야 하는 것은 본질이 정관(正官) 성분이며, 정신적인 것을 저장하는 것은 편관(偏官)이며 재미있는 해석법으로 이해를 시키도록 연구하는 것은 계수(癸水)를 기토(己土)가 관리하는 형태가 되기도 한다. 그래서 기억력도 뛰어나지만 해석력도 뛰어나서 아는 한도 내에서는 최대한으로 능력을 발휘하여 남에게 설명을 해 줄 수가 있다.

정축(丁丑)은 주어진 일을 성실하게 수행하는 심리구조를 갖고 있다. 자신의 역할에 대해서 매우 적극적으로 노력을 하기 때문에 윗사람으로부터 좋은 평판을 받는다. 또한, 이성적이면서도 남을 아끼는 마음이 내재되어 있어서 남의 어려움을 내일처럼 생각하고 최선을 다해서 보살피고자 함으로 이러한 것은 장래에 덕(德)으로 돌아올 것이다. 그리고 남들에게도 그렇게 하기를 권하게 되는데, 이와 같은 작용이 더욱 커져서 많은 사람들에게 골고루 작용이 되기를 희망한다.

정축(丁丑)은 내성적이어서 대인관계에서 말을 먼저 하기보다는 실천을 먼저 한다. 다만 자극을 많이 받으면 반발력이 발생하는 것은 억압하면 폭발하는 열(熱)의 성분이기도 하다. 그래서 정화(丁火)는 조용할 때부터 조심하는 것이 좋으며 말이 없다고 해서 생각도 없는 것으로 간주하게 되면 나중에 후회를 하게 된다. 바탕이 내성적이기 때문에 선두에서 지휘를 하는 것은 적성에 맞지 않으므로 혁명가(革命家)와 같은 직책은 감당을 하기 어렵다. 다만 누군가 이끌어 주면서 역할을 배당하게 된다면 이때에는 최선을 다해서 자신의 역할에 충실하게 된다.

정축(丁丑)은 역사(歷史)나 문화(文化)에 관심을 많이 두고, 연구한 것을 발표하게 되는데, 이것은 기토(己土)가 식신(食神)이기 때문이다. 이러한 관계를 깊이 이해하게 되면 많은 힌트를 얻을 수가 있으므로 조심해서 살펴보면서 살얼음을 밟듯이 연구해 가는 것을 권한다. 대충대충 수확을 해서는 진실의 열매를 얻기는 쉽지 않기 때문이다. 이러한 적성을 살린다면 박물관(博物館)의 책임자(責任者)나 도서관(圖書館)의 관리자(管理者)와 같은 것에 잘 어울리는 적성이 된다. 그리고 옛 것을 찾아서 새롭게 해석하여 풀이를 하므로 교육자의 적성으로 연결이 되어서 교수(敎授)도 잘 어울린다.

2. 정묘(丁卯) [正官→偏印]

합리성(合理性)의 정화(丁火)가 편인(偏印)인 을목(乙木)을 만난 형태이다. 합리성이 강한 정화가 다시 을목의 생조(生助)를 받게 되므로 더욱 강화되는 형태가 된다. 그리고 편인으로 인해서 매우 보수적인 성향을 띠며, 의학(醫學) 등에 관심을 둘 수가 있는 것은 을목이 정재(正財)의 작용을 갖고 있는 까닭이다. 또한 법을 준수하는 성분이며 과거지향적(過去指向的)이다. 무척 보수적인 성향을 띠기 때문에 노숙(老熟)해 보일 수도 있다.

정묘(丁卯)는 신비한 세계에 대해서도 구체적으로 이해를 하고 있기 때문에 영적(靈的)으로 수준이 무척 높은 경지에 도달을 할 수가 있으며, 미래에 대해서 생각하는 것은 비중을 두지 않는다. 이러한 현상은 도교(道敎)의 수행자(修行者)에도 잘 어울리는 성분이다. 현묘(玄妙)한 세계에 빠져들게 되면 그러한 것을 구체적으로 이해하고 수용하기 위해서 다른 것은 모두 잊어버릴 수도 있다. 그야말로 무아지경(無我之境)의 경지를 자신의 소유로 만들고자 노력하며 최종적으로는 스스로 선인(仙人)이 되기를 희망한다. 일지(日支)의 을목(乙木)이 정재(正財)의 성분으로 인해서 장생불사(長生不死)를 염원하기도 한다.

정묘(丁卯)는 이성적이면서도 객관적이다. 그리고 자신에 대해서 남에게 알리는 것을 별로 원하지 않는다. 그야말로 자연의 신비한 현상에 대해서 수용하고 직관적으로 파고들어 가는 것이 목적이 될 수가 있기 때문이다. 그래서 비교적 말이 적으며 생각이 많은 형태가 되는데 방향이 잘 잡히면 명상(冥想)의 세계에서 선경(仙境)을 누릴 수도 있지만 잘못되면 망상(妄想)으로 인해서 정신병원을 전전할 수도 있는 것은 또한 음양의 이치이다. 자신의 상황을 자세하게 말하는 수단이 부족하기 때문에 이러한 현상이 생기기도 하고, 혹은 주변의 사람들이 이해를 하지 못해서 오해가 발생하는 경우도 있으므로 내심 누구에게 말을 하기도 그렇고 하지 않아도 그렇기 때문에 속으로만 삭이게 되어, 이러한 것이 고독(孤獨)한 형태로 나타날 수가 있다.

정묘(丁卯)는 대인관계가 활발하지 않기 때문에 많은 사람과 사귀는 것에 대해서도 무척 부담을 받게 된다. 그래서 혼자 생각하는 시간이 많아지게 되고 관계에 대해서도 부정적(否定的)으로 생각을 하게 되며 참으로 신뢰하는 사람이 아니고서는 속마음을 이야기하지 않으려고 한다. 이러한 현상은 자칫하면 자폐적(自閉的)인 결과로 나타날 수도 있으며 자신이 생활하는 환경도 비교적 좁고 제한적이다. 이것은 많은 사람과 관계를 하는 경우에 비해서 상대적으로 협소함을 의미하게 되며 밖으로 유랑(流浪)하기보다는 내면(內面)을 탐색(探索)하는 형태가 되므로 자연스럽게 종교나 신비성 혹은 영적인 부분에 대해서 구체적으로 관심을 두게 된다.

3. 정사(丁巳) [正官→劫財+正財]

합리성(合理性)의 정화(丁火)가 겁재(劫財)인 병화(丙火)와 정재(正財)인 경금(庚金)을 만난 형태이다. 기본적으로 합리적이지만 여기에도 경쟁심(競爭心)이 추가되어서 자신의 몫을 빼앗기지 않으려고 하는 마음이 발생하게 되는데, 특히 겁재인 병화의 난폭함으로 인해서 겉보기와는 다르게 상당히 강경한 승부심이 있으며 다시 정재인 경금으로 인해서 결과를 놓치지 않으려고 치밀하게 생각하는 현상으로 작용을 하게 된다.

정사(丁巳)는 상대방의 결실에 대해서 신경을 많이 쓴다. 즉 남의 재물이 더 커 보인다는 심리가 작용하므로 기본적으로는 점잖은 성분이지만 내심으로는 갈등이 많은 형태이다. 그리고 자극을 받으면 맹렬(猛烈)하게 자신의 권리를 찾으려는 행동으로 인해서 겉보기와는 다르다고 이해를 할 수가 있다.

정사(丁巳)는 자신이 경계하는 사람과는 사귀지 않기 때문에 대인관계의 범위는 비교적 좁은 편이다. 그러나 마음이 편한 사람들과는 허물없이 잘 지내게 된다. 이것은 경쟁관계에 처하지 않은 경우임을 의미하며 이러한 경우에는 오히려 밝게 교류를 하기도 하며 정보도 공유한다. 그리고 비밀이 없는 형태가 되기도 하여 수다스럽다는 말도 들을 수가 있다.

정사(丁巳)는 항상 내 것을 손해 볼 수 있다는 의식을 하고 있어서 사람의 관계에 대해 긴장하고 조심하는 마음이 작용하게 된다. 그래서 이해타산(利害打算)을 구체적으로 정확하게 따지기를 좋아하며 자신에게 조금이라도 해로운 사람은 만나지 않고, 덕이 되는 사람과는 좋은 관계를 유지하게 된다. 이것은 변할 수가 없는 기본형이기 때문에 정사의 숙명이다. 그리고 재물이나 결실이 경쟁자의 수중에 있다는 느낌도 지울 수가 없으므로 항상 조심스러운 마음이 떠나지 않으며 정화(丁火)의 내성적인 성분으로 인해서 겉으로 확실하게 말을 하기보다는 속으로 생각을 많이 하다 보니 불안증(不安症)이 발생하게 된다.

정사(丁巳)는 몸을 돌보는 마음이 부족하다. 그러면서 내심으로는 건강에 대해서 무척 불안해하는 마음도 함께 갖고 있다. 이것은 경금(庚金)의 몸이 병화(丙火)에게 극을 받았음을 의미하며 만약 월지(月支)에서 해수(亥水)가 병화를 극하게 된다면 건강이 좋지 않은 반면에 오히려 몸을 잘 돌볼 수도 있으므로 이러한 주변에 대한 관찰이 반드시 병행되어야 한다. 만약에 그렇지 않고 한 가지만으로 결정을 하게 된다면 오류를 범하게 될 가능성이 많으므로 일주론(日柱論)은 기본형(基本形)이라고 하는 것을 잊지 않고 관찰해야 하는 것이다.

정사(丁巳)는 논리성이 있으나 전개하는 과정이 원활(圓滑)하지 못해서 남을 설득시키는 능력은 부족하다고 보게 된다. 다만 지지 않으려고 하는 마음만 강렬하기 때문에 말을 하는 도중에도 대립하는 형태의 언사(言辭)가 튀어나올 수 있으므로 강연(講演)과 같은 형태의 일을 하기에는 적당하지 않다. 그래서 사회적으로 활동을 할 범위를 본다면 주체적으로 자신의 일을 하는데 임대(賃貸)나 관리(管理)를 하는 방향이 적합하다. 직장생활도 가능하지만 권할 만큼의 적성은 아니기 때문에 다른 방향으로 살펴보는 것이 좋을 것이다. 왜냐하면 복종성이 떨어지기 때문에 직장에서 견디는 것도 힘들 암시가 있기 때문이다. 직장에서는 복종성이 약하면 견디기 어렵다. 그리고 자신의 의견을 밝히는 것에도 서투른 형태가 되기 때문에 여러 가지로 봐서 도서대여점(圖書貸與店)과 같은 형태의 일을 찾아보는 것을 권장한다.

정사(丁巳)는 심령(心靈)의 성분과 신령(神靈)의 성분이 혼합되어 있는 형태이다. 이러한 성분은 영체(靈體)와 유사한 형태가 되는데, 영기(靈氣)에 대해서 민감하게 작용을 할 수 있는 암시도 포함이 된다. 유사(類似)한 간지(干支)로는 병오(丙午)가 있는데, 병오는 일간(日干)이 신령(神靈)이라서 사사로운 감정이 없이 우주적인 영체(靈體)로 인식이 되고, 정사는 심령(心靈)이 일간이므로 내면적으로 작용하는 영체(靈體)로 인식이 된다.

병오(丙午)는 감정적(感情的)으로 반응을 하고 정사(丁巳)는 이성적(理性的)으로 반응하게 되는데, 이러한 관점으로 정사를 본다면 겉으로는 차분하고 사리판단이 분명하지만 속으로는 격렬(激烈)함이 내재되어 있기도 하다. 병오가 사사로움을 속으로 넣고 우주적인 차원에서 밝음을 나눠주는 성분이라고 한다면, 정사는 우주적인 마음을 속에 간직하고 현실적인 열기를 나누어 주는 성분이다.

4. 정미(丁未)　［正官→食神+比肩+偏印］

　　합리성(合理性)의 정화(丁火)가 식신(食神)인 기토(己土)와 비견(比肩)인 정화, 편인(偏印)인 을목(乙木)을 만난 형태이다. 식신을 본 것은 정축(丁丑)과 닮았고, 편인을 본 것은 정묘(丁卯)와 닮았다. 다만 차이는 비견이 내재되어 있다는 것이다.

　　정미(丁未)는 연구하고 궁리를 하는데, 모두 주체적이거나 신비적인 것에 비중을 두게 된다. 미래지향적(未來指向的)인 면으로 개선을 시켜서 활용이 되는 방안을 강구하지만 배경에는 옛 법에 대해서 준수하고자 하는 마음이 강력하게 자리를 잡고 있어서 상당히 보수적인 형태를 읽을 수 있다. 많은 궁리를 하면서 자신이 스스로 답을 얻어가는 능력은 되지만 마무리를 하는 성분은 부족하다. 정축(丁丑)의 경우에는 편재(偏財)가 속에 들어 있어서 나름대로 연구를 한 것에 대해서 마무리를 할 수가 있는데, 정미는 그러한 성분이 없는 까닭에 마무리가 약해서 흐지부지하게 될 암시가 포함된다. 그리고 연구를 하는 것이 편인(偏印)에 의해서 견제를 당하므로 궁리를 하면서도 자신감(自信感)이 없어서 망설이게 되는 형상도 나타난다.

　　정미(丁未)는 극(剋)을 받은 식신(食神)인 기토(己土)가 작용하고 있으므로 연구를 하면서도 중단을 하게 되는 현상이 발생하게 되어 스스로 모든 것을 처리하기에는 부담이 많다. 미토(未土)는 편인(偏印)인 을목(乙木)을 만나게 되면 맥을 못쓰고 무력화되는데 그 이유는 식원(息原)

에 해당하는 기토를 생명(生命)에 해당하는 을목이 견제하게 되므로, 유(有)가 무(無)를 극하는 현상이 발생하게 되어서 흔적도 없이 사라져 버리는 것은 아닐까 싶다. 그래서 정미는 정묘(丁卯)와 많이 닮아 있는 형태에 주체성(主體性)이 강화된 모습으로 나타나는 것으로 관찰이 된다.

5. 정유(丁酉) [正官→偏財]

합리성(合理性)의 정화(丁火)가 편재(偏財)인 신금(辛金)을 본 형태로 공간(空間)을 통제하는 능력이 강력하게 작용하게 된다. 그리고 자신의 생각대로 추진하고 강력하게 통제를 하면서도 그것이 최선이라고 생각하기 때문에 남에게 의견을 묻거나 타인의 의견을 수렴하는 태도는 나타나지 않는다. 그리고 남의 의견을 접수할 마음이 없기 때문에 조언을 구하지도 않는다. 왜냐하면 조언을 받게 되면 버릴 수도 없고 수용을 할 수도 없기 때문에, 독재적(獨裁的)인 형태로 주관적(主觀的)인 해결을 하게 된다.

정유(丁酉)는 일에 대해서 통제(統制)하고 조작(操作)하는 것을 좋아한다. 그러나 사물에 대해서 집착을 하지는 않는다. 마음이 내키는 대로 통제하고 관리하며, 그 외에 다른 일이 생기면 이전의 일은 잊어버리고 새로운 일에 몰두하게 되는 형태가 나타난다. 그리고 기본이 합리적이고 원칙적인 정관(正官)의 성분인 정화(丁火)이기 때문에 규정을 준수하고 표준적인 것에 비중을 두고 규정을 어기는 것에 대해서는 분노(憤怒)를 하게 되어서, 만약 선생님이라고 하면 지각을 하는 학생에게는 가혹한 체벌도 가능하다. 그것은 규정을 위반했기 때문이므로 개개인의 사정을 들어줄 마음 없이 원칙대로 통제 관리를 하는 것으로 목적을 삼을 뿐이다. 그래서 무정한 사람으로 평가받게 될 수도 있다.

정유(丁酉)는 이성적(理性的)이며 객관적으로 많은 대상을 상대로 통제하고 관리하는 것을 좋아한다. 이러한 적성은 감독(監督)의 특성으로 작용하여 남에게 지시하고 명령하는 능력으로 발휘를 하게 된다. 정유의 관심(關心)은 현실적(現實的)인 세상을 지배하는 것이며, 추상적(抽象的)이고 막연한 것에 대해서는 관심을 두지 않는다. 영적(靈的)인 이야기에 대해 믿지 않는 정도는 아니라도 자신과는 무관한 일이므로 간여하지 않겠다는 생각을 하게 되므로 흥미를 두지 않는다. 그야말로 눈에 보이는 실체를 통제하고자 하는 심리작용을 하게 된다.

정유(丁酉)는 사회에서 적응하는 성분으로 직장생활은 쉽지 않으니 자신의 사업을 하는 것이 그래도 나은 것으로 본다. 구태여 직장생활을 하게 된다면 관리직(管理職)에 대해서 적성은 가능하지만 권하진 못할 구조이다. 왜냐면 기본적으로 스스로 알아서 해야 하는 성분이기 때문이다. 이러한 적성은 조직(組織)의 우두머리로 활동을 하는 것이 가장 편안하고 즐거운 삶이 된다. 그리고 통제를 하는 것에 대해서 질서를 두고 있으므로 부림을 당하는 사람의 입장에서도 크게 항의를 하기가 어렵다. 이유는 합리적인 방법을 취하기 때문이며 이러한 것에 대해서 거부감을 갖는 사람은 함께 일을 할 수가 없으므로 다른 자리를 찾아봐야 한다.

6. 정해(丁亥) [正官→正官+正印]

합리성(合理性)의 정화(丁火)가 정관(正官)인 임수(壬水)와 정인(正印)인 갑목(甲木)을 만난 형태이다. 기본적으로 정관이 정관을 만났기 때문에 매우 원칙적이고 합리적인 성향이 무척 강한 형태의 심리가 작용하게 된다. 여기에 갑목의 정인이 있으므로 직관력(直觀力)도 포함이 된다. 합리적인 성분에 직관력까지 포함이 되어 있어서 눈치도 빠르다. 이러한 성분은 상당히 보수적(保守的)인 경향을 띠게 되므로 미래지향적인 면은 약하고 과거의 기억에 비중을 두는 형태의 작용으로 사회적으로는 교육자(敎育者)나 공무원(公務員)의 역할이 가장 잘 어울리는 것으로 보게 되며 매우 안정적인 방향으로 진행을 하는 형태가 된다.

정해(丁亥)는 객관적(客觀的)인 면이 무척 강하고 여기에 대해서 다른 망념(妄念)이 없기 때문에 순수하게 있는 그대로를 준수하게 된다. 그러므로 어떤 안내자(案內者)나 통제자(統制者)를 만나느냐에 따라서 주어진 능력을 가동하는 수준이 달라진다. 훌륭한 주인을 만나게 되면 크게 성공하고 공명(功名)을 얻을 수 있지만 변변치 못한 사람을 만나게 되더라도 감히 배반을 하고 떠나기가 어려워서 희망이 없는 줄 알면서도 그대로 충성을 하게 되므로 성공하기가 어렵다. 더구나 흉악한 주인을 섬기게 된다면 범죄와 연루되어서 희망이 없는 나날을 보낼 수도 있으므로 정해는 그야말로 주인을 만날 나름이라고 해석을 한다.

정해(丁亥)는 이성적(理性的)으로 상황을 수용하며 환경의 변화에도 순응(順應)을 잘하는데, 혹시라도 자신이 뭔가 잘못해서 실수라도 하지 않을까 하여 근심이 많고 이러한 것들을 편안하게 생각하지 못하므로 늘 머릿속에다 담아 두는 형태이기도 하다. 그리고 주변으로부터 피해(被害)를 당하기도 쉬운데, 이것은 상황의 판단을 비판적으로 하기보다는 수용적으로 하는 과정에서 일어나는 부작용이라고 본다.

정해(丁亥)는 스스로 능동적(能動的)으로 움직이는 것은 잘하지 못하고, 주변에서 움직여 줘야만 자신도 따라서 움직이게 된다. 능동적으로 움직이기에는 두려움이 많아서 감히 시도조차 하지 못한다. 하지만 사람들의 단체적인 일에 관심을 많이 두고 흥미도 있으며, 크게 공평(公平)한 심성을 소유하고 있기 때문에 감히 자신의 이익을 도모하지 못한다.

정해(丁亥)는 논리적인 형태에 마음이 부합되고 그러한 것은 공공의 질서를 중시하는 것에도 확장이 되어 예의(禮儀)도 밝으며, 일상적인 규칙에 대해서도 당연히 준수해야 한다고 생각을 하기 때문에 감히 위반을 하지 못한다. 그리고 다수의 사람들이 결정을 한 것에 대해서는 불만 없이 준수를 해야 한다고 생각하기 때문에 사사로이 자신의 뜻에 맞지 않는다고 해서 불평하거나 거부하지 않는다. 그래서 이러한 점을 한 마디로 한다면 '대충지인(大忠之人)'이라는 말로 대신할 수 있다.

제24장 무토(戊土)의 일주(日柱)

　무토(戊土)의 기본형은 편인(偏印)이다. 편인은 신비(神秘)롭고 고독(孤獨)하며 공허(空虛)한 성질을 띠고 있는 성분이다. 이러한 무토는 세속적(世俗的)이 아니고 출세간적(出世間的)이며 현학적(玄學的)이기도 하니 일상적(日常的)인 기준으로는 이해가 되지 않는 성분이기도 하다. 또한 무토는 세속적으로 잘 어울리지 못하는 고독한 것이니 항상 홀로 큰 꿈을 키우고 있는 외로운 도인(道人)과도 같다.

　무토(戊土)는 생원(生原)이라고 했다. 세상 만물을 창조하는 원천(源泉)이 되기도 한다는 의미이다. 그러므로 마치 어머님의 생원(生原)으로 내가 생겨났지만 어머니의 마음을 다 이해하지 못하는 것처럼 기토(己土)의 식원(息原)은 그 의미를 알 수도 있겠지만, 무토의 생원을 다른 여덟 개의 천간은 이해를 하지 못할 수도 있을 것이다. 여하튼 이와 같은 관점으로 본다면 무토는 土이기 때문에 다른 木火金水의 성분과 다르고, 특히 양토(陽土)이기 때문에 토기(土氣)에 해당하여 더욱 그 실체를 이해하는 일이 용이하지 않음을 생각하게 된다. 무토는 편인(偏印)의 성분을 그 본질로 삼고 있으므로 외롭고 고독하다.

　또한 비현실적(非現實的)인 사고력(思考力)을 가지고 있어서 보기에 따라서는 엉뚱하게 이해가 될 수 있다. 무토(戊土)는 세상에 적응하는 능력이 부족하지만, 오히려 다른 세상에 대해 이해를 잘하는 능력을 가지고 있으므로 영계(靈界)에 대한 관찰력(觀察力)이라든지 종교적(宗敎的)인 신비체험에 대한 인식은 뛰어나다. 이러한 것이 편인(偏印)이 갖는 일반적인 심리구조이다.

무토(戊土)는 아무것에도 속박되지 않은 방랑자(放浪者)와 같다. 보이지 않는 곳에서 자신의 몫을 찾아서 처리하고는 바람처럼 사라지는 모습을 떠올려 본다. 불보살(佛菩薩)은 중생이 필요로 하는 곳에 시현(示現)하여 사람인 것처럼 행동을 하면서 도움을 주고는 문득 인간이 뭔가 인식을 하고 다시 봤을 적에는 인홀불견(因忽不見)이 되었다는 이야기를 많이 들어보는데, 이러한 것이 보통 사람에게는 희유(稀有)한 일이지만 무토에게는 일상(日常)이라고 하게 된다. 그러다 보니까 아무에게나 친밀한 모습을 보여 주지 못하고 특정인에게만 관심을 두고 인연을 맺게 되는 현상이 발생하게 된다. 즉 자신을 이해하는 사람과 이해하지 못하는 사람을 구분하게 되는 것이다. 이것이 무토의 숙명(宿命)이다.

1. 무자(戊子) [偏印→正財]

 신비성(神秘性)의 무토(戊土)가 정재(正財)인 계수(癸水)를 만난 형태이다. 치밀하고 꼼꼼하게 신비한 영역에 대해서 통제를 하고자 하는 형식이 된다. 간지(干支)로 무계합(戊癸合)이 되는 작용도 포함을 한다. 이로 인해서 자신의 신체(身體)에 대해서도 통제를 치밀하게 가하는데 절제(節制)가 되는 검소(儉素)함으로 관리하며 몸을 위해서 낭비를 하지 않는 성분이기도 하다.
 무자(戊子)는 확실한 것에 대해서 구체적으로 확인이 된 다음에 행동에 옮긴다. 막연하고 추상적인 것에 대해서 생각은 많이 하지만 그러한 것을 구체화시키는 과정에서는 시간이 걸릴 수도 있다. 그리고 막연하게 결과가 나오지 않을 것 같으면 포기를 빨리해 버리기도 한다. 기본적으로 무토(戊土)와 계수(癸水)의 관계는 잘 어울리지 않는 불균형이다. 그러면서도 서로 합이 되는 것은 자연의 조화이기 때문인데 무토의 중력장(重力場) 내에서 계수의 수기(水氣)가 작동을 하여 만물을 생성시키는 프로그램인 것이다. 그러한 관점에서 본다면 무자는 남을 위해서 희생할 수가 있는 관용(寬容)이 있는 성분이기도 하다. 자신의 목적을 추구할 적에는 자린고비와 같고, 너그러울 적에는 태산(泰山)도 능히 베풀어 줄 수가 있는 것이다.
 무자(戊子)는 도가(道家)의 수행에 대해서도 관심이 많다. 자신의 영혼과 육체가 합일(合一)되어 영원토록 불사(不死)하고자 하는 열망으로 인해서이다. 영혼은 우주를 생각하고 육체는 건강하고 자유롭기를 희망한다. 계수(癸水)의 본질(本質)은 상관(傷官)이기 때문에 아무에게도 구애를 받지 않고 자유로운 몸이 되어 동서남북으로 활동을 하려는 마음에서 건강한 몸이 필요하다. 또한 무토(戊土)의 생원(生原)을 생각하게 되면 만물의 시발점에 서 있는 형태이니, 통제영역이 무한정으로 넓어지는 현상이 발생하여 자칫하면 실현성이 없는 꿈을 꾸고 있다는 평가를 받을 수도 있지만 스스로 생각하기에는 실현이 가능하기 때문에 신선도(神仙道)에 도전을 하게 된다.

무자(戊子)는 항상 현실적이고 실리적인 결과를 추구하는데 신비(神秘)한 세계에서 그 힌트를 찾는다. 생각을 하기 위해서 안정적이 되며 때로는 침묵하여 생각의 심연(深淵)으로 빠져들기도 한다. 그리고 건져내는 것은 현실적으로 구현이 되는 내용이라고 판단되는 소스들이다. 이러한 현상은 명상(冥想)에 필요한 도구(道具)를 개발하기도 한다. 좌선(坐禪)을 할 적에 쓰고 앉아 있는 피라미드 모자나, 이마에 있는 차크라[12]를 개발하기 위해서 히란야[13]를 그려 머리에 두르거나 목걸이를 만들어서 제공하는 것 또한 신비의 세계와 연결하는 끈을 만드는 것과 같으므로 편인(偏印)이 정재(正財)를 운용하는 이치가 된다.

무자(戊子)는 남을 귀찮게 하지 않는다. 스스로 자신을 통제하는 것이 적성이기 때문이다. 그리고 활동성(活動性)이 부족하기 때문에 생활공간은 비교적 좁은 편이다. 주변정리는 꼼꼼하게 할 것도 같은데, 기본적

---

12) 차크라: 산스크리트어로 '바퀴'라는 뜻이다. 물질적 혹은 정신의학적 견지에서 정확하게 규명될 수 없는 인간 정신의 중심부를 말한다. 힌두교와 탄트라 불교의 일부 종파에서 행해지는 신체수련에서 중요시 되는 개념으로, 정신적인 힘과 육체적인 기능이 합쳐져 상호작용을 하는 것으로 여겨진다. 일반적으로 몸에는 3대 차크라, 7대 차크라 등이 있다고 말한다.

13) 히란야: 육각뿔 형태의 삼각형이 겹친 모양으로 이러한 것을 몸에 착용하면 좋은 기운이 흡수되어서 명상이 잘된다고 한다.

으로 무토(戊土)의 관점에서는 그래봐야 별 수가 없다는 생각이 들어서 때로는 대충대충 넘어가기도 하므로 상황에 따라서 변화가 일어난다. 편안하게 해 주는 공간을 좋아하고 간섭을 받는 공간은 꺼리기 때문에 혼자 거처하는 것을 가장 좋아한다. 그리고 현실적인 부분에 대해서는 몸이 편안하면 나머지는 크게 비중을 두지 않는다. 다만 몸이 고통스러울 수가 있는 일이라고 한다면 거부를 하게 된다.

2. 무인(戊寅) [偏印→偏官+偏印]

신비성(神秘性)의 무토(戊土)가 편관(偏官)인 갑목(甲木)과 편인(偏印)인 병화(丙火)를 만난 형태이다. 인내심(忍耐心)을 타고났으니 자신의 생각은 뒤로 미루고 주어진 일에 대해서 맹목적으로 수행하는 것을 우선으로 삼는다. 그리고 이러한 일을 수행하면서도 심리적으로 무척 억압을 받게 되는 것은 자신의 동작은 느리고 해야 할 일은 산더미 같다는 조바심으로 인해서이다. 이러한 초조감은 결과를 맺지 못하는 자신의 능력을 주변에서 반가워하지 않을 것이라는 생각으로 더욱 부담스러운 형태가 되어서 스트레스를 받게 된다. 즉 일을 하면서도 고통을 받는 형태가 되는 것이다. 여기에 편인인 병화가 내재되어 있으므로 일을 해도 자신에게 돌아오는 것은 별로 없을 것이라는 생각도 함께 포함이 된다.

무인(戊寅)은 매우 보수적(保守的)이며 안정성(安定性)을 기대하는 형태이다. 그럼에도 자신의 행동은 오히려 불안정한 모습을 띠게 되는데, 이는 편관(偏官)인 갑목(甲木)이 앞으로만 몰아가는 듯한 조바심으로 인해서이다. 본성은 서두르지 않고 편안하게 쉬고자 하는데 환경이 그렇게 하도록 가만두지 않는다고 생각하여 큰 부담을 느끼게 된다. 심리적으로 본다면 참으로 피곤한 사주라고 해석을 할 수가 있다. 그리고 자신의 노력이 온당한 평가를 받지 못할 것이라고 생각하면서 진행하므로 흥미도 부족하기 때문에 고독(孤獨)한 터널로 빠져들기 쉽다. 아무리 벗어나려고 몸부림을 쳐도 마음대로 되지 않으므로 결국은 포기하는 형태가 되니 그야말로 어울리지 않는 환경의 구성이다.

무인(戊寅)은 고독하다. 단순한 고독이라고 하기보다는 고독하면서도 괴팍하다고 말할 수 있다. 그러면서 보수적인 형태의 심리가 작용하기 때문에 권위적(權威的)인 면도 내재하고 있다. 사람과의 관계에서는 인정이 없어 보이기도 한다. 도와줘봐야 별 수가 없다는 생각이 들기 때문에 인간미(人間美)가 부족하고 권위적이라는 느낌을 발생시키게 된다. 그러나 권위적인 것처럼 보여도 그것을 즐기는 것이 아니고, 그러기 위해서 힘들어한다. 세속적이지 못한 성품으로 세속에 적응하는 느낌이라고 할 수가 있다. 가만히 두면 좋겠는데, 주변에서 그렇게 두질 않는다고 생각하면서 늘 푸념과 체념을 반복하게 된다. 그래서 더욱 고독하고 괴팍(乖愎)하다.

무인(戊寅)은 의지력(意志力)이 강하고 자제력(自制力)도 강하다. 그로 인해서 느긋하게 생각하고 여유롭게 관찰하는 성분이 부족하게 된다. 동정심이 보이지 않으니 각박(刻薄)해 보이기도 한다. 반란을 일으킬 마음도 없고 스스로 자유를 찾아야 한다는 성분도 없다. 다른 사람의 스케줄에 맞추어 따르게 되며 자신이 남을 통제하는 것은 서투르다. 무인은 감정적이기 때문에 힘들어하는 모습이나 세상을 회피하고 싶은 마음이 얼굴에 나타난다. 그래서 직장생활을 하게 되면 늘 주변에서는 왜 그러느냐는 이야기를 듣는다. 힘들어 보여서이다. 듣기를 원하지 않는 그런 말도 어쩔 수 없이 들어야 하는 것이 고통스럽다. 그래서 더욱 세상을 회피하고 싶어진다.

3. 무진(戊辰) [偏印→比肩+正官+正財]

　신비성(神秘性)의 무토(戊土)가 비견(比肩)인 무토와 정관(正官)인 을목(乙木), 정재(正財)인 계수(癸水)를 만난 형태이다. 고독한 주체가 넘치는 성분이다. 그래서 외로움으로부터 벗어나기 위해 현실적인 실리를 추구하기도 하지만 그것도 일시적이며 내면 심층(深層)에서는 항상 고독한 본질이 물결을 치고 있으니 자칫하면 세상을 떠나서 산속으로 들어가기 십상이다. 여기에 합리적인 실리를 추구하는 을목 정관이 도사리고 있으니 세속의 미련을 쉽게 떨쳐버릴 수가 없어서 뭔가 궁리를 하고 합리적인 방향에서의 역할을 찾아가고자 부단히도 노력을 한다. 그리고 활발한 활동성을 갖고 있는 결실을 의미하는 계수 정재가 기다리고 있으니 소득 없는 일은 하지 않으려 하는 마음이 작용하게 된다.
　무진(戊辰)은 겉으로는 탈속(脫俗)적인 것처럼 보이는데 내심으로는 대단히 현실적(現實的)인 면이 강하며, 명예욕(名譽慾)도 강하다. 그래서 남들에게 인정을 받아서 좋은 평판을 얻고자 하는 마음이 강하기 때문에 허례허식(虛禮虛飾)에도 신경을 써서 실속이 없는 명예직(名譽職)이라도 얻으면 열심히 활동하여 좋은 결실을 얻고자 하는 마음이 강하다. 이러한 성분은 수목(水木)이 내재되어 있어서 희망적이고 현실적인 작용으로 나타난다. 다만 기본적인 고독감(孤獨感)은 언제나 자리를 깔고 있으므로 무슨 일을 하여 공명(功名)을 이루더라도 마침내 얻어지는 결실은 허전함이 된다. 그래서 회의심(懷疑心)이 발생하게 되고 중간에 포기를 하고자 하는 마음이 강하게 작용하기도 하는 것이다.

　무진(戊辰)은 보수성(保守性)이 강하다. 다른 사람이 나에게 관심을 갖는 것에 대해서 신경을 쓰지만, 스스로 다른 사람에 대해 관심을 갖는 것은 좋아하지 않는다. 일시적으로 나에게 관심을 가져주기를 바라는 마음도 있지만 이것이 지속적이지 않고 중단되는 현상이 발생한다. 그래서 남들의 관심을 받으면 부담스러워하는 마음이 된다. 외로움이 지나쳐서 괴팍하다고도 하며 냉정(冷情)할 적에는 찬바람이 씽씽 불어나오는 것 같다. 그러면서도 자신의 주장을 강하게 내세우기 때문에 세속에서 어울리기에는 뭔가 자연스럽지 않은 모습이다.

　무진(戊辰)은 객관성(客觀性)이 풍부하지 못하다. 겉으로 드러나는 성분이 비견(比肩)이기 때문이며, 그 비견도 무토(戊土)의 공허함이기 때문에 더욱 그러하다. 다만 내재되어 있는 심리에는 정관(正官)의 객관성이 들어가 있지만 겉으로 발표되기까지는 시간이 많이 걸린다. 그래서 우선 인식하기에는 매사에 흥미가 없는 것처럼 보이며, 안정을 추구하면서 그 안정 속에서 진취적(進取的)인 것을 원한다. 그래서 발이 느리게 되고, 남들과 경쟁에서 항상 뒤진다는 생각을 하기도 한다.

　무진(戊辰)은 일지(日支)의 계수(癸水)와 암합(暗合)이 된다. 이러한 현상은 내심 무척 인색한 모습을 띠기도 한다. 재물이 낭비되는 것을 마음 아파하는 것은 마치 내 피를 흘리는 것과 같다고 생각되기 때문이다. 이는 무자(戊子)가 내면화(內面化)된 것으로 이해를 하게 된다. 알뜰하고 치밀한 마음이 겉으로 드러나지 않으면 무진이고, 겉으로 드러나면 무자가 되는 것이다.

4. 무오(戊午) [偏印→正印]

　신비성(神秘性)의 무토(戊土)가 정인(正印)인 정화(丁火)를 만난 형태이다. 고독하고 신비적인 성분이 합리적이고 객관적인 정관(正官)의 정화를 만났으므로 직관(直觀)이 객관적으로 작용하게 된다. 즉 혼자만의 체험이 아니고 여러 사람이 공감할 수가 있는 형태의 신비한 체험이 된다. 이러한 것은 종교적으로도 나타날 수가 있는데, 무토가 종교성(宗敎性)의 에너지가 강하기 때문에 그러한 방향으로 관심을 두게 된다면 다시 밝은 직관력으로 완성을 시킬 수가 있으므로 정신적인 분야에 대해서 왕성한 활동을 할 수가 있는 성분이다.

　무오(戊午)는 몸을 움직이는 것은 싫어하고, 정신은 활발하게 움직인다. 이러한 현상은 결국 공상가(空想家)의 자질을 의미하게 된다. 그리고 천성이 사색적이고 수동적(受動的)이므로 부지런하거나 알아서 하는 것과는 거리가 멀다. 웬만하면 움직이지 않으려고 하는 성분으로 인해서 운동부족증(運動不足症)에 걸릴 수도 있으니 건강이 나빠질 염려도 하게 된다. 이러한 적성은 산속의 토굴에서 대충 끼니를 때우면서 명상에 몰두하는 형상이 되고, 또 청소를 한다거나 마당에 풀을 뽑는 일도 할 필요가 없으므로 자연 그대로 수풀이 무성하여 출입구도 보이지 않는다.

　무오(戊午)는 직관력(直觀力)이 뛰어나기 때문에 예감(豫感)이 강하게 작용한다. 다만 현실적인 면에 대해서는 무척 둔하기 때문에 직장생활을 하는 것도 적당하지 않고 사업을 하는 것은 더더구나 어울리지 않는다. 직업을 얻는다면 종교(宗敎)나 철학자(哲學者)와 같은 형태가 적당하며, 교육자(敎育者)도 가능하므로 이러한 방향으로 진로를 설정하는 것이 좋다. 그리고 생각은 이곳에 머무르지 않고 저 높은 곳에서 편안함을 즐기게 되므로 늘 번잡한 세상을 벗어나서 한가로운 시간을 갖고자 하는 마음이 내재되어 있어서 일을 하면서도 집착을 하고 진행하는 것이 아니라 대충대충 하고 때가 되면 달아날 궁리를 하는 것으로 보이기도 한다. 그러한 형태는 직장생활에서 불리한 대우를 받을 수도 있으므로 자신은 그러한 일들이 어울리지 않는다고 생각을 하게 된다.

5. 무신(戊申) [偏印→食神+偏財]

 신비성(神秘性)의 무토(戊土)가 식신(食神)인 경금(庚金)과 편재(偏財)인 임수(壬水)를 만난 형태이다. 신비한 현상에 대해서 궁리하고 연구하는 특성으로 작용을 하게 된다. 여기에 스스로 결정하고 마무리까지 맺어야 하는 성분이므로 남에게 의논하고 물을 필요 없이 그야말로 북치고 장구 치는 일을 혼자 다해 버리는 형태가 되며, 어차피 대인관계도 서투르기 때문에 남들이 간섭하면 힘들어하는 형태여서 혼자서 진행하는 시스템으로 작동하는 것을 선호한다.
 무신(戊申)은 신비한 현상에 대해서 궁리하는 성분이다. 눈에는 보이지 않지만 뭔가 있다는 것을 알기 때문에 그러한 것이 어떤 원리에 의해서 작용하고 있는지를 알고 싶어한다. 이러한 것은 신비한 세계에 빠져서 몰두하게 되는 현상으로 나타난다. 남들이 보게 되면 쓸데없는 일에 신경을 쓰고 정작 먹고 살아가는 것에는 소홀하다고 생각하겠지만 자신은 이러한 것이 밝혀지면 먹고사는 데에도 큰 도움이 될 것이라고 생각하기 때문에 결코 헛된 일이 아니라 생각하고 열심히 연구한다. 다만 연구의 시작이 구름을 잡으려는 것이었듯이 도중에 그만두는 것도 쉬운 것은 명확한 연결고리가 잡히지 않기 때문이다. 의욕적으로 시작을 한 것과는 달리 도중에 너무 힘이 들면 적당히 마무리를 하고 중단하게 된다. 일종의 용두사미(龍頭蛇尾)의 형태가 되는 것이다. 그래서 시작을 잘못하게 되면 헛된 시간낭비를 하게 될 암시로 작용이 된다.

무신(戊申)은 외향적(外向的)이며 규모가 자못 크다. 치밀하게 생각을 하기보다는 대규모로 생각을 하게 되어서 그 구상이 실현될 가능성은 그만큼 낮아진다. 성공을 하면 크게 하고, 실패를 해도 크게 할 수가 있으므로 쉽사리 일을 벌이지 못하는 현상이 발생한다. 비록 현실이 따라주지 않아서 마음대로 되지 못하더라도 항상 전국(全國)을 상대로 뭔가 일을 하고자 하는 구상이 속에서 진행되고 있다. 무신이 연구하는 것은 편인(偏印)적인 것이 주제가 되어서 새로운 방향으로 진행하고자 하는 것이다. 편인적인 것에는 의약품(醫藥品)이 포함되어 있다. 의약품(醫藥品)이 편인이고, 영혼(靈魂)도 편인이다. 그래서 영혼의 장애를 치료하는 분야에 대해서도 관심이 많다. 다만 이러한 것도 현실성에서 본다면 또한 비현실적(非現實的)이라는 결론이 나오므로 성공하기가 어렵다. 그래서 처음에 방향을 잘 잡지 않으면 많은 시간을 허송(虛送)하게 될 가능성이 많은 성분이다.

무신(戊申)은 남의 의견에 비중을 두지 않고 스스로 계획을 세우고 추진한다. 객관적인 관점도 없고 경제적인 관념도 부족하다. 그래서 흐름에 따라서 진행하다가 장애가 생기면 그만두고 다른 방향으로 추진하기도 한다. 연구를 하는 것이 경금(庚金)으로 비견(比肩)에 해당하는 성분이므로 주체적으로 방향을 잡은 것에 대해서 남의 의견을 존중하지 않고 스스로 추진하기 때문에, 잘되면 크게 성공을 하고 그렇지 않으면 실패를 하기도 쉽다. 그리고 임수(壬水)는 식신(食神)의 성분이므로 마무리하는 것도 늘 궁리하고 연구하는 것으로 진행이 된다.

6. 무술(戊戌)　[偏印→比肩+傷官+正印]

　　신비성(神秘性)의 무토(戊土)가 비견(比肩)인 무토와 상관(傷官)인 신금(辛金), 정인(正印)인 정화(丁火)를 만난 형태이다. 주체적인 비견을 만났으니 자신의 주관에 힘을 실어주는 것은 무진(戊辰)과 닮았다. 그리고 정인을 만났으니 이것은 무오(戊午)와 통하는 면이 있으므로 참고를 할 수 있다. 다만 특이한 것은 지장간(支藏干)에 상관인 신금을 만났다는 것이다. 이것이 무술(戊戌)의 특색이 된다.

　　무술(戊戌)은 감정적이다. 그리고 내면으로는 미래지향(未來指向)의 성향이 들어 있다. 상관(傷官)으로 인해서이다. 이것이 무진(戊辰)과 다른 가장 큰 이유가 된다. 다만 그 상관이 정화(丁火)인 정인(正印)에게 극을 받고 있는 것이 변수(變數)이다. 극을 받고 있기 때문에 표현을 하는 것에 대해서 무척이나 조심스럽고 주의해야 하는 것으로 자기 검열을 할 것으로 판단이 된다. 그러므로 언제나 자신의 숨은 능력을 남에게 발휘해서 여봐란듯이 살고 싶지만 그러한 것은 내심으로 존재하고 겉으로 드러나는 것은 쉽지 않다.

　　무술(戊戌)은 주체성이 강하다. 그 주체성은 편인(偏印)에 대한 것이므로 신비한 영역이나 영적(靈的)인 세계에 대해서 주체적으로 입장을 갖게 된다. 그러므로 보이지 않는 세계에 대해서 당연히 존재하는 것으로 생각하게 된다. 그리고 내부적으로 직관(直觀)에 해당하는 정인(正印)이 정화(丁火)이다. 그래서 객관성(客觀性)을 의미하는 정관(正官)

이 작용하기 때문에 자신은 신비한 세상에 대해서 실제적인 체험을 한 것으로 인식을 하기도 한다. 그러므로 더욱 강력하게 주장을 할 수가 있는 것이며 분위기가 맞춰진다면 강경한 열변(熱辯)을 토로(吐露)할 수도 있는 것은 내부에 존재하는 신금(辛金)의 상관(傷官)으로 인해서이며, 이 상관이 다시 겁재(劫財)의 형상을 본질로 간직하고 있으므로 가능한 것이다.

무술(戊戌)은 신비현상에 대해서 긍정적이다. 눈에 보이는 세상이 전부가 아니라는 것을 확고하게 믿는다. 그리고 분위기가 된다면 그러한 생각을 강경하게 설명할 수도 있다. 다만 정화(丁火)에게 극을 받은 신금(辛金)이기 때문에 함부로 나오지 못하고 평소에는 언급을 자제한다. 그러나 정화가 잠을 자거나[극을 받거나 합이 된 경우] 일간(日干)이 술에 취했을 경우에 나오게 되는데, 이렇게 되면 평소에 억압이 되어 있던 것에 대한 반발심(反撥心)으로 더욱 강하게 작용을 하게 되어 아무도 막을 수가 없을 정도의 열변이 나오게 된다. 이러한 것으로 인해서 갑자기 다른 사람처럼 느껴질 수도 있으나 다시 원상태로 돌아오면 여전히 과묵하고 사교성이 떨어지며 사색적(思索的)인 형태가 된다.

무술(戊戌)은 현실성(現實性)이 떨어진다는 것만으로도 사회성(社會性)이 부족하므로 세상에서 뭔가를 하기보다는 영적(靈的)인 세계에서 지배자가 되는 것이 적성이므로, 세상에서 더불어 살아가는 성분으로는 여전히 아쉬움을 많이 갖게 된다.

제25장 기토(己土)의 일주(日柱)

기토(己土)의 기본형은 정인(正印)이다. 정인의 이미지는 인자(仁慈) 한 어머니 즉 '자모(慈母)'가 된다. 이러한 이미지는 대지(大地)에서 찾을 수가 있는데, 땅은 어머니라고 하는 자연스러운 연결에서도 이견(異見)이 없겠다. 땅에서 태어나서 땅으로 돌아간다는 것을 보면 어머니의 품과 같고, 고향(故鄕)이 되며 육신(肉身)을 활동시키는 바탕이 되기도 하는 곳이 땅이다.

기토(己土)는 자애심(慈愛心)이다. 무한정(無限定)의 사랑을 베풀어 주는 형태로 이해를 하게 된다. 여기에는 이해타산(利害打算)이 없고, 논리적(論理的)인 공식(公式)도 없다. 그저 원하면 원하는 만큼의 베풂만 있을 뿐이다. 어머니의 이미지를 '하해(河海)와 같은 모정(母情)'이라고도 하는데, 그와 비교해서 다르지 않다. 그래서 고향과 같은 마음으로 의지하고 싶게 되는 성분이다.

기토(己土)는 무심(無心)이다. 토양(土壤)에는 마음이 없다. 즉 좋은 것이나 나쁜 것이나 마음에 담아 두는 것이 없으므로 흡사 마음이 없는 것과 같은 형태가 된다. 속담에 '열 손가락 깨물어 안 아픈 손가락 없다.' 라는 말은 이러한 상황을 놓고 말하는 것이다.

대지(大地)의 마음은 무형이다. 그냥 그렇게 그 자리에 있을 뿐이고, 필요한 생명체는 언제라도 있는 그대로를 이용하게 되는데, 거기에 대해서 비용을 요구하지도 않는다. 그렇게 사용하다가 때가 되면 그렇게 떠나가는 것이다. 그가 철학자(哲學者)거나 과학자(科學者)거나, 혹은 도둑이나 사람을 죽이고 피신을 한 살인자라고 하더라도 또한 개의치 않으니 이러한 형태를 놓고 무심이라고 하게 된다.

기토(己土)는 식원(息原)이다. 근원에 돌아가 휴식(休息)한다는 의미가 된다. 편안하게 쉬는 단계이므로 무엇인가 이루겠다는 생각이나 남을 위한다는 생각도 없고, 자신에게 불리한 행위를 한 사람을 원망하거나 혹은 은혜를 베푼 사람에게 감사하는 마음이 없으므로 무한정 편안하게 휴식을 취하는 것이다. 식원(息原)은 생원(生原)으로 시작하여 윤회(輪回)의 한 바퀴를 돌아서 마무리로 귀결(歸結)되는 과정이기도 하다. 여기에서 큰 공사가 마무리되는 것이며 완성(完成)되는 것이기도 하다. 여기에서 더 진행을 할 것도 없고 해야 할 이유도 없는 상태가 된다. 무아지경(無我之境)의 삼매(三昧)인 것이다. '원인(原因)의 휴식(休息)'이란 그러한 것을 의미한다. 긴장이 없이 완벽한 쉼이 되는 것이다.

기토(己土)는 자신의 색채가 없다. 환경에 따라서 응하는 것으로 본색(本色)을 삼기 때문이다. 그래서 모든 것은 상대적(相對的)이 된다. 오로지 수동적(受動的)인 형태가 되어서 조건에 따라서 반응을 하게 되므로 항상 늦게 움직이는 성분이 된다. 그러므로 경쟁심(競爭心)이 없고, 승부심(勝負心)도 없다. 또한 왜 그러한 것이 있어야 하는 것인지도 모른다. 어머니가 아이들이 원하는 것에 따라서 움직이는 것과 흡사하다. 스스로 무엇인가를 하는 것이 아니고 자신은 무위(無爲)가 된다. 철저한 무위가 되어야만 유위(有爲)의 자식이 원하는 바를 따라서 채워줄 수가 있는 것이다. 보인다는 것은 자신의 색을 갖고 있다는 것인데 그러한 것이 없는 고로 잘 보이지 않는 모습이 된다. 어머니의 사랑을 살아 계실 적에는 몰랐다는 말이 나오는 이유를 생각하면 된다.

기토(己土)는 휴식(休息)이다. 그래서 세상사(世上事)에 적응하는 것이 무척 게으르고 경쟁에서도 뒤지게 된다. 이러한 모든 것은 살아가는 방법에서는 난감한 형태가 되기도 하니, 결국 세상에 적응하기가 어렵다. 누군가 나를 밟고 지나가려 하면 그대로 지나가라고 길을 비켜주게 되고, 경쟁에서 자신이 얻게 되는 것은 아무것도 없다고 해야 하겠다. 그럼에도 어쩔 수가 없는 것은 본질이 뚜렷하게 자신의 주장을 강요하지 않으므로 남들은 무시하게 되며 하천(下賤)한 사람으로 취급하기도 한다. 《적천수(滴天髓)》에서도 '비습(卑濕)'이라고 했으니 이것을 두고 한 말이다. 이러한 형태로 세상에서 자신의 몫을 챙긴다는 것은 쉬운 일이 아니다. 그래서 자연과 더불어 살아가는 것을 가장 좋아하기도 한다.

1. 기축(己丑) [正印→比肩+偏財+食神]

 온후(溫厚)한 기토(己土)가 비견(比肩)인 기토와 편재(偏財)인 계수(癸水), 식신(食神)인 신금(辛金)을 만난 형태이다. 자애(慈愛)가 자애(慈愛)를 봤으니 그야말로 자비보살(慈悲菩薩)이라고 할 만하다. 모두의 안녕(安寧)을 위해서 다수의 행복을 생각하는 구조가 된다. 여기에 더하여 최상의 방법이 되도록 궁리(窮理)를 하게 되는 것은 식신인 신금이 있어서이고, 다시 결단력(決斷力)으로 마무리를 짓게 되는 것은 편재인 계수가 있기 때문이다. 그러므로 기축(己丑)은 다수의 행복을 추구하는 방향으로 노력하고자 하는 마음이 있다.
 기축(己丑)은 자신의 에너지를 속으로 융화시켜서 새로운 창조를 하려는 성분이다. 다른 관점으로는 양초처럼 심지에 붙은 불을 태우도록 하면서 자신은 녹고 있는 것으로도 생각할 수 있다. 그리고 그렇게 변화를 해봐도 또한 본래의 형질(形質)은 변함이 없으므로 아쉬울 것도 슬퍼할 것도 없다는 것을 알고 있다. 특히 미래(未來)의 행복(幸福)에 비중을 두게 되는 것은 식신(食神)과 편재(偏財)의 구성으로 인해서 나타나는 현상이다. 과거(過去)의 상황들은 크게 비중을 두지 않고 앞으로의 결과에 대해서 마음을 두기 때문에 타인의 미래지향을 돕는 보조자(補助者)라고 할 수 있다.
 기축(己丑)은 눈으로 보이지 않는 종교적인 영역에 대해서 능히 믿는 마음을 갖고 있으며 긍정적인 일에 대해서 적극적(積極的)으로 표현을 하게 되며 두려움이 없는 행동의 형태를 보인다. 다만 정신적(精神的)인 영역(領域)이 발달한 반면 물질적(物質的)인 영역에는 많이 떨어지는 감각을 소유하고 있다. 그래서 기축은 정신적인 영역에서 남을 안내하고 이끌어 가며 뒤에서 후원하는 형태의 능력을 갖게 된다.

기축(己丑)은 구체적이지 않은 현상에 대한 이해력(理解力)이 깊다. 동물의 꼬리를 보고서 그 전체를 생각할 수가 있으며, 어떤 이야기 한 토막을 듣고 그 속에 깃들어 있는 내용을 파악하는 능력도 뛰어나다. 이러한 직관력(直觀力)이 매우 강하기 때문에 간단한 부호(符號)라도 이것을 해석하는 능력이 뛰어나다. 그리고 종류별(種類別)이나 형식별(形式別)로 분류하는 능력이 있어서 정리를 하는 분야에서 탁월한 재능을 발휘할 수 있다. 암호(暗號)를 해독하는 것도 이와 유사한 능력이 되므로 직관력이 발달되어서 해석이 가능하다.

기축(己丑)은 미래(未來)에 대해서 관심을 두기 때문에 자신의 능력이 미래의 인류(人類)에 유익한 용도로 쓰이기를 바라는 심리구조가 된다. 우연히도 프로이트나 융의 일주(日柱)가 기축인데, 이 생일이 사실이라면 인간의 보이지 않는 심리의 세계를 손에 잡힐 듯이 구체적으로 설명을 하고 적용시킬 수가 있는 성분이 그 속에 들어 있을 것으로 판단을 한다. 보이지도 않고 잡을 수도 없는 영역에 대해서 구체적으로 분류를 하고 대입하는 방법을 모색하는 것은 기축이 갖는 특징으로, 이러한 관점에서 본다면 보이지 않는 신비세계를 남에게 설명하는 방향으로 재능이 발달해 있다는 것을 알 수가 있다.

기축(己丑)은 세상에 적응하는 능력이 부족하여 재물을 취득해야 하는 경쟁에서는 뒤지기 쉬운데, 이것은 현실적(現實的)인 면이 부족하기 때문이다. 가정에서 가족을 돌보는 것은 잘하겠지만 경쟁에서 손해를 보지 않고 이득을 취하는 것에는 재능이 없다. 기축은 영적(靈的)인 방향으로 나아가는 성분이기 때문에 물질적(物質的)인 분야에는 서투르기 마련인 것이 음양(陰陽)의 이치이다. 남들의 재능을 빛나게 해 주는 역할은 잘하지만 자신의 재능으로 남을 압도(壓倒)하는 것은 적성에 어울리지 않는 성분이므로 사업(事業)이나 유통업(流通業)과 같은 일에는 능력을 발휘하기 어렵다. 오히려 심리적인 상담을 하는 카운슬러 쪽으로 방향을 잡는 것이 재능을 발휘하기 좋다.

2. 기묘(己卯) [正印→偏官]

온후(溫厚)한 기토(己土)가 편관(偏官)을 만난 형태이다. 자신의 역할을 절대로 피할 수가 없으며 무조건 이행해야 한다는 강박관념(强迫觀念)이 지배하는 형태가 된다. 그래서 심리적으로 많은 부담을 받다 보니 꿈에서 조차도 억압을 받게 된다.

기묘(己卯)는 온후하지만 목적을 성취함에 격렬(激烈)한 형태가 된다. 사고(思考)를 하는 방면이나 학술적(學術的)인 방면에 대해서는 큰 흥미를 갖고 관심을 갖는다. 그리고 사물의 형태(形態)나 성질(性質)을 구분하고 정리하는 능력이 탁월하고, 전통적(傳統的)인 분야에 대해서 수용(受容)하는 자질(資質)이 풍부하다. 보수적(保守的)인 자세로 사람이 살아가는데 유용하다고 생각하는 분야를 익혀서 전달해 주는 전령(傳令)이 되는 것을 좋아한다. 자신의 이익보다는 다수의 이익에 행복해하고 베푸는 마음이 발생하게 된다. 또한 자신이 뭔가 잘 베풀지 못해서 남들이 불편해하지는 않을까 하는 염려의 마음으로 노심초사(勞心焦思)하는 형태이기도 하다. 그래서 부지런히 노력하고 적극적으로 보살피게 된다. 보모(保姆)와 같은 스타일이다.

기묘(己卯)는 종교(宗敎)적인 부분에 관심이 많고, 직접 수행자가 되는 것도 좋은 적성이 된다. 엄격한 규율을 지키는 것이 당연하다고 생각하여 위반할 마음은 조금도 없다. 이러한 성분으로 종교인이 된다면 엄숙(嚴肅)하고 청정(淸淨)한 종교인(宗敎人)의 길을 가는데 장애가 없는 형태이다. 또한 눈에 보이지 않는 신비한 세계에 대해서도 굳게 믿고 따른다. 극락세계(極樂世界)나 천당(天堂)에 대해서 신봉을 하여 남들이 그러한 것을 믿지 않으면 안타까움으로 가득하여 열심히 설득을 시키고 싶지만 표현능력이 부족하여 마음대로 설명을 하지 못하니 마음만 답답할 뿐이다.

 기묘(己卯)의 구조에서 을목(乙木)의 본질은 정재(正財)이다. 이 정재가 기토(己土)에게는 편관(偏官)이기 때문에 구체적인 현실에도 민감하다. 그래서 자신의 노력이 실제로 남들에게 도움이 되기를 원하며 혼자서만 편안하고자 하는 마음은 적다. 그리고 자신의 노력에 의해서 결과적으로 수입이 되는 것은 타당하게 수용하고 받아들인다. 즉 독경(讀經)이나 설교(說敎)를 해 주고 그에 대한 보수를 받는 것은 당연하다고 생각한다. 이러한 것을 부탁하고 그에 대한 보수를 지불하지 않으면 마음이 아프고, 노력에 대한 결과가 없음에 대해 서운한 마음이 든다.

 기묘(己卯)는 자신의 노력이 상대방에게 도움이 되었다면 그에 대한 대가를 받는 것은 타당하다는 생각을 하게 되는데, 상대가 이러한 것을 챙기지 못한다 하더라도 직접 요구를 한다는 것은 무척 어렵다. 그래서 매니저를 필요로 하게 된다. 매니저가 없다면 자신의 노력에 대한 결실을 얻지 못할 수도 있기 때문이다. 이러한 사람은 강제노역에 끌려가서 노동을 할 수도 있으므로 주체적으로 중심을 잡는 성분이 별도로 필요하다고 하겠다.

 기묘(己卯)는 사회적으로 적성을 보면 수행자(修行者)나 신비한 영역의 명상가(瞑想家)와 같은 영역이 잘 어울리므로 세속적(世俗的)인 형태의 직업은 적응이 잘되지 않는다. 아등바등하게 자신의 몫을 챙기지 못하는 것도 그중의 한 원인이 된다. 그래서 수행자의 영역이 적성에 적합하다. 반드시 사회적으로 방향을 잡아야 한다면 교육자(敎育者)가 좋겠고, 그중에서도 도덕(道德)이나 국사(國史)를 가르치는 교사(敎師)가 적합하다. 예능(藝能)이나 공과(工科)와 같은 일들은 인연이 적어서 감당이 되지 않는다. 진로를 잡을 적에 이러한 것을 고려하게 되면 시간의 낭비와 심리적인 부담을 줄이게 된다.

  기묘(己卯)는 사고력(思考力)이 민첩(敏捷)하고 영감(靈感)도 좋다. 스스로 하는 일이 올바르다고 생각을 하며 그로 인해서 강행할 수가 있다. 생활(生活)의 영역(領域)은 비교적 좁은 편이다. 약간 치우쳐 있고 격정적이어서 대인관계에서 교류(交流)가 잘 이루어지지 않는다. 자신이 이용하는 공간을 반복적으로 사용하게 되고 새로운 영역에 대해서는 쉽게 접근하지 못하는 면이 있는 것도 이와 유관(有關)하다. 그리고 내성적(內省的)이기 때문에 자신의 의견을 명확하게 밝히는 것이 서투르고 웬만하면 속으로 참고 삭이고자 한다.

3. 기사(己巳) [正印→正印+傷官]

 온후(溫厚)한 기토(己土)가 정인(正印)인 병화(丙火)와 상관(傷官)인 경금(庚金)을 만난 형태이다. 정인이 정인을 만났으니 직관력(直觀力)은 타고났다고 하겠고, 최상의 직관력으로 초능력(超能力)을 발휘할 수가 있는 영역에 대한 조건을 갖춘 형태이다. 곧바로 직관력을 발휘하기 때문에 전광석화(電光石火)와 같은 신속함이 나타난다. 이러한 능력은 길게 설명하고 이해하는 과정이 필요 없는 상태가 되고, 생각하고 분별할 여지도 없이 있는 그대로가 통째로 시야에 들어와서 곧바로 판단을 하게 되는 형태로 나타난다. 여기에 은근한 자신의 능력에 대한 과시(誇示)가 내재되어 있는데 보통은 잘 나타나지 않으므로 남들이 눈치를 채지 못하는 경우가 많다.
 기사(己巳)는 겸손하여 자신을 낮추며 믿음직하고 너그럽게 용납(容納)을 하고 안정적(安定的)이며 도덕(道德)과 윤리(倫理)를 중시한다. 눈에 보이지 않는 세계에 대해서 잘 믿으며 종교적(宗敎的)이다. 인내심도 있지만 이것이 지나치면 활기가 없기도 하며 생활권은 비교적 좁다. 안주(安住)하는 스타일이기 때문에 미래를 향해서 진취적(進取的)으로 나아가는 성분이 부족하여 적극적인 삶을 개척(開拓)하고자 하는 노력은 부족하다. 그러다 보니 현재의 상황에 비중을 두고 있는 관계로 인해서 새로운 일에 대한 모험을 하지 않으려 하고, 이러한 것이 남들에게 인식이 될 적에는 무사안일(無事安逸)한 형태가 되기도 한다. 적극적으로 활동하고자 하는 식상(食傷)이나 재성(財星)이 주변에 있어야 이러한 부분이 보완된다.

기사(己巳)는 이기적(利己的)으로 자신의 이익을 탐하고자 하는 생각이 없고 나를 내세우고자 하는 면도 부족하지만, 은근히 남들이 알아주기를 바라는 마음이 내재되어 있는데, 이것은 상관(傷官)인 경금(庚金)으로 인해서이다. 비록 말은 하지 않아도 남들이 알아준다면 무척 좋아하는 것은 어린아이와 같은 구조를 하고 있다. 비교적 좋은 것이 좋다는 생각을 하기 때문에 사고력(思考力)의 영역이 좁은 편이다. 적극적으로 개척하고자 하는 마음이 부족하기 때문이다. 병화(丙火)의 정인(正印)은 편관(偏官)이 본질이기 때문에 자신의 입장을 강하게 지키고자 하는데, 남들이 자신만 생각하고 베풀지 못하는 것에 대해서 강경하게 비난을 할 수가 있다. 온건(穩健)하고 보수적(保守的)인 성향이 되어서 사회적인 성향은 교육자(教育者)에 가장 잘 어울리는 형태가 된다.

기사(己巳)의 사회에 대한 적응성은 직장생활로 방향을 잡으면 일생 그 일을 수행할 수가 있다. 이것은 새로운 일을 찾아 나서는 것에 대한 모험심이 부족한 까닭이며, 현재의 상황이 몸에 익숙하므로 구태여 변화를 추구해야 할 필요를 못 느끼기 때문이기도 하다. 오래도록 유지할 수 있어서 적성에 맞는 것으로 타인들은 인식을 하지만 사실 함부로 이동을 하는 것 자체가 두려울 뿐이다. 그래서 변화를 거부하고 안정을 취하게 되므로 교육자(教育者)의 형태로 직장을 얻게 되면 가장 좋은 것으로 생각한다. 매우 안정적이기 때문이다. 교육자의 경우에 성과급(成果給)이 제도화가 된다면 가장 스트레스를 받을 수 있는 성분이 기사이다. 왜냐면 그냥 해온 그대로 유지를 하면 되는데, 뭔가 새로운 성과를 만들어야만 인정을 받고 직장을 유지할 수가 있다는 것은 분명 가혹(苛酷)한 것이라고 밖에 생각을 할 수가 없다.

기사(己巳)는 변화를 추구하는 것에는 많이 약하다. 식상(食傷)의 기운이 강한 교육자는 자신의 능력을 발휘하고 싶겠지만 대다수의 교육자는 인성의 영향을 받고 있기 때문에 그러한 것에 대해서 적응이 잘되지 않는다. 주어진 교과서로 가르침을 베풀면 그것으로 충분하다고 생각하기 때문이다. 그래서 습관에 익숙한 상황에서 그대로 진행만 하면 되는 것으로 알고 있다가 뭔가 새로운 것을 만들어야 한다는 것은 너무 힘든 일이기 때문에 이러한 것이 정착되기 전에 거부를 하게 된다.

4. 기미(己未) [正印→比肩+偏印+偏官]

온후(溫厚)한 기토(己土)가 비견(比肩)인 기토와 편인(偏印)인 정화(丁火), 편관(偏官)인 을목(乙木)을 만난 형태이다. 겉으로 나타난 모습은 기축(己丑)과 닮았고 속으로 편관을 본 것은 기묘(己卯)와 닮았다. 이러한 형태는 '무척 보수적(保守的)인 관점으로 고정되어 있는 주체(主體)를 갖고 있는 어머니'라고 할 수가 있다. 그리고 자신의 기준을 강경하게 지키고자 노력하는 면도 나타나게 된다. 스스로를 밖으로 노출시키는 것이 기축(己丑)의 특성이라고 한다면 기미(己未)는 내면으로 있는 것을 규격화하는 것에 관심을 둔다.

기미(己未)는 자신을 내세우지 않는 덕성(德性)을 갖고 행동을 한다. 또한 육안(肉眼)으로 보이지 않는 신비한 세계나 영혼(靈魂)의 세계, 혹은 불계(佛界)에 대해서도 상당히 구체적으로 인지(認知)를 하는 반면에, 현실적인 문제에 대해서는 인지도가 떨어진다. 전해지는 전설에 대한 믿음도 있다.

직관력(直觀力)을 요하는 참선(參禪)의 깨우침에 대한 영역에 대해서도 인간의 능력으로 그러한 경지에 도달할 수 있는 잠재력이 있다고 생각하여 비교적 긍정적으로 수용하게 된다.

기미(己未)는 물질의 세계에는 인지도가 떨어진다. 현실감(現實感)도 약하다. 지나치게 정신적(精神的)인 세계에 관심을 두게 되므로 세상에서 적응하는 능력이 부족할 수 있다. 이러한 적성은 경쟁(競爭)이 치열한 직장에서 생활해야 하는 일은 무척 힘이 든다. 그래서 자신의 방식대로 일하는 것이 좋은데, 그중에서도 교육자(敎育者)와 같은 형태의 직업은 비교적 적응하기에 좋은 분야로 분류가 된다. 그러나 홍보(弘報)와 연관된 업종이나 아이디어를 개발해야 하는 벤처와 같은 미래첨단형의 일들에 대해서는 개념이 잡히지 않아서 적응하기 어렵다.

기미(己未)는 모성적(母性的) 감성(感性)이 풍부하기 때문에 시인(詩人)이나 작가(作家)의 영역에서 좋은 적성을 발휘할 수도 있다. 사람의 마음을 이해하고 이야기를 들어주는 역할도 잘할 수가 있는데, 능동적(能動的)이기보다는 수동적(受動的)이기 때문에 앞에서 끌고 가는 선구자(先驅者)의 역할보다는 뒤에서 밀어주는 후원자(後援者)의 적성이 더욱 편안하고 잘 어울린다. 이것은 마치 우는 아이에게 젖을 더 주게 되는 현상과 일치하는 장면이다. 울지 않으면 젖을 주지 않으므로 얻어먹으려면 울어야 하고 도움을 받으려면 도움을 요청해야 한다. 이러한 것은 경쟁적인 사회의 구조에서는 어울리지 않는 형태의 적성이다. 그래서 세상에 적응을 하기 위해서는 교육자(敎育者)나 종교인(宗敎人), 혹은 카운슬러의 일을 하는 것이 좋으며 복지사업(福祉事業)이나 그러한 기관에서 일하는 것도 좋은 적성이 된다. 복지사업은 우는 아이에게 젖을 주는 것과 유사한 시스템이기 때문이다.

기미(己未)의 신비(神秘)한 영역에 대한 직관력은 편인(偏印)인 정화(丁火)의 영향이다. 일지(日支)에 정화를 본 기토(己土)는 기미(己未) 뿐이다. 이러한 특성으로 신비한 영역에 대해서 상당히 깊이 있게 수용하게 되며, 자신이 알고 있는 신비의 세계를 객관적(客觀的)으로 이해하기 위해서 다각적으로 시도를 하기도 한다. 그것은 편인인 정화의 본질이 정관(正官)이기 때문에, 신비한 세계의 특이한 현상도 객관적으로 이해를 해서 남들에게 설명을 하게 되면 모두 타당성이 있다고 여겨 동조를 얻기가 쉽다. 그리고 이해가 되지 않고 객관적인 설명이 되지 않는 부분에 대해서는 보류하게 된다. 스스로 납득이 되지 않는 것은 남에게도 이야기를 못하기 때문이다.

필자의 일주(日柱)가 기미(己未)이다. 이러한 대목에서 스스로 자신을 살핀다는 것이 자칫하면 주관에 치우칠 수가 있지만 있는 그대로를 나름대로 정리해서 생각해 보면 선사(禪師)의 화두(話頭)를 타파(打破)하는 대목에 대해서 나름대로 합리적인 해석을 할 수가 있다고 생각하는 입장이다. '그냥 그러한 것이 있으니 그런 줄 알라.'라는 말은 도저히 수용불가이기 때문이다. 예를 들면 다음과 같은 식이다.

어느 선사가 '부처가 무엇입니까?'라고 물었는데 고승이 답하기를 '죽은 먹었나?' 하고 물은 다음에 '예'라고 답을 하니까 '그럼 밥그릇을 씻게.'라고 말했으니 이것이 무슨 소식인가 하는 화두에 대해서 생각하기를 '부처는 그렇게 물어서 답을 얻을 것이 아니고, 스스로 밥그릇을 닦는 그것이 부처라는 것을 알기 바라는 마음으로 가르침을 내린 것'인데 그 말을 들은 수행자는 글자에만 매달려서 궁리를 하다가 어느 순간에 자신의 어리석음을 알게 되면 비로소 난관(難關)이 타파(打破)가 된 것이라고 보면 될 것이라는 해석을 하는 식이다. 있는 그대로를 놓고 수용하면 되는데, 괜스레 신비한 것인 양 수용을 하게 되면 말에 매여서 실체를 볼 수 없게 되는 것이라고 생각하는 기미(己未)이다.

또 조주선사를 찾아온 객이 이야기를 나누다가 지나가는 개를 발견하고는 '스님 저 개는 불성이 있습니까?' 하고 질문을 하니까 조주스님이 '없지.'라고 했는데, 왜 그랬겠느냐는 말을 듣고 나서는 '무(無)! 무!' 하고 일생을 외우고 다니는 것을 보면 참으로 안타까운 시간낭비라고 생각한다. 왜냐면 이미 그 방문자가 '만상(萬象)은 불성(佛性)이 있다.'라는 생각을 하고 있기 때문에 그와 같은 질문을 한 것도 당연히 있다는 것을 전제로 했으니 이것은 조주스님을 약 올리려고 한 결과일 뿐인데 여기에서 만약 조주스님이 '개에게도 불성이 있다.'라고 한다면 그야말로 객(客)과의 기(氣) 싸움에서 말려드는 것이다.

그렇게 되면 그 객의 논리에 걸려든 셈이 되고, 사람이 자존심이 없지 않은 다음에야 심사가 비비 꼬여서 꼬집고 싶을 따름이다. 여기에 대응해서 '불성이 없다.'라고 한 것을 가지고 너무 침소봉대(針小棒大)하여 화두수행법이라고 하는 최고 정점에 올려놓고 있으니, 불법이 날이 갈수록 쇠퇴(衰退)의 길로 갈 수밖에 없다고 생각하는 것도 신비한 깨달음의 세계를 객관적으로 수용하는 형태라고 이해를 한다.

물론 불가에서는 이러한 식으로 해석하는 것을 크게 꺼리는데 그 이유는 모를 일이다. 어쩌면 권위에 도전을 받아서 일지도 모르겠다. 그리고 지금 화두를 참구(參究)하는 공부는 도마에 올려 있는 상황이기도 하다. 젊고 지혜로운 수행자들의 전면적인 도전을 받고 있기 때문이다. 여하튼 필자가 기미(己未)여서 그런지는 몰라도 이렇게 화두에 대해서도 나름대로 관점을 갖고 있는 셈인데, 선사(禪師)가 들으시면 호통을 날릴 것이라고 생각만 하고 있다. 다른 기미 일주도 그렇게 생각하는지 나중에 알아봐야 할 일이다.

편관(偏官)과 편인(偏印)이 있기 때문에 기미(己未)는 고지식하다. 미래로 가는 혁신적인 생각을 하기보다는 과거의 상황을 수용하고자 하는 성분이기 때문에 생각이 보수적일 수밖에 없다. 여기에 다시 내성적(內省的)이면서도 감정적(感情的)이다. 그래서 자신의 표현력은 서투르고 대신에 사유력(思惟力)은 풍부하여 많은 시간을 생각으로 보낸다. 기억력에 해당하는 편관이 을목(乙木)이고 그 본질이 정재(正財)이기 때문에 과거의 지식(知識)인 상식(相識)이 풍부하고 그러한 것을 저장하여 놓고 활용하는 능력은 뛰어나다. 그래서 정리를 해서 기억하는 습관이 있다. 아무거나 기억하는 것이 아니라 필요한 것만 기억하는데, 한 예로 본다면 어떤 사람은 쓴 글을 읽으면 글 속에 나오는 사람들의 이름은 모두 기억에서 사라지고 현장에서의 내용과 사건들에 대해서만 기억을 하기도 한다.

5. 기유(己酉) [正印→食神]

 온후(溫厚)한 기토(己土)가 식신(食神)인 신금(辛金)을 만난 형태이다. 보수적인 수용성을 가진 상태에서 연구하고 궁리하는 성분은 강화된다. 그래서 따스한 마음으로 연구하는 것으로 평화적인 사람이라고 하는 인식을 심게 된다. 그러나 자신이 궁리하는 것에 대해서 누군가 시비를 하게 되면 강경한 반발을 하는 것은 식신이 겁재(劫財)의 기운을 띠는 신금이기 때문이다.
 기유(己酉)는 두루 원만함을 좋아하고 그러한 방향으로 연구하고 궁리하는 성분이다. 형태는 무신(戊申)과 비슷하지만 음양(陰陽)이 다른 것이 큰 차이이다. 기유는 내면으로 궁리하는 형태로 사려가 깊다고 보게 된다. 평소에는 말을 많이 하지 않지만 일단 기회가 주어져서 발표를 하게 된다면 장광설(長廣舌)로 자신의 생각을 풀어놓을 수 있는 능력이 된다. 그래서 연구를 전문적으로 하는 교육자(敎育者)의 형태가 좋겠고, 특히 교수(敎授)의 영역이 잘 어울리는 것은 새로운 방향으로 모색(摸索)하는 능력인 식신(食神)을 깔고 있기 때문이다.
 기유(己酉)는 상상 속에 있는 세계를 구체적으로 밝혀낼 수 있는 능력을 소유하고 있다. 과거의 지나간 세월에서 아주 작은 흔적을 발견하게 되면 그것을 바탕으로 상상하여 구체적으로 전개하면 마치 현장에서 본 듯이 그림을 그려 낼 수 있기도 하다. 그래서 글을 쓰게 되면 소설가(小說家)의 영역도 능히 감당이 되며, 이러한 글 속에서는 영적(靈的)인 이야기들이 자연스럽게 묻어나고, 인간의 훈훈한 이야기에도 초점을 맞추기 쉬운 것은 본바탕의 일간(日干)이 정인(正印)이기 때문이다. 미래에 대한 공상(空想)은 별로 하지 않는 형태이고, 비교적 보수적이어서 안정을 추구하는 방향으로 생각을 풀어간다.

기유(己酉)는 기축(己丑)의 일부가 포함되어 있는 성분이다. 다만 단순하고 명료한 것이 특징이다. 기축은 결과까지 추구를 한다면 기유는 현재 진행의 상황에 만족하고 이 순간의 실체에 대해서 중요하게 생각을 하는 점이 다르다. 천진함이 나타날 수가 있는 것은 복잡하지 않은 형태이기 때문이며, 이러한 것은 일지(日支)에 자(子), 오(午), 묘(卯), 유(酉)가 있는 간지(干支)의 특색이라고 할 수도 있다. 그러다 보니 심리구조(心理構造)를 분석하는 과정에서도 길게 설명을 하기보다는 상대적으로 짧은 내용이 될 수밖에 없는 것이다. 본성(本性)의 간결함으로 인해 복잡하게 헝클어지는 일은 꺼리게 되고, 단순하게 처리하고자 하며 세상의 복잡한 인생살이에 대해서 얼른 적응을 하지 못할 수도 있다. 그래서 학교나 연구기관에서 자신의 일만 전념하는 것이 편안하게 된다.

6. 기해(己亥) [正印→正財+正官]

　온후(溫厚)한 기토(己土)가 정재(正財)인 임수(壬水)와 정관(正官)인 갑목(甲木)을 만난 형태이다. 일지(日支)를 극하여 단호한 형태가 되는 것이 기토와 어울리지 않는다고 인식이 되기도 한다. 치밀하고 구체적인 부분에 대해서 연구를 하는 것은 정재인 임수의 본질이 식신(食神)이기 때문이다. 그러다 보니 구체적인 사물에 대해서 관심을 갖기도 하면서 신비한 세계에 대한 것을 좋아하고, 운명(運命)분야에도 흥미를 갖는다. 생각하는 것이 두 갈래로 갈라지는 형상이어서 때로는 치밀하다가도 때로는 대충대충 넘어가기도 해서 단언하기 어려운 면이 있다.
　기해(己亥)는 정관(正官)인 갑목(甲木)이 내재되어 다소 보수적인 기준을 가지고 있으므로, 예의에 대해서 중시하고 이러한 것을 따지기도 한다. 공익적인 부분에 대해서도 관심을 가지고 있어 현실적인 면에 비중을 두면서 체면에 대한 관심도 크다. 결과에 대해서는 고정적이지 않고, 경우에 따라서 변수가 많은 것은 정재(正財)가 식신(食神)적인 형태를 띠는 임수(壬水)이기 때문이라고 판단하게 된다. 그렇지만 함께 하고자 하는 마음이 내재되어 있고 혼자만 잘되고자 하는 마음이 강하지 않아서 부드러우며, 사물을 보게 되면 그러한 형상을 통해서 추상적으로 보이지 않는 부분까지도 추론을 하는 능력이 있다.
　기해(己亥)는 자기의 이익에 대해서 관심이 많다. 다만 그것을 취할 적에는 막무가내가 아니고 덕(德)으로 취하고자 하므로 남의 재물을 빼앗지는 않는다. 그보다는 덕을 베풀어서 좋은 이미지로 자신의 이익을 취하게 되는 형상으로, 성실하게 노력하여 깨끗한 재물을 취하는 것이 좋다고 생각하는 사고방식이다. 이러한 것이 때로는 고지식하게 보이기도 하지만 가장 확실하게 결과를 찾아가는 관점이기도 하다. 행동은 군자처럼 하면서 재물을 사랑하며, 사치(奢侈)하고 낭비하는 것은 싫어하고 알뜰하고 소박한 것을 좋아하여 적은 재물로도 잘 살아가는 검소(儉素)한 사람의 형태가 된다.

■ 마치는 말씀

　이상과 같이 60甲子를 통해서 사람의 심리구조를 살펴봤습니다. 부분적으로는 좀 더 깊이 파고들어 가 본 경우도 있고, 또 어떤 경우에는 다소 미흡한 경우로 남겨진 듯한 느낌도 들 수가 있겠습니다. 그러한 것을 찾아서 벗님이 더욱 구체적으로 명확하게 완성시켜 나갈 것이라고 생각합니다.

　이렇게 간지에 대한 설명을 한 것에 다시 月干이나 時干의 十星을 추가하여 해석하고, 또 다른 위치에 있는 十星과의 관계도 함께 고려하게 된다면 더욱 구체적인 판단을 하게 될 힌트를 찾을 수가 있습니다. 다만 한 가지로만 판단을 하여 더욱 구체적인 관점으로 접근하는 것을 일일이 설명하기는 어려우므로 각자의 연구가 있기를 희망해야 하겠네요. 그리고 이것만으로 대입을 해도 큰 오류는 없겠지만 가능하면 전체적으로 상황을 고려해서 살피는 연습이 많이 필요하다고 하는 것은 주변의 경우에 따라서 日柱의 상황이 달리 관찰되기 때문입니다. 이러한 것을 구분하여 日支의 영향인지, 아니면 月干의 영향인지를 찾아내는 것 또한 많은 연구를 해나가는 과정에서는 반드시 필요합니다.

　《사주심리학① 기본편》의 내용은 여기까지입니다. 그리고 이러한 내용들이 모두 잘 소화되었다면 기본적인 내공이 탄탄하다고 해도 틀림이 없다는 것을 생각하게 되며, 여기에서 확장된다고 하는 내용도 결국은 이 안에서 모두 거론이 된 것의 합집합(合集合)이나 교집합(交集合)에 불과하다는 것을 능히 헤아리게 될 것입니다.

  다음에 이어지는 《사주심리학②》의 내용은 응용편(應用篇)이 됩니다. 기본적인 원리를 잘 이해한 다음에는 자유로운 응용이 중요합니다. 배우기만 하고 응용을 하지 못하면 그것은 죽은 공부라고 해야 할 것이기 때문입니다. 응용편에서는 실제로 사주를 만나서 대입하게 될 경우에 어떤 방법으로 대입하고 해석하면 되는지를 설명합니다. 그리고 구체적인 적성(適性)에 대해서 대입하는 방법도 생각을 해 봐야 할 것입니다. 더욱 열심히 연구하고 정진하여 보다 유익한 삶이 되는데 큰 안내자가 되도록 분발하시기 바라면서 이만 줄입니다. 고생하셨습니다.

                2007년 2월 21일 계룡감로에서 낭월(朗月) 두손모음